Jürgen Walter
Lust und Macht

Jürgen Walter

Lust und Macht

Mätressen an deutschen Höfen

Stieglitz Verlag

D-75415 Mühlacker

A-8952 Irdning/Steiermark

Gestaltung des Umschlags: Elser Druck GmbH

Titelbild: Wilhelmine Encke (1776)
Gemälde von Anna Dorothea Therbusch. Stiftung
Preußischer Schlösser und Gärten Berlin-Brandenburg

Bibliografische Information der Deutschen Bibliothek
Die Deutsche Bibliothek verzeichnet diese Publikation
in Der Deutschen Nationalbibliografie;
detaillierte bibliografische Daten sind im Internet
über http://dnb.ddb.de abrufbar.

ISBN-10: 3-7987-0399-X
ISBN-13: 978-3-7987-0399-5

Druck: Karl Elser Druck GmbH, Mühlacker

Inhaltsverzeichnis

Einführung

Mätressen im Deutschland des 17. und 18. sowie beginnenden 19. Jahrhunderts waren ein Produkt höfischer Heiratspolitik in der christlich geprägten feudalen Ständegesellschaft, die damals im *„Heiligen römischen Reich deutscher Nation"* noch bestand. Ihre Etablierung an deutschen Höfen war wie alle höfische Kultur dieser Zeit ein Import aus Frankreich. Wörtlich bedeutete Mätresse *„Herrin"* oder Geliebte, doch die Bedeutung war abwertend, denn es war eine Weiberherrschaft, und das Instrument dieser Herrschaft oder Liebe war böse, genau das, was es in allen Ständen zu unterdrücken und zu verdrängen galt: außereheliche Sexualität und Ehebruch.

Mätressen verkörperten so immer einen Verstoß gegen das Legitime. Sie bildeten mit dem Herrscher und seiner rechtmäßigen Gattin ein skandalöses Dreiecksverhältnis oder Quartett, sofern auch sie noch verheiratet waren. Ihr gesellschaftlicher Ort war und blieb eine Grauzone, ein Raum des Illegalen zwischen Hof und den übrigen Ständen, zwischen offizieller Anerkennung, Ausgrenzung und fragwürdiger Akzeptanz.

Jeder öffentliche Auftritt einer Mätresse in einer Welt, in der weltliche Herrschaft als göttlich legitimierte verstanden werden wollte, bedeutete Provokation und Ärgernis: Zurschaustellung verbotener Lust, Darstellung angemaßter Macht, die der Herrscher sich gegenüber Gott und den Untertanen herausnahm, und, nicht zuletzt, schamlose und skandalöse Präsentation eines ehrlosen Weibes, das sich mit Schmuck und Glanz und Stolz eben dieser Ehrlosigkeit überhob.

Legitime Gattin wurde eine adlige Frau in der feudalen Ständegesellschaft nur als Mitglied ihrer Familie, entscheidend waren ererbter Name und Besitz, weniger sie selbst. Mätresse dagegen wurde eine Frau nur als diejenige, die sie selber war: als Individuum mit einzigartigen Eigenschaften, Talenten und Fähigkeiten, dank besonderer Anziehung und Ausstrahlung einer hervorstechenden Persönlichkeit – allenfalls auf Grund angeborener Schönheit. Um Mätresse zu werden, nützte es nichts, nur von hoher Geburt zu sein, dazu musste schon mehr und anderes kommen: etwas Einmaliges, Unvergleichliches und Unverwechselbares. Alles, was die legitime Gattin nicht unbedingt gebraucht hatte, um standesgemäß verheiratet zu werden – körperliche Attraktivität, Geist, Esprit, Charme, Begabung, Intelligenz und vieles mehr – musste die unstandesgemäße Mätresse umso mehr besitzen und aufbieten, um ihren Partner zu finden oder von ihm gefunden zu werden.

Kein Wunder, dass Mätressen sehr oft die interessanteren Frauen der Zeit waren, vielleicht auch wirklich die „besseren" und bedeutenderen – das ist die Ausgangsthese dieses Buches.

Dazu jedoch muss man die Mätressen und unsere Sicht auf sie von der moralischen Verurteilung voriger Jahrhunderte befreien! Man muss sie als das sehen und anerkennen, was sie damals wirklich waren: tüchtige Karrierefrauen und soziale Aufsteigerinnen. Sie alle erreichten, wenigstens zeitweise, in der patriarchalisch geordneten Ständegesellschaft das fast Unmögliche: den Aufstieg als Frau in höhere und höchste Stände. Sie erreichten Spitzenpositionen in einer Gesellschaft, in der es geboten und gottgewollt war, in dem Stand und Sozialstatus zu bleiben und auch zu sterben, in dem man geboren war. Dass der Weg ihres gesellschaftlichen Aufstiegs durchs Bett führte, sozusagen über die illegitime Einnahme der intimen Lagerstatt der legitimen Macht, ist nicht allein den Frauen anzulasten, sondern war nicht zuletzt Konsequenz der zeitgenössischen Gesellschaftssituation und der Stellung der Frau in ihr.

Mätressen wagten es, anders zu leben und gegen die Norm ihrer Zeit, was gewiss, auch nach heutigen Maßstäben, nicht immer richtig und gerechtfertigt war. Aber sie wagten es, so zu leben. Sie wagten es, sich von tradierten Normen zu emanzipieren, und sie wagten auch den Skandal, den das hervorrief. Ihre Biographien zeigen, wie sich jede von ihnen dem damaligen und vielfach auch noch heute gültigen Rollenklischee der Frau widersetzte, jede auf ihre einmalige, interessante, riskante und faszinierende Art.

Die deutsche Kulturlandschaft wurde seit dem 17. bis weit ins 19. und 20. Jahrhundert bestimmt durch Kleinstaaterei, die sich heute noch in den Grenzen der Bundesländer spiegelt. Die meisten deutschen Flächenstaaten, im Gegensatz zu den Stadtstaaten, hatten einen eigenen Hof, und dieser Fürstenhof war jeweils geprägt durch die gemeinsame, von Frankreich ausgehende europäische Adelskultur. Solche Zersplitterung in Kleinstaaten mag (wirtschafts-)politisch Beschränkung und Hindernis gewesen sein, mag zur oft beklagten Rückständigkeit und Sonderentwicklung Deutschlands gegenüber seinen Nachbarn geführt haben – kulturell war sie zweifellos Bereicherung und Gewinn: Sie zentrierte und monopolisierte städtische Kultur nicht nur in einer einzigen Landeshauptstadt, sondern verteilte und variierte sie überall in der Provinz. Gerade das scheinbar Unbedeutende und Abgelegene, das Provinzielle ist hier das Interessante. Was im Fürstentum „Krähwinkel", in den zahlreichen Herrschaften im Duodezformat, in ihren oft ebenso großsprecherischen wie kleinlichen Verhältnissen geschah, gelebt, beredet und wieder vergessen wurde, machte und macht das Spezifische und den Reiz deutscher Kulturgeschichte aus. Das Kleine und Unauffällige, das unscheinbar Abseitige oder anscheinend Beiläufige vermag Geist und Wirklichkeit vergangener Zeiten hier mehr und oft deutlicher heraufzubeschwören und zu illustrieren als das, was im Glanz und Lichtkegel der so genannten großen Welt stand.

Sybille von Neitschütz

Liebeszauber und Hexenwerk am sächsischen Hof

Sie war eine Zauberin oder Hexe und stand mit dem Teufel im Bund – anders konnte man sich die rasende Liebe des jungen Kurprinzen und späteren Kurfürsten zu ihr nicht erklären. Alles an dieser Liebe und diesem Liebesverhältnis war unverhältnismäßig, extrem und unverständlich: Dabei konnte nur Übernatürliches im Spiel sein, Magie und Hexenwerk. Mancher im Land Sachsen wünschte im Zeitalter der Hexenverfolgung gerade diesem Weib den Prozess an den Hals, so verhasst war die offenbar allmächtige Mätresse, die den Kurfürsten verhext hatte, das Land aussog und skrupellos sich selbst und ihre Familie bereicherte. Der Prozess wurde ihr auch gemacht, allerdings erst nach ihrem Tod, der die nicht einmal Zwanzigjährige im Jahre 1694 jäh ereilte und in den sie den Kurfürsten, der bis zuletzt nicht von ihr lassen konnte, mitriss. Und es war tatsächlich ein Hexenprozess. Natürlich richtete er sich nicht mehr gegen die Tote: Man klagte statt ihrer die Mutter an. Doch eigentlich ging es ausschließlich um die Mätressenherrschaft der Tochter, Sybille von Neitschütz, und um die Abrechnung damit. Noch minderjährig hatte sie den Kurprinzen Johann Georg teuflisch an sich gefesselt und dem Land Sachsen den Kurfürsten entrissen. Die Mutter, so lautete die Anklage, habe ihr die Zaubermittel dazu verschafft und angerührt, sie habe die Tochter angestiftet und deren Taten mitgetragen, nun solle sie dafür büßen.

Der Prozess war weder so absurd noch unberechtigt, wie es zuerst erscheinen mag, denn Mutter und Tochter waren in der Tat ein verschworenes Gespann gewesen, das gemeinsam am sächsischen Hof Karriere machte. Die Mutter kannte sich aus in dem Milieu und dem Metier, in dem ihre Tochter so erfolgreich war: Immerhin sagte man ihr, der *„Generalin“*, wie die Mutter Ursula Margareta von Neitschütz nur genannt wurde, eine wenn auch kurze Affäre mit dem alten Kurfürsten nach, dem Vater des Geliebten ihrer Tochter. Die intrigante Intelligenz und Erfahrung der Mutter bildeten mit der Jugend und Schönheit der Tochter ein einzigartiges Kapital, das dieses Duo ungehemmt eingesetzt hatte. Was die Mutter versucht, hatte die Tochter mit ihrer Hilfe schließlich erreicht: den offiziellen Status einer Mätresse, eine halbwegs gesicherte Machtposition am Hof – und Reichtum. Die Mittel dazu waren, wie stets, unmoralische: illegitime Liebe zum verheirateten Kurfürsten, Korruption, Protektion, Vorteilsannahme, Bestechung, Erpressung, Nötigung und so weiter. Aber solche Unmoral, gedeckt vom Landesfürsten, war in Zeiten höfischer Herrschaft und absolutistischer Willkür weder strafbar noch anklagbar. Anklagbar und strafbar dagegen waren Hexerei, Zauberei, Magie und Umgang mit dem Teufel.

Der angestrengte Hexenprozess war also in Wahrheit ein Prozess gegen Mätressen- und Günstlingsherrschaft, eine Abrechnung mit höfischer Misswirtschaft. Und der eigentliche Angeklagte hätte der sein müssen, der das alles inszeniert und zugelassen hatte, nämlich der Landesherr, doch der stand sakrosankt über dem Gesetz und war zudem, wie auch die Mätresse, schon tot. So blieb nur die Mithelferin anzuklagen, die Mutter, Generalin von Neitschütz, und zwar als Hexe.

Der Prozess fand von Juni bis November 1696 statt, zwei Jahre nach dem Tod des Kurfürsten und seiner Mätresse, und es ging auch hier um Leben und Tod der Angeklagten. Wie in allen Prozessen jener Zeit konnte ein Urteil nur gefällt werden, wenn die Angeklagte geständig war. War sie es nicht, drohte die Folter. Es sah nicht gut aus für die „Generalin“: Zeugen waren vorgeführt worden und belasteten sie schwer, doch sie gestand nichts, sondern leugnete alles ab …

Aber erst einmal der Reihe nach und von Anfang an: Was hätte sie gestehen könen? Was hatten sie und ihre Tochter, die Mätresse, wirklich getan? Wie war die Vorgeschichte des Ganzen?

Die Angeklagte, eine geborene von Haugwitz, entstammte altem Oberlausitzer Adel. Sie hatte den Generalleutnant Rudolf von Neitschütz geheiratet und wurde deswegen nur die „Generalin“ genannt. Ihre Tochter Sybille, geboren am 8. Februar 1675, war das Älteste von sieben weiteren Kindern. Über Kindheit und früheste Jugend der Tochter ist nichts Genaues bekannt, wie überhaupt alle biographischen Angaben über sie und die Mutter mit Vorsicht zu behandeln sind, denn größtenteils entspringen sie übler Nachrede, ungesicherten subjektiven Urteilen oder allgemeinen Gerüchten. Über die äußerlichen Reize der Tochter allerdings gab es keinerlei Zweifel und nur eine Meinung: Ihr regelmäßiger Wuchs, ihre angenehme Gesichtsbildung und ihre großen blauen Augen fielen auf am Dresdener Hof des Kurfürsten Johann Georg III., zu dem ihr die adlige Geburt schon früh Zutritt verschaffte. Mit kaum zwölf Jahren soll sie ihren ersten Liebhaber gehabt haben, einen Herrn von Haxthausen, damals Oberhofmeister des zweitgeborenen kurfürstlichen Prinzen Friedrich August. Nur das allzu jugendliche Alter Sybilles soll Hinderungsgrund für die erstrebte eheliche Bindung gewesen sein und, wenn man der später vorherrschenden Meinung glauben will, der Ehrgeiz der Mutter. Denn Ursula Margareta von Neitschütz schwebte für ihre älteste Tochter Höheres vor: eine Karriere am Hof, Aufstieg zu Macht, Einfluss und Reichtum. Nicht, was sie selbst erreicht hatte, die Heirat in gleiche Adelskreise irgendwo in der Provinz, war ihr Ziel, sondern das, was sie verfehlt und versäumt zu haben glaubte und durch die Tochter nachzuholen gedachte: Glanz, Prunk und Pracht im Zentrum höfischen Lebens. Dazu brauchte man keine Ausbildung, dazu genügte das Erlernen galanter Sprachen, Tänze und Umgangsformen, dazu reichten Schönheit und Attraktivität, Putz, Toilette und äußeres Auftreten. Nicht auf Inhalt und Gehalt der Rede kam es an, sondern auf den Augenaufschlag dabei. Das waren die von der Mutter gepredigten und vorgelebten Lebens- und Erziehungsmaximen. Eitelkeit galt es nicht zu bekämpfen, sondern zu befriedigen, Begehrlichkeiten zu wecken, um sie zu stillen. Es galt, nach oben zu schauen und stolz nach den Sternen zu greifen – und das um jeden Preis!

Als Sybille von Neitschütz bei der Kurfürstin Anna Sophia erstmals dem siebzehnjährigen Kurprinzen und sächsischen Thronfolger begegnete, war dessen heftige Reaktion auf ihre körperlichen Reize trotz eingehaltener Etikette für alle umstehenden Höflinge und Hofdamen wie für sie selbst unübersehbar. Der Hof hatte sein Schauspiel und Gesprächsthema. Als Sybille, heimkommend, die schmeichelnde Neuigkeit der Mutter berichtete, wusste diese sofort, welche Chance sich hier bot: Es galt, die Aufmerksamkeit des Thronfolgers mit allen Mitteln zu schüren, zu festigen und zu sichern. Und die „Generalin" handelte umgehend und begann die Fäden zu ziehen.

„Weil die Mutter die Neigung begünstigte und zu deren Erhaltung alle Mittel beförderte", so ein zeitgenössischer Chronist, *„näherte sich der Kurprinz ohne Schwierigkeiten dem Zwecke seiner Wünsche. Er sah nunmehr seine Geliebte öfters, sprach mit selbiger ohne Zwang, entdeckte ihr seine Zuneigung und ward, wie leicht zu erachten, nicht abgewiesen."*

Es entwickelte sich schnell ein intensives und leidenschaftliches Liebesverhältnis, das nicht verborgen blieb. Beide Liebenden waren sehr emotionale Charaktere, beide extrem ichbezogen und eigensinnig, was sich schon bald in der vehementen, ja rücksichtslosen Durchsetzung des jeweils eigenen Willens und der eigenen Interessen und Launen äußerte. Meinungsverschiedenheiten und -konflikte, auch Streitigkeiten waren oft lautstark an der Tagesordnung, sie wurden aber immer wieder – je länger das Verhältnis dauerte – durch ebenso heftige Zuneigungs- und Versöhnungsszenen geschlichtet oder überbrückt. Sybille von Neitschütz machte es ihrem Liebhaber nicht einfach, aber gerade die Ungewissheit, in der sie ihre Liebe und Zuneigung hielt, weckte offenbar immer wieder sein Begehren und steigerte es, so schien es Außenstehenden, bis zur Liebesraserei jenseits aller gesunden Vernunft. Auch die Eifersucht, zu der ihr Liebhaber neigte, war offensichtlich von Anfang an ein von ihr eingesetztes Mittel, die eigene Attraktivität zu erhöhen.

Zeitgenössischen Berichten zufolge empfand auch der jüngere Bruder, Prinz Friedrich August von Sachsen, den man später

„den Starken“ nannte, ohne dass der Kurprinz davon wusste, eine starke Leidenschaft für die schöne Sybille, er stellte ihr ebenfalls nach, wohl nicht ohne Erfolg. In einem bei dem Vorwerk Ostra gelegenen Garten kam es so anlässlich eines von dem einen verabredeten und von dem anderen entdeckten Stelldicheins zu einem brüderlichen Zweikampf mit dem Degen – eine unschöne, gefährliche und schließlich höchst dramatische Szene, bei der nur durch das Eingreifen beherzter Umstehender Schlimmeres verhindert werden konnte.

Nicht verhindern ließ sich allerdings, dass der ganze Dresdener Hof, allen voran die kurfürstlichen Eltern, das Vorgefallene erfuhren und strengste Vorsichts- und Strafmaßnahmen ergriffen. Beide Prinzen erhielten das strikte Verbot, Fräulein Sybille jemals wiederzusehen. Besonders beim Kurprinzen versuchte man dieses Verbot durch strengste Bewachung einzuhalten und durchzusetzen. Mutter Neitschütz, die „Generalin“, wurde für das Verhalten ihres Töchterchens verantwortlich gemacht: Die von ihr geübte Nachsicht bzw. Begünstigung des Liebesverhältnisses wurde allerhöchsten Ortes nicht nur gerügt, sondern auch unmissverständlich unter Androhung unliebsamer Folgen verboten.

Doch, wie immer in solchen Fällen, bewirkten Verbote und Strafen nur den gesteigerten Anreiz, sie zu übertreten bzw. zu unterlaufen. Was nicht offen geschehen durfte, wurde heimlich in Szene gesetzt, das Feuer der Leidenschaft also nicht erstickt, sondern stärker entfacht.

Das Haus, in dem die Neitschützsche Familie mit der Angebetenen wohnte, stand auf dem Taschenberg ganz nahe dem kurfürstlichen Schloss und unterlag somit strengster offizieller Beobachtung und Kontrolle. Für den Kurprinzen bedeutete das, dass er nur noch des Nachts und in sorgfältigster Verkleidung und Tarnung seine Geliebte aufsuchen konnte, auf Umwegen, mit Hilfe bestochener Diener und wohl auch weiterhin mit Wissen der „Generalin“, öfters durch den Pferdestall und über andere abseitige Wege mit lebensgefährlichen Kletterpartien. Aber auch diese Schleich- und Umwege wurden den Eltern bekannt, sie reagierten darauf mit neuen Verboten und noch strengeren Maßnahmen. Schließlich holte man zum Gegenschlag aus und sprach ein generelles Hofverbot für Mutter und Tochter Neitschütz aus, was besonders die ehrgeizige und gesellschaftssüchtige Mutter hart traf. Den Kurprinzen indes schickte man auf eine große Reise, die übliche Kavalierstour nach Frankreich, England, Holland und Holstein, und hoffte auf die erkaltende Wirkung dieser längerfristigen Trennung. Als der Kurprinz nach gut einem Jahr zurückkam, schickte man ihn sofort noch einmal auf eine noch längere, fast zweijährige Reise nach Spanien, Portugal und Italien.

Diese lange Zeit brachten die Damen Neitschütz, vom Hof in Dresden verbannt, notgedrungen auf ihren Gütern in der Oberlausitz zu, meist in Gaussig, stets darauf lauernd und darauf hinarbeitend, bei nächster Gelegenheit mit der höfischen Welt wieder in Kontakt zu kommen. Sie bot sich, als der Ehemann und Vater im Winter 1689 als Befehlshaber eines Garderegiments in Schweinfurt im Quartier lag. Und es war sicher nur scheinbar ein Zufall, dass dort, zur genau derselben Zeit, ausgerechnet Kurfürst Johann Georg III. mit dem endlich zurückgekehrten Kurprinzen eintraf. Die Liebenden feierten ein stürmisches Wiedersehen – allerdings kaum zur Freude der Väter. Äußerst verärgert nahm der Kurfürst seinen ältesten Sohn umgehend mit auf eine Kampagne im Reichskrieg gegen Frankreich, und von dort aus schickte er ihn schnellstens wieder auf Reisen. Vater Neitschütz hingegen , den er der Beteiligung an dem Liebeskomplott verdächtigte, entließ er kurzerhand aus seinem Posten.

Familie Neitschütz bezog daraufhin wieder ihr Haus in Dresden, und nach Rückkehr des Kurprinzen von dieser dritten Reise standen die Dinge genauso wie vor der ersten: Der Kurprinz war verrückt nach seiner Sybille und versuchte alles, sie heimlich und über alle möglichen Schleichwege zu treffen; beide hatten ihren Liebesbund, trotz Versicherungen des Gegenteils nach außen, nur noch fester geknüpft.

Um weiteren Hinderungen von Seiten der kurfürstlichen Eltern zu entgehen, die alles in Bewegung setzten, den Umgang für immer zu unterbinden, kamen die Liebenden – oder besser kamen Mutter und Tochter Neitschütz – nun auf eine Idee, wie man den erschwerten Umgang ohne weiteres äußeres Aufsehen und ohne Störungen und Einflussnahmen Dritter fortsetzen, ja noch intensivieren konnte: Sybille von Neitschütz musste heiraten – nicht den Kurprinzen – das war ja unmöglich –, sondern jemanden, der ihr den Status einer Ehefrau verschaffte, ohne auf seine ehelichen Rechte zu pochen. Mit anderen Worten: Eine Scheinehe hielt man in dieser Situation für das Angebrachteste, um unter diesem Deckmantel das unerwünschte Liebesverhältnis, nach außen kaschiert, weiter aufrecht zu erhalten. Mutter wie Tochter taten offenbar in dieser Zeit manches, um einen geeigneten Ehekandidaten dafür zu gewinnen. Ihre Bemühungen, die besonders dem früheren Bewerber oder auch Liebhaber Haxthausen galten, waren allerdings wenig erfolgreich. Er und andere Kandidaten und Ausersehene sprangen, nachdem ihnen die Ehebedingungen klar wurden, schnell und schaudernd wieder ab.

Das Einzige, was dabei herauskam, war eine rapide Verschlechterung von Ruf und Ansehen der so aufgebotenen Braut. Als man auf dem Taschenberg kurz darauf die Leiche eines ausgesetzten Säuglings fand, glaubte jeder sofort das sich in Windeseile ausbreitende Gerücht, nur Sybille von Neitschütz könne die Mutter sein. Stimmte das Gerücht, hätte der Kurfürst endlich eine juristische Handhabe zur Beseitigung der unerwünschten Geliebten seines Sohnes gehabt. Mit Sicherheit hätte er dies auch baldmöglichst genutzt …

„Aber es war im Rate des Schicksals ein anderes beschlossen“, so der zeitgenössische Chronist. Und das *„gab den Angelegenheiten des Fräuleins von Neitschütz … eine ebenso unerwartete als für sie günstige Wendung“*: Kurfürst Johann Georg III., der Vater, starb am 12. September 1691 auf einem neuerlichen Feldzug gegen Frankreich, auf dem ihn seine ältesten Söhne begleitet hatten. Der Kurprinz kehrte als neuer Kurfürst Johann Georg IV. zur Übernahme der Landesregierung nach Sachsen zurück. *„In Dresden angekommen“,* so der Chronist weiter, *„gab selbiger sofort den eklatanten Beweis von seiner gegen das Fräulein von Neitschütz niemals erkalteten, vielmehr unter dem Drucke gestärkten unbegrenz-*

ten Zuneigung. Er legte seine Visiten bei ihr ohne weitere Zurückhaltung ab und erklärte sie öffentlich für seine Favoritin." Es war dies das erste Mal, dass ein sächsischer Herrscher sich nach französischem Vorbild mit einer offiziellen „*Mätresse en titre*" schmückte.

Sybille von Neitschütz und vielleicht mehr noch die „Generalin", ihre Mutter, schienen am Ziel: Der Kurfürst bot ihnen sofort die besten Zimmer in seinem Schloss. Hof und Hofleben standen ihnen offen, ein Platz im Zentrum der Macht an der Seite des Herrschers war erobert!

Doch beide Damen kannten auch die Spielregeln der Hofwelt, ihre Gesetze, ihre Zwänge und ihre Gefahren. Sie waren – und das galt vor allem für die „Generalin" – erfahren und klug genug, die labile, ungesetzliche Außenseiterposition einer Mätresse innerhalb des Hofes nicht zu überschätzen.

Aus gutem Grund lehnten sie daher eine Wohnung im Schloss ab und bestanden auf einer eigenen Haushaltung: Ziel war die Schaffung eines Freiraums, der mehr Selbstständigkeit ließ und ihnen, aber auch dem Kurfürsten, mehr Spielraum und Entscheidungsfreiheit versprach. Das erschien ihnen wichtig, denn beide Damen dachten weiter und hatten noch einiges vor.

Sie zogen ins so genannte Fürstenbergische Haus, direkt dem Schloss gegenüber. Der Kurfürst ließ sofort quer über die Straße einen hölzernen Gang bauen, damit er „*seine Geliebte zu allen Tageszeiten auch ohne Aufsehen besuchen könnte*", und richtete ihr eine „*besondere Haus- oder vielmehr Hofhaltung*" ein mit Hausoffizieren, Bediensteten sowie glänzenden Equipagen, und er wies dafür Tafel- und Schatullengelder an. Dazu kamen große Geschenke: mehrere Rittergüter, ein bei Dresden gelegener Lustgarten, Weinberge und anderer Landbesitz. Zu ihrem Geburtstag, so erzählte man sich, erhielt Sybille von Neitschütz unter anderem ein Angebinde aus Diamanten im Wert von 24000 Talern. Ein Leben in Saus und Braus begann, glänzend und verschwenderisch.

In Dresden und im Land Sachsen sprach es sich schnell herum, dass die Mätresse beim Kurfürsten alles erreichen konnte.

Schnell versuchten sich manche an dieser Sonne zu wärmen, nisteten sich in ihrem Haus und Hof mancherlei Profiteure ein. Rasch entwickelte sich eine Günstlingswirtschaft. Der Kurfürst speiste jeden Abend bei seiner Favoritin und blieb zumeist zur Nacht. In diesen zärtlichen Augenblicken konnte Sybille von Neitschütz alles bei ihm durchsetzen.

Zuerst, natürlich, sorgte sie für die *„Generalin"*, ihre Mutter: Der Kurfürst setzte ihr eine jährliche Pension von 2000 Talern aus. Auch Vater Neitschütz wurde bedacht: Er wurde rehabilitiert und avancierte zum Generalleutnant der Kavallerie mit 400 Talern monatlich. Desgleichen wurden die Geschwister nicht vergessen. *„Nach der Familie stand die Vermittlung der Favoritin allen denjenigen offen, welche sie dafür gut bezahlten"*, so berichtet die zeitgenössische Quelle weiter, das heißt: Korruption und Protektionswesen hielten Einzug. Eine schamlose persönliche Bereicherung der Favoritin, der Familie und aller alten und neuen Freunde begann, organisiert und geleitet von einem eigens dafür angestellten Sekretär namens Engelschall, *„einem vollkommenen Bösewicht"*, so der Chronist. Dazu hatte die Favoritin *„besonders sich alle Konzessions- und Abolitionsfälle"* sowie *„gewisse Arten Strafgelder als einen Zuwachs ihrer Schatulle von dem Kurfürsten ausgebeten. Engelschall war der Brunnenwärter dazu"*. Das Verwerflichste aber an dieser Misswirtschaft durch die Mätresse, so befand der Chronist, war, dass der Kurfürst schriftliche Dekrete und Befehle *„ohne nähere Prüfung unterschrieb, sobald seine bis zur Entzückung von ihm geliebte Favoritin ihm solche in einem günstigen Augenblicke vorlegte, und hierdurch kamen oft wichtige Angelegenheiten des Landes zur Entscheidung"*. Mit anderen Worten: Die Mätresse konnte auch im Politischen im Kurfürstentum Sachsen alles verlangen und durchsetzen, und sie tat das auch.

Natürlich schuf sie sich dadurch neben Freunden auch Feinde, und je ärger sie es trieb, desto zahlreicher und mächtiger wurden diese. Nicht nur die Kirche reagierte gegen die Herrschaft solch gesetzwidriger Unmoral, auch die Witwe des alten Kurfürsten und Mutter des jungen, Anna Sophia, gebürtig aus dem dänischen Königshaus, mochte diesem Treiben nicht länger tatenlos zusehen. Die Opponenten verbündeten sich und sannen auf Abhilfe. So entstand der Plan, den jungen Kurfürsten dadurch *„aus den Fesseln seiner Bezauberin“* zu reißen, indem man ihm eine legitime Gattin verschaffte und ihn endlich angemessen und standesgemäß verheiratete. Man bat dazu den Kurfürsten von Brandenburg um Hilfe und Vermittlung einer geeigneten Ehekandidatin, und tatsächlich reiste der sächsische Kurfürst Johann Georg IV. im Frühjahr 1692 nach Berlin, um dort die für ihn Auserwählte zu treffen. Es war eine schon verwitwete Markgräfin von Ansbach, Eleonora Erdmuthe Lovisa mit Namen, Tochter des Herzogs zu Sachsen-Eisenach, und Johann Georg ließ sich kurz darauf mit ihr in Leipzig trauen.

Diese überstürzte Heirat dürfte, neben innen- und außenpolitischen Erwägungen, die sicher auch eine Rolle spielten, in erster Linie in einer vorübergehenden Verstimmung und Entfremdung im Verhältnis zu seiner Favoritin in Dresden ihren Grund gehabt haben. Johann Georg IV. war ein aufbrausender Charakter, schnell entschlossen, aber auch schnell umgestimmt, überließ er sich nicht nur hier wechselnden und widersprüchlichen Emotionen. Dem Ganzen ging offenbar ein heftiger Streit voraus. Vor Antritt der Reise nach Berlin, so wollten Vertraute wissen, wäre er *„sehr aufgebracht wider das Fräulein von Neitschütz gewesen, hätte sie eine Kanaille gescholten, mit dem Zusatze, daß sie mit allen Kerlen zuhielte …“*. Von einer Pension von 4000 Talern sei auch die Rede gewesen, also von Trennung und Abfindung.

In Dresden knüpfte man an solche Verlautbarungen große Hoffnungen und Erwartungen. Doch alle, die nach der Heirat, die offiziell mit großen Lustbarkeiten im Schloss in Torgau gefeiert werden sollte, mit einer Normalisierung der Zustände in Sachsen gerechnet hatten, wurden bitter enttäuscht. Schon in Berlin, noch während der Eheverhandlungen, hatte längst wieder ein intensiver Briefwechsel zwischen Kurfürst und Favoritin eingesetzt und, wie Eingeweihte vermuteten, auch mit der „Generalin“. Denn die Mutter, das wusste man auch, war für die Tochter federführend und diktierte schon mal deren Briefe.

Bald verbreitete sich die Sensation: Tochter und Mutter Neitschütz waren offiziell zu den kurfürstlichen Beilagerfestlichkeiten nach Torgau eingeladen!

Außerdem sprach sich herum, die Braut sei hässlich, wenig attraktiv, also bei weitem nicht so schön wie das Fräulein von Neitschütz. Das hätte vielleicht noch angehen können, aber es hieß auch, sie sei wenig liebenswürdig im Wesen und noch weniger entgegenkommend und diplomatisch: Sie habe schon bei der Trauung und kurz danach ein abweisendes und geradezu widerwärtiges Betragen an den Tag gelegt. Sie zankte und schmollte fortwährend mit ihrem Bräutigam, vor allem begegne sie der inzwischen anwesenden Favoritin mit Verachtung und fordere ihr gegenüber demonstrativ die ihrer Geburt geschuldete Achtung ein.

Dass es kaum eine Liebesheirat sein würde, hatte man ja von Anfang an gewusst. Dass sich die Gleichgültigkeit des Ehemannes aber schon nach einer knappen Woche zu Ekel und Abscheu steigerte, sah man mit Bestürzung. Ein kurfürstlicher Kammerdiener sagte später aus, sein Herr habe mehrmals über Abscheu gegen die Umarmung dieser Braut geklagt: *„Es würde ihm heiß und übel, sobald er nur den Fuß zu ihr in das Ehebett setzen wollte."* Längst schon sei er zur Scheidung entschlossen.

Damit war, als Johann Georg IV. seine legitime Gemahlin als regierende Kurfürstin nach Dresden heimführte, alles wieder beim Alten. Der Chronist drückte es so aus:

„Seine Neigung blieb ununterbrochen an dem Fräulein von Neitschütz hängen und liebte sie forthin beständig und bis an ihren Tod feuriger, als jemals noch geschehen war."

Für die Mätresse schien die gefährliche Krisensituation der Heirat ihres hohen Herrn nd Gönners mit einer Ebenbürtigen zwar siegreich gemeistert, es war ihr aber – und nicht nur ihr – dennoch drastisch vor Augen geführt worden, wie instabil und schwankend ihre Position innerhalb der Hofwelt immer noch war. Mutter wie Tochter zogen daraus ihre Schlüsse und machten Pläne, die auf eine dauerhafte Veränderung dieser Situation zielten. Zuerst schufen sie sich dazu eine eigene verlässliche, ihnen gänzlich ergebene Fraktion am Hof: Sie bestand aus dem

Grafen von Callenberg, dem Oberhofmeister von Erdmannsdorf und dem Generalmajor Freiherr von Friese. Dazu kam noch der Schwiegersohn und Schwager, der Hofrat von Beichlingen. Diese verschworene Clique sollte dazu dienen, den Willen des Kurfürsten zu beeinflussen und ihn im Sinne der Mätresse zu leiten und zu bewachen. Alle Mitglieder standen in Dresden nicht gerade im besten Ruf, sie wurden bald auch spöttisch nur die *„Neitschützschen Geheimden Räte"* genannt. Sie taten aber, durch immer neue Geschenke und Vergünstigungen geködert, alles für die Erhaltung und den Ausbau der Hofposition ihrer Herrin und damit auch ihrer eigenen. In diesem verschworenem Kreis, in den auch der Sekretär Engelschall einbezogen wurde, berieten und erwogen die Damen Neitschütz ihre Zukunft und bereiteten strategisch die einzelnen Schritte ihres Vorgehens vor. Das Endziel war ein klares, hohes und endgültiges: die Mätresse musste rechtmäßige kurfürstliche Gattin werden! Nur der Weg dorthin war noch unklar, strittig und voller Hindernisse.

Mehrere Wege und Möglichkeiten wurden angedacht, verfolgt und wieder verworfen. Einer von ihnen, so schien es anfangs, hätte über die unbeliebte und ungeliebte Kurfürstin führen können. Doch diese zu einer Scheidung oder gar dazu zu bewegen, einen Scheidungsgrund abzugeben, wurde von der Versammlung bei der strengen Tugend, die diese Frau zur Schau trug, sofort für unmöglich erklärt. Erfolgversprechender und gangbarer erschienen dagegen andere Wege, und einer von ihnen konnte über die zu dieser Zeit auch andernorts ernsthaft geführte Diskussion über die Zulässigkeit landesfürstlicher Vielweiberei führen: Warum sollte nicht das, was de facto ja schon gelebt wurde, nicht auch de iure gelten? Warum konnte die Geliebte nicht neben der Ehefrau nach weltlichem Recht an der Seite des Gatten als zweite Ehefrau anerkannt werden, zumal in der Heiligen Schrift nichts dagegen sprach? Es wäre ja nicht der erste Fall in der Geschichte gewesen, in der Bibel standen sogar Beispiele dafür, und die Fortsetzung und Mehrung des menschlichen Geschlechts konnte so nur gefördert werden. Solche Argumente, vorgetragen von ernsthaften und ernstzunehmenden Theologen, wurden ins Feld geführt und fielen auf fruchtbaren Boden.

Im Zirkel der „Geheimden Neitschützschen Räte“ war die Sache gerade in lebhafter Erwägung, als sich ganz plötzlich eine ganz neue Sachlage ergab: Sybille von Neitschütz wurde schwanger.

Jetzt ging es zuerst einmal um das Kind der Mätresse, um seine Anerkennung und Legitimierung durch den Vater. Und das war zugleich für die Mätresse selber und ihre Position wichtig: Als Mutter eines vom Kurfürsten anerkannten Kindes kam ihr im Gefüge des Hofes ein ganz anderer Status zu denn als Ledige und kinderlose Geliebte. Ein gemeinsames Kind würde Mutter und Kurfürst zumindest auf Lebenszeit des Kindes verbinden, die Mutter seines Kindes konnte dieser nicht so einfach verstoßen. Die zukünftige Versorgung von Kind und Mutter musste deshalb irgendwie gesetzlich geregelt werden. Hier, so erwog man im Kreis der Geheimden Räte, war der Kurfürst fassbar.

Angeblich unterzeichnete der Kurfürst vor der Geburt seines Kindes einen Revers, in dem er das Zusammenleben mit Sybille von Neitschütz für eine rechtmäßige Ehe erklärte und die Kinder, die daraus hervorgehen würden, für ebenso rechtmäßig, wenn auch ohne Teilhabe an der Kurwürde des Hauses Sachsen. Nur: Die Existenz und Echtheit dieses Revers war und blieb umstritten, das Original konnte nie gefunden werden. Doch gab der Kurfürst mit Sicherheit das Versprechen, Fräulein von Neitschütz und ihre Nachkommenschaft in den Reichsgrafenstand erheben zu lassen, was am 4. Februar 1693 durch Kaiser Leopold tatsächlich geschah. Aus Sybille von Neitschütz wurde jetzt die Gräfin Rochlitz: für die Mätresse war ihr Ziel zwar noch nicht ganz erreicht, aber ein großer, sie über das Kind des Kurfürsten absichernder Aufstieg in der Hierarchie des Hofes war geschafft.

Im Mai des Jahres 1693 begleitete Kurfürst Johann Georg IV. seine sächsischen Hilfstruppen im Reichskrieg gegen Frankreich über Frankfurt am Main in ein Lager der Reichsarmee bei Heilbronn. Das Fräulein von Neitschütz, jetzt Gräfin von Rochlitz und hochschwanger, hatte sich vorgenommen, ihn nicht mehr aus den Augen zu lassen, und folgte ihm in die Kampagne. In Frankfurt kam sie mit einer Tochter nieder, die in der Taufe die Namen Wilhelmine Maria Friederika erhielt. Als man danach gemeinsam nach Sachsen zurückkehrte, war allem äußeren Anschein nach die Liebe des Kurfürsten zur Mätresse nur noch gewachsen. Nichts wies darauf hin, dass er versucht hätte, seine Zuneigung etwa auf beide Frauen zu verteilen, das heißt: im Sinne eines erstrebten Arrangements zu dritt. Im Gegenteil: Johann Georg tat alles, um seine rechtmäßige Gattin zu demütigen und die Mätresse zu erhöhen und zu bevorzugen, so sehr, dass diese nicht selten, weil sie selber einem friedlichen Dreier-Arrangement gar nicht abgeneigt war, zur Fürsprecherin der legitimen Ehefrau wurde und sie verteidigte. In Dresden kursierten viele Gerüchte von solchen peinlichen Auseinandersetzungen und Vorfällen am Hof, von ehelichen Streitigkeiten, sogar von Tätlichkeiten. Die übertriebene Art, mit der der Kurfürst zu seiner Mätresse hielt, schürte selbst in wenig abergläubischen Kreisen den Verdacht, dass hier mehr als nur eine gewöhnliche erotische Bezauberung vorlag.

Außerdem war es in der Stadt ein offenes Geheimnis, dass die Gräfin von Rochlitz ihrem kurfürstlichen Liebhaber keineswegs so treu ergeben war wie er ihr. Zahlreiche Namen von Männern aus Hof- und anderen Kreisen brachte man mit ihr zusammen, mehrere heftige, auch gleichzeitige Liebschaften sagte man ihr nach. Der Kurfürst schien blind zu sein. Auch das brachte viele auf den Verdacht, dass hier noch anderes am Werk war.

Unterdessen arbeitete die Hofpartei der Neitschützschen Geheimden Räte weiterhin an dem Projekt, die Position der Mätresse zu sichern und ihre Stellung zu einer rechtmäßigen zu machen. Da die Entwicklung mehr denn je statt in eine Ehe zu dritt in eine Scheidung der kurfürstlichen Ehe zu gehen schien, wuchs auch die Aussicht der Mätresse, doch noch legal das kurfürstliche Ehebett erobern zu können. Ihre Chancen stiegen erheblich, als sich erneut eine Schwangerschaft ankündigte. Sollte dem Kurfürsten jetzt ein Sohn geboren werden, dann wäre das einzige Hindernis für eine legale Ehe nach der Scheidung nur noch die fehlende Ebenbürtigkeit der neuen Partnerin. Dieses Hindernis, so kalkulierten die Geheimden Räte und mit ihnen wohl auch die „Generalin“ ebenso wie ihre Tochter, müsste in diesem Fall relativ leicht durch eine am kaiserlichen Hof zu erwirkende Erhebung der Gräfin Rochlitz in den Reichsfürstenstand zu überwinden sein. Ein entsprechendes Ansinnen wurde schon mal nach Wien gerichtet, dem kaiserlichen Hof überstellt und durch Geldzuwendungen an entsprechenden Stellen schmackhaft gemacht, vor allem auch durch eine mitgesandte vertrauliche Zusicherung, die protestantische Gräfin von Rochlitz bzw. neue Reichsfürstin gedenke dann zur katholischen Religion überzuwechseln und werde auch auf eine solche Konversion des sächsischen Kurfürsten hinwirken. Dahinter stand, dass sich zu dieser Zeit bereits das Freiwerden des polnischen Königsthrones abzeichnete und für diesen Fall die Mätresse als die eigentliche Lenkerin der sächsischen Angelegenheiten ihre, das heißt die Kandidatur ihres künftigen Gatten dafür ins Spiel brachte. Denn jedem war bekannt, dass das katholische Bekenntnis eine Vorbedingung für die Neubesetzung des polnischen Thrones war.

So sah es um die Jahreswende 1693/94 für die Mätresse auf ihrem Weg zu einer legalen Position am sächsischen Hof eigentlich recht gut aus. Doch da verließ die Gräfin und die „Generalin“ und auch den Kurfürsten das Glück. Das Schicksal schlug unerwartet und unerbittlich von ganz anderer Seite zu.

Seit der Geburt ihres ersten Kindes kränkelte Sybille. Auf der Michealismesse in Leipzig hatte sie der Genuss einer Pastete zusammen mit ihrem Gesellschaftsfräulein von Kühlau auf ein längeres Krankenlager geworfen, von dem die Kühlau sich allerdings rasch erholte. Daraus schloss man, dass ihre Pastete wohl weniger Gift enthalten habe als die der Gräfin von Rochlitz und teilte diesen Verdacht dem Kurfürsten mit. Diesem schien ganz zweifelsfrei ein Giftanschlag seiner Gattin auf die

Mätresse vorzuliegen. Er tobte und schwor, sich endlich für immer von dieser Giftmischerin zu trennen. Der Zustand der Gräfin Rochlitz aber wollte und wollte sich nicht bessern, und kurze Zeit später brachen bei ihr die Blattern aus – eine tödliche Krankheit, vor der die besten Ärzte hilflos standen. Sie starb am 4. April 1694 in ihrem Haus in Dresden, noch bevor sie ihren 20. Geburtstag erlebte.

Trauer und Schmerz des jungen Kurfürsten waren unvorstellbar. Schon während der Krankheit war er gegen den Rat der Ärzte nur selten vom Bett der Geliebten gewichen. *„Nach dem ausgestoßenen letzten Hauche"*, so der Bericht eines Augenzeugen, fiel er *„über die Leiche und küßte ihren Mund mit Inbrunst"*. Er ordnete Hoftrauer an und versank in tiefe Schwermut. *„Solange die Leiche der Gräfin von Rochlitz noch über der Erde war"*, fährt der Berichterstatter fort, *„mußte ihm solche täglich oft mehr als einmal aufgedecket und gezeiget werden, und er fand noch das einzige traurige Vergnügen in deren unverrückter Beschauung."*

Da der Kurfürst imer noch eine Vergiftung vermutete, wurde die Leiche seziert, aber man fand nichts Verdächtiges.

Die Beerdigung, dafür hatte die „Generalin" mit den Neitschützschen Geheimden Räten sofort gesorgt, fand mit fürstlichem Prunk und mit dem Zeremoniell einer fürstlichen Beisetzung statt. Unter dem Geläute aller Kirchen der Stadt Dresden folgten mehr als fünfzig Karossen und Wagen mit Hof- und Staatsbediensteten der Leiche bis zur Beisetzung in der Gruft der Sophienkirche, in der schon andere fürstliche Angehörige des Hauses Sachsen ruhten. Der Kurfürst selbst verfasste die Grabschrift.

Nur einige Tage später erkrankte auch er. Die Symptome seiner Krankheit glichen denen der Geliebten. Auch er hatte sich mit Blattern infiziert und starb drei Wochen nach ihr am 27. April 1694.

So weit Geschichte und Schicksal der Mätresse Sybille von Neitschütz, der ersten offiziellen Mätresse im Land Sachsen. Doch die Wirklichkeit ihrer Geschichte umfasste zu dieser Zeit mehr als bloß die nackten historischen Tatsachen. Das bisher erzählte Geschehen ist eigentlich erst die halbe Wahrheit und war mit dem Tod der Mätresse und ihres Gönners nicht zu Ende. Dazu gehört auch der schon erwähnte Hexenprozess, der zwei Jahre später, 1696, gegen die Mutter Ursula Margareta Neitschütz, die „Generalin“, stattfand. Dieser Hexenprozess rollte das Leben der Sybille von Neitschütz noch einmal auf und enthüllte weitere Dimensionen, Umstände und Zusammenhänge ihres Daseins. Im Nachhinein stellte er die Mätresse und ihre beispiellose Karriere unter ganz anderen Aspekten und Perspektiven dar, denn er enthüllte Sybille von Neitschütz gleichsam als Protagonistin und Figur einer Parallelwelt voller Zauber, Hexen, Teufel und Gespensterwesen, quasi als Agentin einer Welt von übernatürlichen Kräften und irrealen Kausalitäten. An ihrer Karriere hatten nach Auffassung der Zeit noch ganz andere Mächte teil, die hier sozusagen hinter den Kulissen der Wirklichkeit die Fäden gezogen hatten: Magie und Hexenwerk war im Spiel gewesen – das sollte und wollte der Prozess darlegen und beweisen.

Die vollständige Wahrheit, die diesem spektakulären Geschehen zugrunde lag, musste auch Wesen und Wirken dieser Geister- oder Parallelwelt umfassen. In den Köpfen vieler Zeitgenossen mischten sich Reales und Irreales Ende des 17. Jahrhunderts in Bewusstsein und Vorstellungswelt in sonderbarer Weise. So einer unbegreiflichen, leidenschaftlichen Liebe wie die, die den jungen Kurfürsten schließlich in den Tod gerissen hatte, konnte nur ein Liebeszauber zugrunde liegen, denn menschliche Sympathien und Antipathien waren auch durch Zaubertränke und -speisen bewirkt und dementsprechend lenkbar. Magische Formeln und Sprüche brachten das Gewünschte und verhinderten das Gefürchtete, übernatürliche Kräfte konnten Distanzen überbrücken und bannten das Entfernte, holten Vergangenes, ja Totes zurück und offenbarten die verborgene Zukunft. Handeln und Denken fast aller Menschen dieser Zeit – auch all derer, die an der Karriere der Mätresse beteiligt oder von ihr betroffen waren, waren eingebunden in diese magische Weltauffassung einer noch voraufklärerischen Zeit, nicht zuletzt auch das von Mutter und Tochter

Neitschütz. In ihrer Welt gab es wirklich Hexen und Zaubersprüche, Zaubermittel hatten reale Wirkungen, geheimes Wissen gab wirkliche Macht, und übernatürliche Kräfte wirkten Wunder.

Wenn der angestrengte Hexenprozess gegen die Mutter nach dem plötzlichen Tod der Tochter etwas bewies, dann war es die Herrschaft dieser Weltsicht und ihre Verbreitung in der damaligen Bevölkerung. Was er aber auch zeigte und immer noch zeigt, war, dass diejenigen, die ihn in Szene setzten – Regierungsbeamte, Richter, Ankläger und der oberste Landesherr selbst –, sehr genau wussten, was ihre politische Absicht dabei war: Mit diesem Hexenprozess sollte im Land Sachsen zugleich aufgeräumt werden mit der Mätressen- und Misswirtschaft, die der verstorbene Kurfürst Johann Georg IV. materiell und personell hinterlassen hatte.

Die Anklage gegen die „Generalin" lautete offiziell auf Hexerei, und richtig an diesem Vorwurf war: Ursula Margareta Neitschütz hatte sich, vom Hof in die Provinz verbannt und um ihrer Tochter Sybille in der Liebesaffäre mit dem Kurprinzen zu helfen, an Personen gewandt, denen man magische Kräfte nachsagte.

Alles hatte begonnen, als Mutter und Tochter mit der von ihnen erstrebten Scheinehe, um das von den kurfürstlichen Eltern verbotene Verhältnis zu kaschieren und aufrecht zu erhalten, nicht weiterkamen. Der anvisierte Ehekandidat, Herr von Haxthausen, biss nicht an, ja er verweigerte eine solche Ehe explizit. In dieser verzweifelten Situation wusste der französische Sprachlehrer im Haus Neitschütz in Glaussig, namens Saladin, Rat: Er kenne im Dorf Zienitz im Oberlausitzer Spreewald eine alte Frau, die in ihrer Jugend mit dem Grafen von Lynar in Ägypten gewesen und dort in Zauberkünste eingeweiht worden sei. Quasi zu ihrer Empfehlung fügte er hinzu, er wisse bestimmt, dass die Herzogin von Merseburg, als ihr Gemahl mit dem Kurfürsten uneins gewesen, die von ihr vorgeschlagenen Mittel sehr erfolgreich zur Wiederversöhnung der beiden Fürsten angewandt habe. Diese Frau, Anna Margareta Burmeister mit Namen, wurde nun, indem man die Bedienstete Agnis

Krappin nach Zienitz sandte, um Rat befragt, und die Burmeisterin gab auch ein Zauberrezept preis: Man solle bestimmte Materialien, die sie mitgab, in einem Topf aufkochen, durch eine untergehaltene Kohlenpfanne am Kochen halten und dann damit, unter beständigem Quirlen, die Angeln der Flügeltür im Zimmer des Fräulein von Neitschütz begießen und dazu wiederholt die Worte murmeln: *„Ich quirle, quirle wie ein Bär, ach, wenn doch Haxthausen käme her."* Darauf werde dieser sofort erscheinen, sich der Sybille von Neitschütz zu Füßen werfen und um ihre Liebe flehen.

Man glaubte offenbar diesen läppischen Zauberanweisungen und verfuhr genau nach Vorschrift, aber natürlich erschien kein Herr von Haxthausen. Doch der Faszination der beiden Damen Neitschütz für die Zauberin Burmeister tat dieser misslungene Versuch keinen Abbruch, im Gegenteil. Weitere „Zaubereien" folgten, deren Erfolge man sich zumindest einbilden konnte. Die Burmeisterin mit ihrer Zauberkunst wurde nun zu einer festen Institution im Haus Neitschütz, die immer dann besonders gerufen und eingesetzt wurde, wenn die Tochter sich der Liebe des Kurfürsten versichern wollte oder ihrer unsicher wurde. Sie kaufte sich auf ihren Rat hin zu diesem Zweck von einem Juden ein so genanntes *„spiritum familiare"* in einem hermetisch verschlossenen Glas, sie verschluckte dreimal dieselbe Muskatnuss, und nachdem diese das dritte Mal durch den Stuhlgang wieder abgegangen war, wurde daraus ein Pulver bereitet, das erst der Herr von Haxthausen, dann auch der Kurprinz unbemerkt zu schlucken bekam, um die Liebe zu Fräulein von Neitschütz wieder bzw. für immer zu entfachen. Als Gräfin Rochlitz ließ sich die Liebende aus den Haaren des Geliebten ein Armband anfertigen, das sie ständig trug und ihn so an sie fesseln sollte. Denselben Zauber sollten auch bestimmte Kräuter, Wurzeln und Sämereien an ihrem Leib ausüben. In den Haaren trug sie außerdem die Zunge eines Wiedehopfs, welcher drei Tage auf einem Kreuzweg vergraben gelegen hatte, mit der erhofften Zauberwirkung, dass der Kurfürst ihr so niemals eine Bitte abschlagen könne.

Alle diese Zauberversuche und Hexereien wurden nach Eröffnung des Untersuchungsprozesses, oft nach mühsamer und strenger Befragung der Angeklagten und der geladenen Zeugen, gerichtlich festgestellt und protokollarisch als Indizien festgehalten. Die Hauptbeschuldigte war immer die *„Generalin“*, in ihrer Person liefen alle Anklagen gleichsam zusammen. Seit dem Tod der Tochter hatte sie bis Ende Juni 1696 unter ständiger Bewachung in deren Haus gelebt, mit Beginn des Prozesses wurde sie im Dresdener Rathaus inhaftiert, wo sie, so zeitgenössische Berichte, auch Beschimpfungen des Pöbels ausgesetzt war. Dieser sammelte sich unter den Fenstern ihres Gefängnisses und beschimpfte sie als Hexe und *„Landverderberin“*. Außerdem erschienen zahlreiche Flug- und Schmähschriften gegen sie, die tote Mätresse und die ganze Familie. Inzwischen hatte man eine Untersuchungskommission eingesetzt, die aufgrund eines *„Informaturteils“* die *„Spezial-Inquisition“* sowie die Verhaftung aller in die Neitschützschen Hex- und Zaubereien verwickelten Personen vorschrieb. So waren als Erste die Burmeisterin und die besagte Krappin, die diese aus Zienitz geholt hatte, arrestiert worden, es folgten schnell weitere Kammerfrauen und Vertraute des Neitschützschen Hauses, und es kamen dauernd neue Personen hinzu, sobald sie in Aussagen und Vernehmungen bei Namen genannt wurden.

In weiteren Untersuchungen blieb es nicht bei der Aufdeckung der bisher genannten, vergleichsweise harmlosen Zaubereien. Spätestens bei der Beschuldigung, die Hauptangeklagte habe dazu beigetragen, den kurfürstlichen Vater Johann Georg III., der der Liebe ihrer Tochter zu seinem Sohn entgegenstand, *„vom Brote zu helfen“*, wie es in der Anklage wörtlich hieß, wurde die Hexerei auch politisch brisant. Denn was bei dieser *„Spezialinquisition“* ans Tageslicht kam, war nichts anderes als eine Art telepathischer Mord am früheren Landesherrn, ein offenbar geglückter Mordversuch über eine Distanz von Hunderten von Kilometern: Die Burmeisterin hatte diesen, als der Kurfürst im Reichskrieg gegen Frankreich im Feld stand, von Zienitz aus, wohin sie sich, um Beobachtungen und Klatschereien in Dresden vorzubeugen, mit der Krappin wieder zurückgezogen hatte, unter strengster Geheimhaltung unternommen. Sie hatte, so bezeugte es die Krappin, dazu aus Wachs und anderen Materialien eine Figur geformt, welche die Gestalt des Kurfürsten bedeuten sollte. Diese Figur wurde dann von ihr sechs Wochen täglich in den Mitternachtsstunden an einem Feuer, so das Protokoll ihrer Aussage, *„langsam geschmäuchet ... und also wie die Figur vergehen würde, ... also sollte der Leib des Kurfürsten auch sich bis zum Tode nach und nach verzehren"*.

Und das geschah auch! Denn Kurfürst Johann Georg III. war auf dem Feldzug erkrankt und verstarb in Tübingen zur selben Zeit, als seine Figur beim *„Schmäuchen"* geschwunden war, ja mehr noch: Die Prophezeiung der Burmeisterin, durch das *„Schmäuchen"* werde kein Blutstropfen mehr im kurfürstlichen Herzen und Körper sein, deckte sich mit dem medizinischen Befund bei der Leichensektion, dass *„in keinem ventricolo desselben einig Blut noch auch in dem ganzen übrigen Leibe befunden worden"*.

So viel Erfolg hatte sich die Zauberin selber wohl weder erhofft noch zugetraut. Darüber sei sie sehr überrascht und entsetzt gewesen, gab sie bei der Vernehmung an, noch immer fassungslos über dieses unerwartete Resultat ihrer Zauberei, jetzt sei sie als Mörderin ihres Landesherrn wohl wirklich dem Teufel verfallen mit Leib und Seele.

Alles wurde politisch noch brisanter, als sich in neuerlichen Befragungen herausstellte, dass auch die Gegenseite am Hof, sozusagen die Feinde von Mutter und Tochter Neitschütz, sich der Zauberei bedient und offenbar der Hexerei schuldig gemacht hatte. Es kam heraus, dass ein Kammerdiener namens Koch zusammen mit einer Anne Margareta Lindner, für die Kurfürstin und legitime Gemahlin einen *„in magischen Künsten beschrienen"* Scharfrichter namens Johann Melchior Vogel für 4000 Taler angeheuert hatte, *„wofern er die Liebe des Kurfürsten gegen die Gräfin von Rochlitz zu zerstören sich getrauen möchte"*.

Damit stellte sich dem Gericht ernstlich die Frage, ob man die „Generalin" überhaupt wegen Hexerei verurteilen könne, wenn die Kurfürstin dasselbe getan hatte wie sie. Denn der

Scharfrichter hatte sich natürlich *getraut* für diesen Betrag, der in solcher Höhe nur aus einer fürstlichen Schatulle stammen konnte. Für 4000 Taler hatte die Lindnerin ein Räucherpulver von ihm bekommen und Kräuter, die in einem Säckchen eingenäht waren. Diese sollte man zu gleichen Teilen unter der Türschwelle des Wohnzimmers der Mätresse, in ihre Schnürbrust sowie in das Bett ihrer Rivalin, der Kurfürstin, praktizieren, wobei diese in ihrem Schlafgemach mit dem Pulver zugleich räuchern musste. Auch von vergifteten Handschuhen war die Rede gewesen.

Zwei Gruppen von Zauberern mit magischen Mitteln hatten sich also gegenüber gestanden: Die einen sollten die Liebe des Kurfürsten zur Mätresse herbei-, die anderen wegzaubern. In der Befragung durch die Untersuchungskommission ergab sich zudem, dass der Scharfrichter für beide Seiten, für die Kurfürstin und für Mutter und Tochter Neitschütz, gezaubert hatte. Später, unter der Tortur, gestand er sogar, dabei beide Parteien gleich betrogen zu haben.

Da die Zauberaktionen des Scharfrichters von wenig Erfolg gekrönt waren, hatten sich der Kammerdiener Koch und die Lindnerin zusätzlich noch an einen *„Medikaster"* namens Francke gewandt, eine Art selbsternannter Doktor. Er tat ihnen geheimnisvoll kund, die Gräfin Rochlitz trüge drei Teufel bei sich, wovon der erste ein Liebesteufel sei, welcher auf den Kurfürsten einwirke. Gegen ihn könne er, Francke, etwas tun, wenn man ihm Haare *„von heimlichen Orten des Kurfürsten und der Gräfin"* verschaffe, um sie zu räuchern. Das werde den Kurfürsten von seiner Liebe zur Gräfin Rochlitz gewisslich abbringen.

Wie genau dieser *„Zauberer"* und wohl auch andere wussten, worum es bei diesen magischen Handlungen und seltsamen Beschwörungen eigentlich ging, zeigt das, was laut Gerichtsprotokoll der *„Medikaster"* anschließend dem Kammerdiener *„prophezeite"* und als geheime Wahrheit offenbarte: Die Gräfin Rochlitz werde in Zukunft darauf dringen, zu einer Fürstin und schließlich zur Kurfürstin gemacht zu werden. Sie werde ihre Familie erheben und alles tun, die Kurfürstin zu beseitigen. Kurz vor ihrem, der Gräfin, Tod werde eine Verbitterung über sie im Land herrschen. Diese sei von ihrem Liebesteufel gestiftet, mit dem er, Francke, geredet habe und der die Gräfin *„niemals anders geheißen als ‚das Luder'"*. Das heißt, die Parteien waren mit ihren läppischen Zaubereien zugleich Parteiungen im Konflikt und Kampf der Kurfürstin gegen Kurfürst und Mätresse und umgekehrt, und sie wussten das auch. Sie verkörperten ganz einfach Hilfe oder Widerstand gegen die Hofkarriere der Mätresse Neitschütz.

Dass der Hexenprozess in Wahrheit eine politische Abrechnung mit ihrer Herrschaft war, hatte sich schon bald gezeigt. Unmittelbar nach ihrem Tod nahm ihre Gesellschaftsdame, das Fräulein von Kühlau, der Leiche zwei kleine, am bloßen Hals getragene Säckchen ab, Amulette, wie sie viele damals trugen, von denen sie aber wissen wollte, dass in dem einen ein Stück des Tuches war, in dem die Nachgeburt ihres Bruders gelegen hatte, in dem anderen ein Stück vom Hemd ihrer Schwester mit einem Fleck vom ersten Menstruationsblut – angeblich untrügliche Beweise, dass die Verstorbene gehext hatte. Außerdem trug die Gräfin Rochlitz auf ihrem Leib ein aus Kopfhaaren des Kurfürsten geflochtenes Band, offenbar ein Liebespfand, das man sofort der Leiche abgenommen hatte, das ihr aber auf Befehl des Kurfürsten und in seinem Beisein wieder umgelegt werden musste, sogar gegen den Rat der Ärzte, die darin eine Ansteckungsgefahr sahen. Auch das werteten Beteiligte sofort als einen Beweis für ihre Herrschaft durch Hexerei und wurde später der *„Generalin"* zur Last gelegt.

Nach dem plötzlichen Tod des Kurfürsten schien ganz Sachsen davon überzeugt, dass es bei dieser Liebe und den zwei Todesfällen nicht mit rechten Dingen zugegangen sein könnte. Was lag also näher, als die Abrechnung mit der ungeliebten Mätressenwirtschaft als Hexenprozess zu führen? Als Hauptanklagepunkt gegen die *„Generalin"* eignete sich die Hexerei vorzüglich: Mit magischer Hilfe hatte sie angeblich die Karriere und Herrschaft ihrer Tochter sowie die eigene Bereicherung befördert und gestützt. Andere Hexereien, wie etwa um im Glücksspiel zu gewinnen, kamen in diesem Prozess zwar auch zur Sprache, wurden aber keineswegs weiter verfolgt. Die Anklage fuhr nur in dieser einen Richtung schweres Geschütz auf. In der Anklageschrift wurde die *„Generalin"* gezielt und im Einzelnen beschuldigt, *„daß sie eine Hexe sei, sich der Zauberei beflissen und dadurch die beiden Johann Georgen, Kurfürsten, den dritten und vierten dieses Namens, zum Tode, letzteren aber vorhero zu einer ungemeinen Liebe gegen ihre verstorbene Tochter ... und darneben zugleich auch zu einem unversöhnlichen Hasse gegen seine Gemahlin verleitet"*. Sie habe ihre Tochter *„um schändlichen Gewinnst willen dem verstorbenen Kurfürsten zu verbotener Liebe überlassen"* sowie die *„Verstoßung der rechtmäßigen Gemahlin verlanget"* und *„zu solchem Ende mit Zaubermitteln fortgefahren, die regierende Kurfürstin unfruchtbar zu machen"*, ja hre Leibesfrucht zu töten. Außerdem habe sie die Bestrebungen ihrer Tochter, in den Fürstenstand aufzurücken, unterstützt sowie dazu die Vielweiberei eifrigst verfochten, auch erlaubt, dass die Tochter außer dem Kurfürsten noch mit anderen *'„Mannsbildern gehurt"*, dann das Ansehen, in das sie und ihre Tochter am kurfürstlichen Hof gekommen, missbraucht zu Erpressungen, habe Geschenke angenommen, Günstlinge gefördert, nicht genehme Gegner gedrückt und schließlich die Hinterlassenschaft ihrer Tochter in bar, Juwelen und Preziosa aus dem kurfürstlichen Schatz an sich genommen und auf die Seite geschafft.

Eigentlich ging es nur um die in der Anklage der Hexerei untergeordneten politischen Vergehen: Mord oder Mordversuch an zwei Kurfürsten, illegitime Liebe zum Landesherrn, Anschläge auf dessen legitime Gemahlin und Nachkommenschaft, das Durchbrechen von Standesschranken, Verteidigung gesetzloser Vielweiberei, Missbrauch der höfischen Stellung, Erpressung, Günstlingswirtschaft und private Bereicherung. Mit anderen Worten: In der angeklagten Hexe stand stellvertretend die ganze Ungesetzlichkeit und Unmoral des Mätressenwesens vor Gericht. Eigentlich ging es um einen innenpolitischen Konflikt des feudalen Ständestaates.

Wie schwer sich bei dem offensichtlich nur vorgegebenen Hauptanklagepunkt die zeitgenössische Justiz mit diesem Prozess tat, wie sehr den Juristen hier vieles rechtlich zweifelhaft, gefährlich oder obskur erschien, erhellt sich zudem aus der Tatsache, dass man keinen Ankläger fand.

„Kein Dresdner Rechtsgelehrter wollte sich darzu gebrauchen lassen“, so eine zeitgenössische Quelle. *„Endlich ward einer namens Schrey darzu noch genötiget.“* Dieser zog den Prozess dann nach damaliger Rechtsgrundlage formaljuristisch einwandfrei durch.

Gegen die vorgetragenen massiven Anklagen reagierte die *„Generalin“* anfangs mit wüstem Toben, Schimpfen, Weinen und Ableugnen aller Anschuldigungen. Dann räumte sie nach und nach einiges ein: Sie bekannte ihren Aberglauben, dass sie viele abergläubische Dinge vorgenommen hätte, *„sich öfters wahrsagen lassen, Träume deuten und Planeten lesen lassen, daß sie durch die Krappin der Burmeisterin angesonnen hätte, ihr Kräuter zu verschaffen, deren Gebrauch teils ihr und ihrem Gemahle die Gnade des Kurfürsten Johann Georg III. wieder erwecken, teils die Liebe zwischen ihrer Tochter und dem Herrn von Haxthausen aufleben sollen“*. Schließlich brachte man sie auch zum Geständnis, an kleineren Zaubereien beteiligt gewesen zu sein, so etwa an der besagten Erweckung der Liebe des Herrn von Haxthausen durch eine verschluckte Muskatnuss. Anderes stritt sie strikt ab, stellte es richtig oder gab es auch, wenn und soweit es nichts mit Hexerei zu tun hatte, ohne weiteres ungeniert zu. Das Liebesverhältnis ihrer Tochter zum Kurfürsten habe sie gebilligt, ebenso wie ihr Mann, sie habe aber für sie niemals etwas anderes als den Mätressenstatus nach französischem Vorbild angestrebt, keinesfalls eine Ehe mit dem Kurfürsten. Von der Bestrebung ihrer Tochter, in den Fürstenstand erhoben zu werden, habe sie wohl gewusst, ihr aber wie auch von einer Ehe mit dem Kurfürsten abgeraten. Dass die Tochter nebenbei andere Liebesverhältnisse unterhalten, habe sie gewusst, doch nicht gebilligt. Auch an unrechten Gelderpressungen habe sie Anteil gehabt, ja, das gebe sie zu. Im Übrigen sei der Kurfürst selbst abergläubisch gewesen und habe ähnliche Säckchen als Amulette am Körper getragen wie ihre Tochter.

So weit die Hauptangeklagte. Die anderen Beschuldigten versuchten sich ähnlich wie sie herauszureden. Die Burmeisterin hatte allerdings selbst erzählt, wie sie die Figur des Kurfürsten *„in effigie am Feuer geschmäuchet"* hatte. Ihr wurde daraufhin die Folter angedroht und auch vollzogen. Die einfache Frau verstand dabei offenbar nicht, dass man dadurch ihre Aussagen nur als Geständnis bestätigt haben wollte. Sie widerrief unter der Marter der Folter alles, was sie bisher gesagt hatte, und wurde von den Folterknechten so malträtiert und zerfleischt, dass sie im Gefängnis noch vor der Urteilsverkündung verstarb. Das Urteil, das sie nicht mehr hören konnte, hätte auf Staupenschläge und ewige Landesverweisung gelautet.

Was hier ablief, war nicht nur ein Hexenprozess, sondern auch, damaliger Zeit gemäß, ein Fall von Standesjustiz: Die Kleinen wurden gehängt, die Großen ließ man am Ende laufen. Auch der Scharfrichter Vogel starb wie die Burmeisterin nach ausgehaltener Tortur im Gefängnis, die Lindnerin wurde öffentlich an den Pranger gestellt, eine Bedienstete des Hauses Neitschütz, wohl die Krappin, wurde mit Staupenschlägen des Landes verwiesen, eine andere mit Daumenstöcken gefoltert. Auch sie starb im Gefängnis einen ungerechtfertigten, grausamen Tod. Wirklich verloren haben diesen Hexenprozess die armen, angeblichen oder angemaßten Hexen.

Nur der aus dem Adel stammenden Hauptangeklagten billigte man überhaupt eine schriftliche Verteidigung zu, und sie war auch die Einzige, die dazu – wohl allein aus finanziellen Gründen – fähig war. Aber auch für sie fand sich kein Rechtsanwalt bereit. Schließlich musste das Gericht eine Art Pflichtverteidiger bestellen, dieser reichte am 20. Juni 1696 seine Defensionsschrift ein. Immerhin stellte sie einen schwachen Versuch dar, die gerichtlich angeführten, penibel untersuchten und aufgezeichneten *„Hexereien"* lächerlich zu machen. Auf landesherrlichen Befehl sollten nun die Juristenfakultät und das Schöffengericht in Leipzig aus dem vorliegenden Aktenmaterial einen Urteilsspruch verfassen. Es kam aber nur zu einem Interimsspruch, und der lautete: die *„Generalin"* solle *„zuvörderst zu einem näheren Geständnis der dreifachen Tortur unterworfen werden"* und auf Fragen *„unter den Daumenstöcken"*, *„Banden"* oder *„härenen Schnüren"* sowie *„Bein-Schrauben"* antworten. Unter anderem sollte sie das Geständnis ablegen, ob sie eine Hexe sei und ob sie Kurfürst Johann Georg III. durch Zauberei getötet habe oder habe lassen. Die Verfasser dieses Interimspruches fanden offenbar die protokollierten Zaubereien keineswegs lächerlich.

Nun wurde es auch für die *„Generalin"* ernst, doch sie hatte im Gegensatz zu ihren Mitbeschuldigten aus der Unterschicht den Vorteil, Angehörige einer mächtigen Familie zu sein. Und die, erschüttert darüber, dass eine Anverwandte dem Scharfrichter in die Hände gegeben werden sollte, legte heftigen Protest ein. Die einflussreiche Verwandtschaft argumentierte, die *„Generalin"* dürfe aufgrund ihres Standes dieser Marter gar nicht unterzogen werden, sondern müsse standesgemäß mit einem Reinigungseid davonkommen. Der Protest blieb wirkungslos. Nur ein ärztliches Zeugnis wurde anerkannt und verschonte die Angeklagte von der *„Aufspannung auf die Leiter"* mit der Begründung, weil sie zu *„fetter, dicker und feuchter Natur"* sei.

Am 8. Juli 1696 wurde an der *„Generalin"* Ursula Margareta von Neitschütz tatsächlich die dreifache Tortur vollzogen. Trotz der Pein blieb sie beharrlich bei ihrem Leugnen. Sie räumte nicht einen Umstand mehr ein als das, was sie schon vorher ausgesagt oder gestanden hatte. So erreichte sie, dass das Endurteil im Dezember 1696 weder auf Todes- noch auf Leibesstrafe lautete, sondern nur auf ewige Landesverweisung und Zahlung der Gerichtskosten. Ein Zusatz besagte sogar: Ob sie auch davon verschont werden und zu *„Lebenszeit in leidlicher Verwahrung"* begnadigt werden könne, sei allein Seiner Kurfürstlichen Durchlaucht, des gnädigen Landesherrn, Entscheidung.

Dieser Landesherr war inzwischen Friedrich August, der jüngere Bruder des Geliebten ihrer Tochter, den man bald August *„den Starken"* nannte. In ihm hat man wohl den eigentlichen Initiator dieses Prozesses und Ankläger zu sehen, jedenfalls den, der das größte Interesse daran hatte. Er wollte nichts anderes als beim Antritt seiner Regierung mit der Hinterlassenschaft der alten aufräumen. Zwar hat er sich in der Folgezeit kaum als Feind von Mätressenwirtschaft in die Geschichte eingeschrieben, was er jedoch verabscheute und in seiner eigenen Regierungszeit stets vermied und nicht zuließ, war genau diese Art der Mätressenwirtschaft, die sein älterer Bruder betrieben hatte: Abgabe der eigenen Herrschaft an die Mätresse und Übernahme der Macht im Staat durch sie und ihre Hofpartei. Eben das war unter Johann Georg IV. geschehen, und mit der Person der *„Generalin“* galt es, diese bisher bestimmende Hofclique ein für alle Mal zu entmachten, ja auszurotten. So suchte man des ehemaligen Sekretärs von Mutter und Tochter Neitschütz, Christoph Heinrich Engelschall, habhaft zu werden, des eigentlichen Drahtziehers und Organisators der Bereicherungspolitik der Familie. Dieser war klug genug gewesen, sich rechtzeitig aus Dresden abzusetzen, er wurde jedoch eingeholt, gefangengesetzt, und auch ihm wurde der Prozess gemacht. Über Hexerei konnte man ihm allerdings nicht beikommen, seine Anklage lautete ganz profan, *„dass er sich viel unfertiger Händel schuldig gemacht hätte, wodurch dem hohen kurfürstlichen Interesse, den Kommerzien und gesamten sächsischen Landen großer Schade zugefügt, und dabei unterschiedliche Concessiones, Corruptiones, Falsa und Perjuria begangen worden“*. Auch er wurde zu Staupenschlag und ewiger Landesverweisung verurteilt, und unter Beifallsrufen einer aufgebrachten Menge wurde die Strafe vollstreckt. Zu Ende waren auch die Karrieren der Neitschützschen Geheimden Räte, auch wenn man ihnen nichts Konkretes nachweisen und sie nicht direkt verfolgen konnte.

Die Idee, im Lande Sachsen müsse so aufgeräumt werden, das Unrecht, das durch die Hofclique Neitschütz geschehen war, sei eine Schande für das Land und schreie nach Rache, war zuerst von der Mutter des alten und neuen Kurfürsten, der Witwe Anna Sophia, ausgegangen. Sie schlug damit gleiche Töne an, wie sie schon seit langem von unzufriedenen und empörten Untertanen verlauteten. Der neue Kurfürst wurde zuerst einmal wie diese Parteiungen geleitet von Antipathien gegen und Schädigungen durch die Clique. Dass die frühere Rivalität um die Gunst des jungen Fräuleins Neitschütz dabei noch eine

Rolle spielte, dürfte unwahrscheinlich sein. Der so unverhofft an die Regierung Gekommene fühlte sich vielmehr der aus Frankreich kommenden Staatsdoktrin des Absolutismus verpflichtet: Er sah in dem Neitschützschen Mätressen- und Zauberunwesen ein zu ahndendes Staatsverbrechen, weil es einen Versuch darstellte, die Souveränität und Macht der fürstlichen Alleinherrschaft zu untergraben. August der Starke glaubte mit Sicherheit nicht an Hexen, aber er wusste, dass Aber- und Wunderglauben, Mystizismus oder Glaube an Magie der Durchsetzung seiner modernen rationalistischen Staatsidee Hindernisse in den Weg legen konnten. Darum galt es, solche Tendenzen besonders im Zusammenhang mit Günstlingswirtschaft und Korruption zu bekämpfen und zukünftig zu verhindern – und sei es durch einen altmodischen Hexenprozess.

Es ging ihm nicht so sehr um die Person der *„Generalin"*, für die er allerdings wenig Sympathie empfand, sondern um das, wofür sie stand. Gegen ihre Person verfuhr er eher gnädig. Statt auf ewig des Landes verwiesen zu werden, wurde sie auf die Festung Königstein gebracht und dort unter Bedingungen inhaftiert, *„daß sie weder an ihrem Leben noch ihrer Gesundheit Abbruch leiden möge"*. Nach drei Jahren wurde ihre Entlassung angeordnet, und hierbei waren neuerliche Interventionen ihrer Familie sicher behilflich. Sie musste sich nur schriftlich verpflichten, die Residenzstadt Dresden für immer zu meiden und auf ihren Gütern zu bleiben. So zog sie wieder in die Provinz nach Gaussig, wo sie am 3. Juni 1713 verstarb.

Personen, die dort mit ihr noch Umgang hatten, erzählten, sie habe immer Handschuhe getragen, um die vernarbten Spuren des grausamen Schnürens in der Tortur zu verdecken. Aber es gab auch Stimmen, die behaupteten, dass alles gar nicht so schlimm gewesen sei, und zwar schon damals auf allerhöchsten Wink von oben. *„Gleich nach ausgestandener Marter"*, so wunderte sich jedenfalls ein Augenzeuge in einem Brief, habe *„die gute Frau Generalin"* mit gutem Appetit *„eine große Portion Spargel und junge Hühner"* verzehrt.

Christina Wilhelmina von Grävenitz

Die „Landverderberin" in Württemberg

Am späten Vormittag des 13. November 1707, einem Sonntag, ereignete sich im Schloss Urach etwas Unerhörtes: Eberhard Ludwig, der regierende Herzog von Württemberg, seit 1697 mit Johanna Elisabetha von Karlsruhe-Durlach verheiratet, trat entgegen dem Zeremoniell in das Vorzimmer, in dem seine Geheimen Räte wartend versammelt standen, und tat ihnen offiziell kund, dass sie künftig, *„weilen er schon ein Jahr copulirt seye"*, Fräulein von Grävenitz *„als seine rechtmäßige Gattin"* anzuerkennen hätten und dass diese hiermit zur Gräfin von Urach erhoben sei. *„Übrigens solle (man) diese Mariage aller Orthen und ohne Scheu publiciren ... Hierauff hatt der Herzog selbsten die so genante Gravin von Urach auß dem inneren Zimmer herauß geführet und"*, so berichtete der Freiherr von Gemmingen empört das skandalöse Geschehen dem Vater der Herzogin, dem Markgrafen von Karlsruhe-Durlach, *„dem ganzen Hoff praesentirt, da dann sambtliche zugegen geweste Herren Räthe und Cavalliers ... ihr die erste Reverence gemacht."*

Das Vorgefallene war ein doppelter Skandal: Hier verkündete ein Landesherr seinen Untertanen und damit auch seiner legitimen Ehefrau nicht nur seine Bigamie, er maßte sich zugleich mit der Standeserhöhung etwas an, was nur dem Kaiser zustand. Für seine 21-jährige Mätresse Christina Wilhelmina von Grävenitz aber war dieser Tag zweifellos der Höhepunkt einer außergewöhnlichen Karriere am Hof.

Sie stammte aus einfachem Mecklenburgischen Adel und war als Fremde nach Württemberg gekommen. Erst ein Jahr war sie im Land und Mitglied einer Hofpartei oder eines Hofzirkels, in dem ihr Bruder Friedrich Wilhelm eine führende Rolle spielte. Sie war auf Bitten dieses Bruders gekommen, der als Militär während des spanischen Erbfolgekrieges und als Günstling des Herzogs hierher verschlagen wurde, und sollte angeblich seine Hauswirtschaft führen. Doch der wahre Zweck war wohl von vornherein ein anderer gewesen: Ihr Aufenthalt am württembergischen Hof war Teil einer Intrige, mit der der Bruder seine eigenen Chancen und auch die seiner Familie zu vergrößern dachte. Denn Wilhelmina war jung und sehr schön und wie geschaffen dazu, Eindruck auf den Herzog zu machen, also geradezu prädestiniert für die Rolle einer herzoglichen Favoritin.

Zu dieser Intrige gehörten noch weitere Akteure aus Höflingskreisen; was ihr genauer und unmittelbarer Anlass war, ist unklar. Klar und sicher ist nur, dass sie Erfolg hatte: Der Herzog verliebte sich bis zur Abhängigkeit in Christina Wilhelmina von Grävenitz, und die Favoritin wurde als Mätresse so mächtig, dass sie, die ursprünglich nur als Werkzeug eingeplant war, schließlich die „Herrin" auch noch über die Mitintriganten wurde.

Der Eklat von Urach, Herzog Eberhard Ludwigs Erklärung, er habe sie zu seiner rechtmäßigen Gattin erhoben, bedeutete nichts anderes, als dass er seine Geliebte im Gefüge des württembergischen Hofes fest installieren wollte als morganatische Ehefrau, also angetraut „zur linken Hand". Ihre Erhöhung zur „Gräfin von Urach" gab ihr zwar eine höhere Rangposition als vorher, machte sie jedoch für den Herzog noch nicht ebenbürtig. Wahrscheinlich wollte Eberhard Ludwig mit der Verkündigung ihres neuen Titels gerade zu diesem Zeitpunkt nur den Kaiser in Wien zwingen, die Standeserhöhung möglichst bald auszusprechen. Tatsächlich war das begehrte Diplom schon lange beantragt, und es traf vom kaiserlichen Hof auch knapp zwei Monate später ein. Das Vorgehen des Herzogs war in dieser Hinsicht also in Wirklichkeit nicht ganz so ungeheuerlich, wie es im Land und außerhalb zuerst erschien.

Trotzdem stieß Eberhard Ludwig mit diesem Akt absolutistischer Willkür auf geballten Widerstand sowohl von kirchlicher wie auch weltlicher Seite. Seine Gegner – und auch die der Grävenitz, denn den meisten erschien diese mit ihrer Clique als die eigentliche Ursache und treibende Kraft – formierten sich sofort und forderten vehement die alsbaldige Ungültigkeitserklärung dieser Ehe. Der Hofkaplan verweigerte seinem Landesvater, der zugleich auch sein Kirchenoberhaupt war, sogar das Abendmahl. *„Ich bin Papst in meinem Lande, niemand anders als mir selbst Rechenschaft schuldig und nur Gott verantwortlich"*, erklärte daraufhin der Herzog und entließ den Hofkaplan.

Doch der Druck von allen Seiten wurde nur stärker. Die Herzogin, seine Ehefrau, schlug vor, ihr Vater solle beim Kaiser gegen den ehebrecherischen Schwiegersohn Klage einreichen; die Gegner des Herzogs in den Landständen erstarkten und drohten mit massivem Widerstand. Aus Wien kamen Delegierte einer kaiserlichen Kommission angereist. Die Lage schien schon bald aussichtslos und völlig unhaltbar: Nach gut einem halben Jahr musste Herzog Eberhard Ludwig schließlich nachgeben und willigte am 18. Juni 1708 ein, seine von ihm selbst und voreilig verkündete Zweitehe zu annullieren. Gleichzeitig versprach er, sich mit der Herzogin, seiner einzig legitimen Gattin, wieder auszusöhnen.

Für Christina Wilhelmina von Grävenitz oder Gräfin von Urach bedeutete das, dass sie nun wieder „entheiratet", quasi „zur linken Hand" geschieden war und dass sie alles bisher Erreichte ebenso schnell, wie es gewonnen war, wieder verlor. Und das war nicht wenig: Immerhin hatte der Herzog ihr im November 1707 einen so genannten Versicherungsbrief ausgestellt, dass sie als Gräfin von Urach auf Lebenszeit jährlich 10.000 Gulden und noch weitere Einkünfte als Unterhalt bekommen sollte, dazu ein Wohnrecht in der Uracher Residenz. Ebenso wurden ihr alle bisherigen und zukünftigen Schenkungen von Juwelen und Mobilien bestätigt, und detailliert war die Versorgung möglicher gemeinsamer Nachkommen geregelt und garantiert worden. Alle diese Verträge wurden jetzt hinfällig! – Was allerdings geblieben war und sie nicht verloren hatte, war die uneingeschränkte Liebe und leidenschaftliche Zuneigung des Herzogs zu ihrer Person.

Die Annullierung der Ehe im Juni 1708 schien zwar ein vollständiger Sieg der Gegner von kirchlicher und weltlicher Seite zu sein, doch ihr eigentliches Ziel hatten die Gegner nicht erreicht: die Grävenitz beim Herzog in Ungnade fallen zu lassen. Zwar schien sie besiegt und mit ihr der Herzog, und sie verließ am 28. Dezember 1708, versehen mit einer von den Landständen bewilligten hohen Abfindung, das Land in Richtung Schweiz, ging sozusagen ins Exil, doch der Herzog konnte von ihr und seiner Leidenschaft nicht lassen und reiste ihr bald nach – trotz gegenwärtiger Kriegswirren und unter Vernachlässigung wichtiger militärischer Aufgaben.

Dort in der Schweiz, in Genf, entwickelte man – das heißt: er, sie, beide oder auch findige Berater – nun Gegenstrategien gegen das, was in Württemberg bisher schiefgelaufen und missglückt war. Und dem an seinem Liebesleid verzweifelnden Herzog kam nun eine rettende Idee – oder sie wurde ihm von irgendeinem Beteiligten eingegeben –, wie er sein Privatleben künftig doch noch mit der Grävenitz und gleichzeitig im Einverständnis mit den Gegnern in Württemberg, Karlsruhe-Durlach und Wien regeln konnte: Die geliebte Grävenitz musste eine Ehe eingehen, und zwar mit einem anderen als ihm, dem Herzog.

So konnte er die völlige Trennung von der Geliebten weiterhin nach außen signalisieren; was aber nach „innen" geschah, konnte und musste den Feinden und Gegnern gleichbleiben. Mit anderen Worten – der Plan lief auf eine Scheinehe der Grävenitz hinaus, und unter diesem Deckmantel konnte und sollte alles beim Alten bleiben, das heißt, sie weiterhin die Geliebte des Herzogs. Während er sich offiziell von ihr als „Nebenfrau" oder Mätresse getrennt hatte, konnte er sich so mit seinen Gegnern und, wie gewünscht, mit seiner legitimen Gattin aussöhnen.

Zu diesem Plan muste nur noch ein geeigneter Ehekandidat gefunden werden, und er fand sich in dem Grafen Johann Franz Ferdinand von Würben, einem verschuldeten Angehörigen eines uradligen schlesisch-böhmischen Geschlechts. Der Ehevertrag, der, nachdem auch die Grävenitz ihre Einwilligung zur Annullierung der Ehe mit dem Herzog gegeben hatte, noch vor der neuen Eheschließung am 24. Januar 1711 zwischen ihm und Friedrich Wilhelm von Grävenitz als dem Vormund seiner Schwester abgeschlossen wurde, muss – so lässt sich aus Indizien erschließen – eine Verzichtsklausel auf den Vollzug der Ehe enthalten haben und ebenso Graf Würbens Zusicherung, auf Dauer außerhalb Württembergs zu leben. Das Letztere war um so merkwürdiger, als Graf Würben gerade kurz zuvor dort ein Amt übernommen hatte: Am 30. November 1710 war er nämlich zum Landhofmeister am württembergischen Hof ernannt worden.

Die Heirat der Grävenitz mit dem Grafen tat nun insofern ihre Wirkung, als im April die Wiederversöhnung des württembergischen Herzogspaares vertraglich besiegelt werden konnte. Das Land atmete auf, der Landesherr schien trotz seiner Niederlage und seines Nachgebens versöhnt, die Gefahr von Seiten der Grävenitz entschärft und gebannt. Die Gegenparteien und Gegner einer Nebenehe mit der Gräfin von Urach in Stuttgart, Karlsruhe-Durlach und am Kaiserhofe in Wien rieben sich zufrieden die Hände.

Da erschien plötzlich und gänzlich unerwartet Christina Wilhelmina wieder am württembergischen Hof, allein und ohne Gatten, aber als Gräfin von Würben und damit als die Frau seines gerade neu ernannten Landhofmeisters. Als solche nahm sie ihren festen Wohnsitz in Stuttgart, was ihr niemand verwehren konnte, denn sie hatte keineswegs wie ihr Gatte auf eine dauernde Anwesenheit in Württemberg verzichtet. Als Frau Landhofmeisterin musste sie nun im Gefüge des Hofes fest installiert werden. Das heißt: Was Herzog Eberhard Ludwig mit dem Eklat im Uracher Schloss eigentlich hatte erreichen wollen, war allen Einwänden, Schwierigkeiten und Ablehnungen zum Trotz ein paar Jahre später auf Umwegen und in ganz anderer Form als ursprünglich geplant erreicht worden: Christina Wilhelmina nahm als Frau des Landhofmeisters eine exponierte und fest etablierte Position am Hof ein. Es war sogar die höchste Stellung, die eine nicht zum Herrscherhaus gehörende Frau einnehmen konnte. Die in Genf entwickelte Gegenstrategie war glänzend aufgegangen und hatte zu vollem Erfolg geführt!

Die Frau des neuen Landhofmeisters ließ sich umgehend, wie es die Etikette erforderte, und scheinbar unbekümmert um das Vergangene, bei der versöhnten Herzogin Johanna Elisabetha melden. Doch die Herzogin lehnte empört ab, sie zu empfangen. Das Vergangene war eben doch nicht vergangen, ja diese Ablehnung durch die Herzogin war deutlich als symbolische neuerliche Kampfansage zu verstehen und zu werten. Jedenfalls teilte sich mit dem Tag der Rückkehr der Grävenitz als Gräfin Würben der württembergische Hof wieder in zwei feindliche Lager: der Herzog und die Grävenitz mit ihrem Anhang standen einer unversöhnlichen Gegenpartei um die Herzogin gegenüber. Noch triumphierte die Grävenitz und ihre Partei, denn sie allein stand nach wie vor in der Gunst des Herzogs.

Herzog Eberhard Ludwig von Württemberg war ein typischer Barockfürst. Er regierte etwa zeitgleich mit August dem Starken von Sachsen, und wie dieser liebte er fürstliche Repräsentation, barocke Prachtentfaltung und Verschwendung, wie dieser begeisterte er sich für schöne Frauen, Feste und auch fürs Militär- und Kriegswesen – ab 1712 war er Reichsgeneralfeldmarschall. Frankreichs König Ludwig XIV. war beiden das große Vorbild, dessen absolutistische Regierungs- und Herrschaftsform ahmte man in den kleineren deutschen Staaten auch dadurch nach, da man für sich und den Hof prächtige Bauten errichten ließ. Das noch sehr wehrhaft gebaute alte Schloss in Stuttgart erschien längst zu klein und zu unmodern. In den ersten Jahren seiner Regierung und des frühen 18. Jahrhunderts ließ Eberhard Ludwig in seinem Land ein moderneres, weitläufiges und repräsentatives Schloss in einer von ihm neu gegründeten Stadt errichten, der er seinen Namen gab: Ludwigsburg. Nur die Herzogin blieb im Stuttgarter Schloss in den alten, wenn auch renovierten Gemächern, der übrige Hof residierte seit der Rückkehr der Grävenitz weitgehend in der neuen Ludwigsburger Residenz. Dort wurde an der Wohnstruktur, aber auch an Etikette und Zeremoniell die neue beherrschende Stellung der zurückgekehrten alten Mätresse erkennbar. Dem zeitgenössischen Raumkonzept folgend, hatte das Ludwigsburger Barockschloss zwei getrennte Appartements für den Herzog und die Herzogin. Da die Herzogin mit ihrem Hofstaat aber nicht einzog oder nicht einziehen durfte oder wollte, bewohnte ab 1715 die Grävenitz, die Mätresse und Landhofmeisterin Christina Wilhelmina von Würben, das Appartement der Herzogin, bestehend aus Vor-, Audienz- und Schlafzimmer, neben und symmetrisch angeordnet zu dem des Herzogs. So wurde ihre Stellung am Hof jedem Höfling und jedem Besucher deutlich vor Augen geführt. Nur zeitweise, wenn eine ranghöhere Dame – und das konnte nur eine Angehörige der herzoglichen Familie sein – in Ludwigsburg weilte, musste sie in andere Schlossräume ausweichen. Als man einige Jahre später schon wieder eine Erweiterung dieses neuen Schlosses erwog, sollten sogar, den Plänen nach, in den westlichen Appartements des Neuen Corps de Logis ausdrücklich der Herzog und die „Frau Landhofmeisterin Exzellenz" wohnen. Räume für die Herzogin waren erst gar nicht mehr eingeplant.

Auch in Etikette und Zeremoniell drückte sich aus, dass die Landhofmeisterin Gräfin Würben zum engsten und intimsten Kreis um den Herzog gehörte, protokollmäßig stand sie bei offiziellen Anlässen im gleichen Rang wie fürstliche Personen. Anlässlich der Taufe des ältesten Enkels des Herzogs hatte sie so die Aufgabe, begleitet von zwei Geheimen Räten und gefolgt von zwei Pagen, den Täufling aus dem Schlafzimmer der noch im Wochenbett liegenden Erbprinzessin zu tragen. Im Audienzzimmer, wo dann der eigentliche Taufakt stattfinden sollte, musste sie das Kind dem Herzog übergeben, wobei dieser angeordnet hatte, einen *„Fauteille von rothen Sametinen mit Gold"*, falls sie ermüden sollte, bereitzustellen, und zwar genau gegenüber seinem, des Herzogs, *„Fauteille von rothem Sammet mit guldenen Crepinen",* auf der linken Seite des Tauftisches.

Wie wichtig – und in diesem Fall wie skandalös – solche höfische Choreographie des Zeremoniells und des Mobiliars war, kann man an der Reaktion anderer Höfe und ihrer Angehörigen ermessen und ablesen wie beispielsweise an dem Kommentar, den die Herzogin von Orleans, gebürtige Liselotte von der Pfalz und Schwägerin Ludwigs XIV. von Frankreich, in gewohnt eigenwillig-derber Diktion und regelloser Orthographie zu diesem Ludwigsburger Taufzeremoniell abgab: sie empörte sich über die Brutalität, wie hier der württembergische Regent die Herzogin zurücksetzte, und sah und benannte auch ebenso brutal die Gründe dafür: *„Daß Kompt Von der metres (= Mätresse) undt Von huren Kompt nichts gutts.“* Aus der Abweichung von der traditionellen Zeremonie, dass nämlich *„daß Kindt Von der met verloff huren (= mit Verlaub, Hure) ist Zur tauff getragen worden“,* konnte sie die Information entnehmen, dass auch hier am württembergischen Hof inzwischen mit der Installation der Mätresse als Landhofmeisterin nach französischem Muster das Abstammungsprinzip nicht mehr galt und durch das der „Nähe zum Thron“ ersetzt worden war; ein Wandel und Vorgang, der zu Liselottes Ärger am Hof in Versailles schon seit langem gang und gäbe war. Hier hatte die Aufsteigerin Madame de Maintenon als königliche Favoritin längst den Vorrang vor ihr, der gebürtigen deutschen Reichsgräfin und Schwägerin des Königs.

Seit 1712 saß Christina Wilhelmina von Würben am württembergischen Hof also fest im Sattel. Was mit dem Debakel einer gescheiterten morganatischen Ehe „zur linken Hand“ begonnen hatte, gelang mit dem Konstrukt der Landhofmeisterin-Position auf Anhieb: Als deren Inhaberin war die Mätresse automatisch auf die erste Stelle des weiblichen höfischen Rangreglements vorgerückt. Entscheidender aber war noch etwas anderes: Sie bewegte sich jetzt nicht mehr nur als die Geliebte des Herzogs am Hof, sondern ihre Stellung war fest und gleichsam objektiv institutionalisiert, sie war nicht mehr in der labilen Position einer Mätresse, sondern kraft ihrer Stellung als Landhofmeisterin ein sozusagen *„echtes“* und vollwertiges Mitglied des Hofes mit eigenen Handlungsspielräumen. Dadurch standen ihr ganz andere Möglichkeiten offen als einer bloß schönen und gefügigen Geliebten und Gespielin. Und Christina Wilhelmina von Würben erwies sich nur zu bald als eine Frau, die fähig und imstande war, die Möglichkeiten solcher Spielräume klug zu nutzen.

Sie wurde schnell ein – um nicht zu sagen: *der* – Machtfaktor im Staate Württemberg. Sie nahm Einfluss auf die Politik, nach innen wie nach außen. Die Mätresse und Frau Landhofmeisterin strebte von Anfang an nach Mitsprache und Mitwirkung in herzoglichen Regierungsangelegenheiten und mischte sich unüberhörbar und für viele auch bald sichtbar in die Regierungsgeschäfte ein. Sie bestimmte im Grunde sogar, so erschien es nicht wenigen, die Politik des Landes allein, getragen und legitimiert durch die besondere Gunst und den Willen des Herzogs. Dabei verstand man allerdings am Anfang des 18. Jahrhunderts unter „Politik" etwas anderes als heute. Politik war einzig mit dem Hof verknüpft, nicht etwa mit dem Volk oder dem, was man damals Regierung nannte. *„Politisch"* nannte man eine besondere höfische *„Klugheit, die Vorteile eines Fürsten oder Staats wohl auszusinnen"*, wie die Definition eines zeitgenössischen Lexikons lautete, wobei der Zweck, der Vorteil des Fürsten, alle Mittel heiligte. Der Hof war der alleinige Ort solcher Politik, hier machte jeder Politik, der die Gunst oder das Herz des absolutistisch regierenden Fürsten gewann. Und das galt auch für Frauen und insbesondere für Mätressen, die so ohne Amt und ohne dafür ausgebildet und sonst legitimiert zu sein in Regierungsangelegenheiten mitreden, ja mitentscheiden konnten. Im Bereich des Hofes konnten sie ihre eigenen Meinungen und Ideen politisch verfechten und durchsetzen, konnten sie selbst mit den Mächtigen ihrer Zeit verhandeln und nicht zuletzt bei der Vergabe von Ämtern und Privilegien eine ausschlaggebende Rolle spielen.

Seit 1711 sprach es sich in Württemberg, aber auch in anderen europäischen Ländern herum, dass die Gräfin Würben die Schlüsselfigur und einflussreichste Drahtzieherin am Stuttgarter Hof war. Als die Regierung von Frankreich durch Agenten sondieren ließ, ob Württemberg im gegenwärtigen spanischen Erbfolgekrieg eventuell zu einem Bündniswechsel bereit sei, wandten sich die Agenten zuerst an die Würben, die dann den Herzog darüber informierte und den Franzosen wieder dessen Bedingungen überbrachte. Sie verhandelte so über die Abwendung Württembergs von der kaiserlichen Partei, die Annäherung an Frankreich und die Forderung Eberhard Ludwigs, für solchen Seitenwechsel mit dem Titel „König von Franken" belohnt zu werden. Besonders hinter dieser Forderung glaubte man ihre politische Handschrift erkennen zu können wie auch ihre sehr eigennützigen Motive: Denn immerhin verlangte sie von Frankreich eine Million Livres für ihre erfolgreiche Vermittlung in dieser Frage. Die Verhandlungen verliefen jedoch im Sande. Solche Praktiken und Bemühungen, aus politischen Verhandlungen auch persönlichen Nutzen zu ziehen, waren zu dieser Zeit und nach damaligem Politikverständnis zwar durchaus üblich; bei einer Mätresse allerdings, deren Kompetenz und Befugnis nicht aus einem Regierungsamt, sondern allein aus der persönlichen Gunst des Herzogs herrührte, erregten solche eigennützlichen Ambitionen jedoch sofort Misstrauen und vor allem Neid.

Die Antipathien gegen sie wuchsen noch und steigerten sich, als die Würben sich auch in die Innenpolitik einzumischen versuchte und sich für umfangreiche Verwaltungs- und Finanzreformen einsetzte. Auch hier war ihr natürlich die außergewöhnlich enge Bindung an die Person des Herzogs nützlich, die die z.T. anders gesinnten Minister und Regierungsbeamten nicht besaßen. Sie beeinflusste in dieser Weise schließlich die meisten Staatsangelegenheiten, nahm sogar an Beratungen des neu errichteten Konferenzministeriums teil unter Ausschaltung der Geheimen Räte. Kein Wunder, dass man sie bald als „Ministrissima" bezeichnete und hasste. Auch hier, in der Innenpolitik, warf man ihr die vorrangige Verfolgung von finanziellen Eigeninteressen vor, insbesondere bei dem Verkauf von Beamtenstellen. In der Tat gelang es Christina Wilhelmina von Würben auch, in verhältnismäßig kurzer Zeit ein beträchtliches Vermögen anzuhäufen, das in erster Linie aus Gütern und Liegenschaften mit daran geknüpften Herrschaftsrechten bestand.

Die Mätresse war als Besitzlose nach Württemberg gekommen, jetzt bereicherte sie sich in einer Weise im Land, die unübersehbar war und als skrupellose, schamlose und allgemein empörende Ausnutzung herzoglicher Gunst erschien. Sie erwarb u.a. durch herzogliche Schenkung oder durch Gelder, die sie sonstwie undurchsichtig erworben hatte, die Güter Stetten und Brenz, die Lehen Welzheim und Gochsheim, die Güter Freudenthal und Boihingen, dazu die Anwartschaft auf die Grafschaft Horburg. Sie verfügte damit in kurzer Zeit über eine zwar völlig heterogene und räumlich verstreute, aber doch im Ausmaß erhebliche Besitzmasse, die über Württemberg hinaus bis ins Elsaß reichte. Und sie verfolgte mit dieser Erwerbspolitik offenbar mehrere Interessen: Neben dem Aufbau und der Verbesserung eines eigenen und familiären Sozialstatus und der Standesqualität strebte sie wohl auch eine weitgehende Autonomie von ihrem fürstlichen Gönner an, die, obwohl letztlich unerreichbar, ihre eigene Abhängigkeit verminderte. Außerdem boten diese Güter und Liegenschaften Gelegenheit, selbst Herrschaft auszuüben, denn für die Untertanen der erworbenen Gebiete war sie, die Gräfin von Würben, die mit rechtlicher Gewalt ausgestattete Obrigkeit, der man Gehorsam und auch Abgaben zu leisten hatte. Und als solche hielt sie sich nur an den Stil der Zeit, wenn sie nach den Maximen des Absolutismus die Erträge und Profite mit Verwaltungsmaßnahmen und strengster Kontrolle zu steigern versuchte.

Schon bald äußerten sich gegen diese rücksichtslos allein eigenen und familiären Interessen dienende Politik Kritiker. Es waren nicht nur Neider, die ihre Stimme erhoben, sondern die Kritik kam wieder sowohl von kirchlicher wie auch von weltlicher Seite. Württemberg war im 18. Jahrhundert ein weitgehend pietistisch geprägtes Land, dessen Bürgertum in den Landständen, der so genannten „Landschaft“, noch eine ernstzunehmende Institution gegen die absolutistische Willkürherrschaft eines Herzogs besaß. Von beiden Seiten artikulierte sich nun Empörung, kam Klage und Anklage gegen die mit dem Namen Grävenitz verbundenen Missstände im Land, das heißt: Günstlingswirtschaft und Korruption.

Auch die ins alte Schloss in Stuttgart abgeschobene legitime und angeblich versöhnte Gattin und Herzogin war nicht gewillt, dieses Treiben stillschweigend zu dulden. Sie beklagte in einem Promemoria, das sie am Kaiserhof in Wien einreichte, die Situation im Land und wies darauf hin, dass alle Versprechungen, die ihr vor zehn Jahren bei der Aussöhnung mit ihrem Gemahl gemacht worden waren, bisher nicht eingehalten wurden. Sie machte geltend, dass nicht nur sie, die legitime Herzogin, unsagbar unter Christina Wilhelmina von Würben, ihren Machenschaften und denen ihres Anhangs zu leiden habe, sondern auch die Verwaltung des Landes und die gesamte württembergische Bevölkerung. Und sie sprach dabei deutliche Worte, nannte die Landhofmeisterin nur die *„ehebrecherische Grävenitzin"*, *„das gottlose und verrufene mensch"*, die *„schändliche und landesverderbliche Creatur"* und fasste die Situation zusammen: *„So ist doch alles in dem leidigen Zustande bis anher geblieben"* und die Grävenitz habe, *„als wenn kein Richter im Himmel und auf Erden mehr wäre, ihre Insolenzen nicht nur fortgesetzt, sondern es wohl tausendmal mit Ausübung ungemeiner Bosheiten und Gewaltthaten im Land und am Hof ärger als zuvor gemacht."* Sie sprach der Mätresse ihres Gatten jegliche Ehre ab und sah in ihr *„die Wurzel und Quelle allen Übels"*, durch deren *„Ausrottung und Verstopfung"* allein das *„reichskundige landverderbliche Unheil Württembergs"* gewendet werden könne.

Diese Denkschrift wurde nicht nur der kaiserlichen Regierung überreicht, sondern auch öffentlich in Wiener Kaffeehäusern ausgelegt, und sie sprach nur aus, was längst allgemein im Land gedacht und geredet wurde: Die Mätresse Grävenitz war eine *„Landverderberin"*. Sie mit ihrer Hofclique, dem so genannten *„Grävenitzschen System"*, was die Besetzung aller maßgeblichen Stellen am Hof und in der Regierung mit Freunden, Günstlingen oder von diesen Abhängigen meinte und bedeutete, trieb Württemberg in den Ruin.

Spätestens seit 1716 erhoben sich solche Stimmen immer lauter und unüberhörbarer, und es formierten sich die alten wie neuen Gegner: neben der Herzogin die Beamtenschaft, Sprecher der Landeskirche und die Exponenten der „Landschaft". *„Ohnchristlicher Wandel"*, *„Weiberherrschaft"* als Umkehrung der natürlichen und gottgewollten Ordnung, *„Prostitution"* als *„grosse Landes-Hur"* und dadurch verursachte Schuldenwirtschaft – so lauteten die Hauptvorwürfe. Die Grävenitz habe *„verderblich … durchgehends gehauset, … wo nur das geringste, so Geld gleich gesehen, sich blicken lassen, sogleich daßelbe hinweg gecapert, und sonsten dem Herrn und Land noch mehreren unsäglichen Schaden gethan, … indeme sie sowohl als ein solcher Schwarm ihrer Verwandten und Adhaerenten große Reichthümer in dem Lande gesammelt, darein sie doch allerseits bettelarm gekommen"*.

Im Grunde artikulierte sich hier eine grundsätzliche Unzufriedenheit an der absolutistischen Regierung Eberhard Ludwigs und seiner Schuldenpolitik. Da aber seine Person als Herrscher *„von Gottes Gnaden"* sakrosankt und unangreifbar war, richteten die Kritiker ihre Stimmen und ihren Unmut namentlich und primär gegen seine Verführerin, und der Herzog wie der Hof wurden als Opfer dargestellt. Nur so war im 18. Jahrhundert überhaupt Kritik an der Obrigkeit und Regierung möglich, ohne, was undenkbar gewesen wäre, das monarchische Prinzip selbst anzugreifen und in Frage zu stellen.

Je schwärzer und böser man also die Mätresse malte und sie verteufelte, desto gründlicher wurde mit der Regierungspolitik abgerechnet. Schließlich gab es keine Untat und schlechte Eigenschaft mehr, die man der Mätresse nicht vorwarf. Eine regelrechte Schmutzkampagne gegen die Gräfin von Würben setzte ein, und sie gipfelte in der „Apologie" des Georg Friedrich Forstner. Der frühere Oberhofmarschall schickte nach einem Sturz diese Schmähschrift an höhere Beamte im Land und Vertreter der Kirche wie der Landschaft und publizierte sie auch. Weil der Herzog zum Sklaven seiner Geliebten wurde, so argumentierte Forstner, gelang es dieser, die Herrschaft in Württemberg an sich zu reißen. Um das Land zu retten, müsse man alles tun, dem Herzog die Augen zu öffnen, damit er erkenne, welche *„Viper"* er hier genährt, welche *„Schlange des Bösen"* und *„Gestalt des Teufels"*. Die Schrift, die im Folgenden die Vergehen der Würben detailliert aufführte und schilderte, machte nicht nur Aufsehen im Land, sie wurde sogar ins Französische übersetzt und gelangte mit Sicherheit auch an die Höfe von Paris und Wien.

Anfangs wehrte sich Herzog Eberhard Ludwig vehement gegen solche Anklagen und ließ sie verfolgen oder versuchte, sie als Verleumdungen darzustellen und zu widerlegen. Noch verschloss er Augen und Ohren. Solange dem Herzog nicht wirklich die Augen aufgingen, blieb die Mätresse auch allmächtig und war gegen die Gräfin von Würben und deren Machenschaften nichts auszurichten – das wussten ihre Gegner, und das wusste auch die Angegriffene selbst. Beide waren in diesem Machtkampf in gleicher Weise abhängig, und zwar allein vom Herzog.

Noch stand die Mätresse ihm näher, als es ihre Gegner je taten, aber der Boden wurde zunehmend heißer. Gegen Ende der zwanziger Jahre wurde die Lage der Mätresse immer prekärer: Sie hatte deutlich den Zenit ihrer Macht überschritten. Unmut und Wut im Land wuchsen ins Unermessliche, immer mehr und immer neue Flugschriften und Pamphlete gegen die württembergische Mätressenherrschaft erschienen, wurden aufgegriffen oder abgefangen und dennoch publik. Eine Anekdote machte die Runde, die wohl kaum auf einer wahren Begebenheit beruhte, aber sehr gut und gezielt erfunden war: Die Grävenitz in ihrer Vermessenheit habe verlangt, wie das Herrscherhaus in die sonntäglichen Gebete der Untertanen einbezogen zu werden. Auf diese Forderung habe der Prälat Osiander geantwortet, das geschehe ja bereits, wenn man im Vaterunser bete: „Und erlöse uns von dem Übel".

Wie sich verteidigen gegen diese feindliche Phalanx, die von allen Seiten herandrängte? Ihre einzige Verteidigung gegen diese Hass- und Rufmordkampagne – das wusste Christina Wilhelmina – war die Festigung der Gunst des Herzogs, die Demonstration der Nichtauflösbarkeit der Allianz von Fürst und Mätresse. Diese Stellung galt es mit allen Mitteln und so lange wie möglich zu halten.

Aber gerade hier, an dieser Front, zeigten sich jetzt erste Risse, sprich Falten. Christina Wilhelmina hatte die Fünfundvierzig längst überschritten und ging auf die Fünfzig zu, sie war in den letzten Jahren sichtlich älter geworden, und das Durchstehen von Intrigen und Querelen, das Ausfechten ständiger Streitigkeiten und Konfliktsituationen hatte sie nicht liebenswürdiger oder liebenswerter gemacht. Die Spiegel in ihren Gemächern zeigten ihr Wahrheiten, die keine Frau gerne zugibt und die in einer Stellung wie der ihren geradezu alarmierend und tief beängstigend sein mussten. Verzweifelt griff sie zu immer neuen und mehr Schönheitsmitteln und Kosmetik, die sie sich, was am Hof nicht unbemerkt blieb, selber herzustellen und zusammenzumischen versuchte. Verzweifelt setzte sie auf die Wirkung solcher Schminken und Tinkturen und erhoffte sich davon neue Sicherheit und die alte herzogliche Zuneigung.

Rezepte für solche Mittelchen fand sie in der einschlägigen Literatur von Naturmagie und Kräuterheilkunde. Oft benötigte man zur Zubereitung ungewöhnliche Zutaten wie Schlangen, Fledermausflügel und Blut, die unter lauten Beschwörungsformeln zu bestimmen Zeiten und an ungewöhnlichen Orten geköchelt und gesiedet werden mussten. Das fiel zumindest ihren Dienerinnen und Lakaien auf und heizte, selbst wenn nur Vermutungen dahinter steckten, die Gerüchteküche um die ebenso zwielichtige wie erfolgreiche Gräfin noch einmal an. Eine Anklage der Hexerei lag nahe. *„Schwarze Kälber und rothe Schweine brauchte sie nicht zum Hexenwerg, sondern Farbe, Abwischwaßer, Pomade und dergleichen Quacksalbereien daraus zu machen"*, sagte zwar ihr Sekretär bei einem sich darauf beziehenden Verhör aus, aber der Magievorwurf blieb schon deswegen wirksam, weil nur er die unglaubliche Anziehung, die sie in fataler und geheimnisvoller Weise schon so lange und immer noch auf den Herzog ausübte, sehr einfach zu erklären vermochte. Ähnliche Nachreden, Gerüchte und Verleumdungen hatte es zwar schon früher gegeben, sie wurden jetzt aber von ihren Feinden und Gegnern, so auch von der Herzogin, immer gezielter aufgegriffen und benutzt. Sie verstärkten und ergänzten in erheblichem Maße, trotz Verwahrung dagegen und Ahndung durch den Herzog und dessen Behörden, das negative Meinungsbild über die Gräfin.

Doch nicht nur der Verlust der Jugend, der Verfall der Schönheit und das negative Image untergruben mit der Zeit die Stellung der allmächtigen Mätresse. Auch eigene politische Fehler und solche des gesamten „Grävenitzschen Systems“ kamen hinzu. Interne Spannungen innerhalb der Günstlingspartei taten sich auf: Es kam um die Verfügung über die Herrschaft Welzheim zum Streit und Bruch zwischen Christina Wilhelmina und ihrem Bruder. Die Geschlossenheit der Clique und des „Systems“ zerfiel und schwächte die Stellung am Hof gegenüber anderen Parteiungen. Alte Freunde wandten sich ab, neue Freund- und Feindschaften bildeten sich, der Herzog drohte dem alleinigen Einfluss zu entgleiten. So konnten andere Kräfte Macht über ihn gewinnen – oder dem Herzog gingen wohl endlich die Augen auf.

Im Jahr 1731 jedenfalls hatte sich einiges zusammengebraut; radikale Veränderungen im Land Württemberg, das spürte und ahnte jeder allerorten, kündigten sich an und standen unmittelbar bevor. Im Frühsommer, angesichts des absehbaren Ablebens seines einzigen männlichen Nachkommens und Erbens, hatte Herzog Eberhard Ludwig verkündet: Er wolle einen privaten Neuanfang wagen, um unbelastet eine neue Ehe eingehen zu können, was ebenso die Scheidung von der Herzogin bedeuten musste wie auch die Trennung von der langjährigen Mätresse. Dann war er zu einem längeren Staatsbesuch an den preußischen Hof nach Berlin aufgebrochen, nachdem er tags zuvor ganz überraschend den Befehl erteilt hatte, die Gräfin Christina Wilhelmina von Würben habe den württembergischen Hof zu verlassen. Die allseits verhasste Mätresse hatte sich daraufhin beleidigt und abwartend auf ihren Besitz Stetten zurückgezogen, einige Zeit später auf ihr reichsunmittelbares Gut Freudenthal.

In der Nacht vom 15. auf den 16. Oktober 1731 fand schließlich die Ära Grävenitz in Württemberg ein abruptes und gewaltsames Ende, ebenso spektakulär und skandalös, wie sie begonnen hatte. Auf Anweisung des Herzogs aus Berlin drangen 200 württembergische Soldaten in die kleine Reichsritterschaft Freudenthal nördlich von Ludwigsburg ein, ergriffen die Mätresse und Landhofmeisterin und führten sie unter strengster Bewachung auf die als Gefängnis genutzte Festung Urach. Schnell verbreitete sich im Land und angrenzenden Ausland die frohe Kunde vom jähen Sturz und wohl endgültigen Fall der *„Landverderberin“*. Wer nun hier erfolgreich war, welche Intrige oder wer mit wem genau daran beteiligt war, war und blieb allerdings unklar. Zu sehen und zu hören war nur: Der Herzog hatte offenbar einen Gesinnungswandel durchgemacht, er hatte endlich Einsicht gezeigt! Aber wieso und warum gerade jetzt? Welche Motive hatte er, wer oder was stand dahinter? Wie immer in solchen Fällen gab es wohl nicht nur einen einzigen Grund und eine Ursache, sondern ein ganzes Bündel von schwer zu entwirrenden Kausalitäten. Der wichtigste und entscheidende Grund ist sicherlich im schon erwähnten Zerfall der bisher allein mächtigen Hofpartei, des „Grävenitzschen Systems“, zu suchen. Als sich abzeichnete, dass der Mätresse der absolute Einfluss auf ihren Herzog entglitt, bildeten sich darin sehr schnell verschiedene Fraktionen mit unterschiedlichen Interessen und Orientierungen. Eine davon setzte sich zum Ziel, Herzog und Herzogin wieder zu versöhnen, um so die anfängliche Ausgangsposition wieder zu gewinnen. Sie wurde vom Bruder, Friedrich Wilhelm von Grävenitz, der es inzwischen zum Premierminister gebracht hatte, angeführt. Eine andere Fraktion, die kleinere um die Gräfin von Würben selbst, aber wollte dies gerade im eigenen Interesse verhindern. Wie weit Bruder und Schwester dabei inzwischen zu Gegenspielern geworden waren, ist nicht ersichtlich, deutlich wird jedoch, dass dem Bruder wie allen Beteiligten bewusst war, dass der Stern der Gräfin von Würben als Mätresse im Sinken war, ja nicht mehr zu retten, und dass alle umso mehr versuchten, den eigenen Einfluss auf den Herzog zu erhalten oder noch zu steigern. Dabei verbündete sich der Bruder Friedrich Wilhelm mit einem Ehepaar Sayn-Wittgenstein, Leuten, die seine Schwester nicht ausstehen konnte und als ihre Feinde ansah, zu denen sich der Herzog in letzter Zeit jedoch augenscheinlich hingezogen fühlte. Man munkelte, die Gräfin von Sayn-Wittgenstein nehme in seinem Herzen und seiner Gunst inzwischen sogar die Stelle der Gräfin von Würben ein, das heißt der Herzog habe seine Mätresse gewechselt und die Position der Gräfin von Würben längst anderweitig besetzt. Einiges spricht dafür, dass in dieser Fraktion der Grävenitzschen Hofpartei mit dem selben „Werkzeug" gearbeitet wurde wie früher beim Aufstieg der Schwester. Mit der Zuführung einer schönen, in diesem Fall deutlich jüngeren Mätresse wollte man die anfängliche Ausgangsposition zurückgewinnen Ein Indiz für die Richtigkeit solcher Gerüchte könnte sein, dass die Gräfin Sayn-Wittgenstein beim Tod Herzog Eberhard Ludwigs dann ungewöhnlich großzügig in einem Kodizill zu seinem Testament bedacht wurde.

Jedenfalls war es im Sommer 1731 um die Gräfin von Würben sehr einsam geworden. Die Entwicklung am Hof war sozusagen über sie hinweggegangen, und indem sie sich dagegen zu wehren versuchte, hatte sie nur einflussreiche alte Freunde verloren oder sich neue Feinde gemacht. Viele der früheren Sympathisanten verhielten sich ihr und der künftigen Entwicklung gegenüber betont abwartend, hielten sich bewusst vorsorglich bedeckt, denn es zeichnete sich ab, dass der nicht mehr gesunde Herzog bald kinderlos sterben könnte und ein Regierungswechsel mit einschneidendem personellen Wechsel bevorstand.

Doch selbst als sie vom württembergischen Hof schon ausgeschlossen war, gab die Gräfin nicht auf. Sie hatte keine Zeit zu verlieren. Während andere, ja die meisten am Hof die weitere Entwicklung in Württemberg, die eventuelle Umorientierung des Herzogs abwarteten oder seinen Tod schon einkalkulierten, konnte und musste sie als Mätresse nur mit diesem Herzog rechnen, handeln und planen, und zwar schnell – ohne ihn, das wusste sie, würde sie nichts mehr sein! Ihr einziger Trumpf im Spiel um die Macht in Württemberg war der noch lebende Herzog, ein Danach gab es für sie nicht.

Dieser Herzog aber weilte im Sommer und Spätsommer 1731 immer noch auf Besuch am preußischen Hof. Zu Hause lauerten gleichsam alle darauf, was er weiter entscheiden, tun oder lassen würde. Noch war überhaupt nicht abzusehen, ob es zu einer Versöhnung mit der Herzogin kommen oder zu einem gänzlichen Neuanfang mit Scheidung und einer neuen Ehe, aus der eventuell neue Nachkommen hervorgehen konnten oder ob nicht doch alles beim Alten bleiben würde.

In dieser Situation versuchte die Gräfin Würben, die Gerüchteküche noch einmal anzuheizen und zu beeinflussen, und sei es nur dadurch, dass sie weiterhin Unsicherheit schürte. Scheinbar unerschütterlich verbreitete sie, der Herzog sei nach wie vor ihr verbunden und gedenke sich niemals, wie behauptet werde, mit der Herzogin Johanna Elisabetha zu versöhnen. Offenbar gab es noch Kreise, die diese Verlautbarungen ernst nahmen, und Gegner, die sich davor fürchteten. Den tiefen Sturz vor Augen griff die alternde Mätresse sogar zu einem letzten verzweifelten Mittel, wenn es stimmt, was die französische Zeitung „Nouvelles Extraordinaires de divers Endroits" am 16. November 1731, vier Wochen nach der Verhaftung als Sensationsmeldung über die Hintergründe ihres Falles verbreitete. Die Mätresse besorgte sich mit Hilfe zweier Hofärzte Blut vom Aderlass des Herzogs und mischte und köchelte daraus mit anderen Zutaten, wie früher schon, etwas, was die Zeitung verschwieg, aber ihren Lesern deutlich suggerierte: einen Liebes- oder Zaubertrank, jedenfalls etwas Magisches oder sonstiges Hexenwerk. Noch befand man sich ja nicht nur in Deutschland im Zeitalter des Hexenglaubens und der Hexenverbrennungen. Die beiden Hofärzte, offenbar aufgeklärte Männer oder solche der Gegenseite, informierten allerdings, so die Zeitung weiter, die Herzogin, und so bekam auch das Opfer des Anschlags, der Herzog selber, Kenntnis von der Sache und leitete daraufhin Verhaftung und Arretierung der ihm gefährlich werdenden Geliebten ein.

Was auch immer an dieser Nachricht erfunden ist oder wahr sein mag, Tatsache bleibt, dass die Mätresse kurz vor ihrem Sturz Hilfe weder vom Herzog noch von der Hofclique des „Systems Grävenitz" erwarten konnte, dass ihre Hofpartei, wenn diese noch existierte, sie als Person und Werkzeug längst fallen gelassen hatte und ohne sie eigene, andere Interessen und Ziele verfolgte. Sie war allein, und vielleicht griff sie in dieser ihr aussichtslos erscheinenden Lage zu dem verzweifelten Zaubermittel. Doch es hätte, selbst wenn seine Wirkung nicht vereitelt worden wäre, wohl kaum noch genützt.

Die Partei am Hof, zu der auch der Bruder und der eventuelle Nachfolger des Herzogs zählten und die auf einen Neuanfang im Land durch die Versöhnung des Herzogspaares setzte, hatte längst die Oberhand gewonnen – auch über diejenigen, die für einen noch radikaleren Neuanfang mit einer anderen ebenbürtigen Braut und damit auf eine Scheidung des Herzogs hinzuarbeiten versuchten. Dabei spielte schließlich die „Versöhnungspartei" ein ausschlaggebendes „magisches" Mittel aus, wenn sie auf die Wunder- bzw. Leichtgläubigkeit der Epoche setzte und dem Herrscherpaar vorspiegelte, ein Neuanfang könne noch einmal mit eigenen Kindern, das heißt dynastischen Erben, verbunden sein – immerhin hatte die Herzogin zu diesem Zeitpunkt die Fünfzig bereits deutlich überschritten. Dass sich der Herzog offensichtlich dieser Partei zuneigte und ihren Argumenten glaubte oder glauben wollte, gab schließlich den Ausschlag und war Anstoß für alle weiteren Entwicklungen und damit auch für das Schicksal der Mätresse. Dieser „Versöhnungspartei" gelang es, was keineswegs selbstverständlich war, die Herzogin für diesen versöhnlichen Neuanfang an der Seite ihres Gatten zu gewinnen, sogar mit der Zusage auf einen weitgehenden Verzicht von Rache und Abrechnung für die herzoglichen Verfehlungen und die seiner ehemals Geliebten.

Doch auch nach ihrem Sturz und ihrer Verhaftung gab sich die Mätresse keineswegs geschlagen und war offenbar auf vieles vorbereitet. Schließlich wusste sie, dass auch der Herzog angreifbar war, dass er einiges zu verbergen, zu vertuschen und unter den Teppich zu kehren hatte. Und sie kannte ihre Rechte und wusste sich zu wehren. Zuerst einmal erhob sie Einspruch und Klage gegen die Form und die Rechtmäßigkeit ihrer Verhaftung, und zwar vor der höchsten Instanz des Reiches, der auch der Herzog unterstand, beim Kaiser in Wien. Denn diese Verhaftung war nicht auf württembergischem, sondern auf reichsunmittelbarem, das heißt dem Kaiser direkt unterstelltem Gebiet ihrer Herrschaft Freudenthal geschehen, war also ein Rechtsverstoß des Herzogs gewesen. Auf ihre Veranlassung schloss sich auch die benachbarte Reichsritterschaft ihrer Klage an. Als man sie darüber verhörte, wie sie zu ihrem Besitz gekommen sei, behauptete sie dessen formale Rechtmäßigkeit und beharrte auch darauf. Sie weigerte sich standhaft, auf irgendeinen in Württemberg erworbenen Herrschaftsbesitz Verzicht zu leisten und war trotz wiederholter Aufforderungen nicht gewillt, auch nur eine ihrer Besitzungen herauszugeben. Im Gegenteil, sie betrieb und leitete demonstrativ von Urach aus deren weitere Verwaltung. Als man auf diesen Widerstand mit Haftverschärfung reagierte – bisher hatte sie in einer Art Festungshaft mit relativer Freiheit und eigener Bedienung gelebt, diese Form der Haft wurde im Juni 1732 durch strengen Gewahrsam in der Festung ersetzt – änderte sich ihr Widerstand zunächst nicht. Erst als man ihr ein gewisses Entgegenkommen signalisierte, zeigte sie sich kompromissbereit. Und auf einen Kompromiss – das ließ sich in der zweiten Hälfte des Jahres 1732 absehen – lief auch die Politik des wiederversöhnten Herzogspaares gegen die gestürzte langjährige Mätresse hinaus.

Man stellte der Angeklagten gegen die Abtretung aller in Württemberg erworbenen Güter eine Entschädigung in Aussicht. Dagegen wehrte sie sich immer noch vehement; als man aber vorschlug, Welzheim, das wohl wertvollste, aber auch umstrittenste ihrer Besitztümer, in ein Mannslehen umzuwandeln, damit es so über ihre Brüder in der Familie Grävenitz bleiben konnte, änderte sie ihre Meinung und Taktik. Der Vergleich, der am 19. Dezember 1732 geschlossen wurde und den auch der Kaiser bestätigte, lautete schließlich: Abtretung aller Güter und Herrschaften außer Welzheim und Verzicht auf die Klage in Wien. Dafür erhielt sie alle ihre beschlagnahmten Kapitalien zurück, ihre Juwelen und ihr restliches immobiles Vermögen. Obendrein sollte sie noch eine Entschädigung von 125 000 Gulden ausgezahlt bekommen, allerdings mit der Auflage, das Land Württemberg danach für immer zu verlassen. Nachdem sie das unterschrieben hatte, wurde die *„Landverderberin“* unter Bewachung über die Grenze außer Landes gebracht, nach Heidelberg.

Noch lebte Herzog Eberhard Ludwig, doch er lag im Sterben. Bei seinem Tod am 31. Oktober 1733 befand sich die ehemalige Mätresse in Mannheim und versuchte, noch einmal die schwäbische Reichsritterschaft für ihre Sache zu gewinnen und gegen Württemberg aufzuhetzen. Aber das blieb ein letzter, vergeblicher Versuch. Sie hielt es dann für geraten, Unterstützung und angebotenen Schutz von Preußen anzunehmen und dort Unterschlupf zu suchen. Ab 1734 nahm sie ihren Wohnsitz in Berlin.

Der Nachfolger ihres Herzogs, der aus einer württembergischen Nebenlinie stammende neue Herzog Carl Alexander, versuchte dann, um demonstrativ und definitiv mit der Misswirtschaft seines Vorgängers aufzuräumen, den Prozess gegen die *„Landverderberin“* noch einmal aufzurollen. Er ließ die gesamte Familie Grävenitz verhaften, um so ihrer Herrschaft, ihrem „System“ in Württemberg, ein radikales Ende zu setzen. Gegen die ehemalige Mätresse strengte er einen Kriminalprozess an zur Genugtuung der Landstände, der Kirche und der öffentlichen Meinung, wobei allerdings die Rolle, die der beherrschte Herzog Eberhard Ludwig gespielt hatte, immer schamvoll ausgeblendet blieb. Auch dieser Prozess endete mit einem Vergleich: Gegen Zahlung von 152 300 Gulden an die Beklagte verzichteten beide Parteien endgültig auf weitere Forderungen.

Zehn Jahre noch lebte die ehemalige Mätresse unauffällig und unbehelligt in Berlin. Dort verstarb sie im Jahre 1744 im Alter von achtundfünfzig Jahren, zuletzt weitgehend unbekannt und unbeachtet. Nur in Württemberg blieb sie als *„Landverderberin“* unvergessen und bis heute im Gedächtnis.

Lady Elizabeth Craven

Die englische Schriftstellerin und das Ende der Markgrafschaft Ansbach-Bayreuth

Im Jahr 1736 wurde dem *„wilden Markgrafen"* in Ansbach ein zweiter Sohn geboren und erhielt die Namen Friedrich Carl Alexander. Die Markgrafschaft Ansbach war ein kleines, völlig verschuldetes Duodezfürstentum im Heiligen römischen Reich deutscher Nation, recht unbedeutend, aber mit einer großen, bedeutenden Verwandtschaft: der Neugeborene war nicht nur ein Neffe Friedrichs des Großen in Preußen, denn dieser war ein Bruder der Mutter, er war zugleich ein Neffe der englischen Königin, die eine Schwester seines Vaters war. Zwei Jahre später starb der erstgeborene Bruder, und Alexander wurde Erbprinz. Er erhielt die übliche Fürstenerziehung seiner Zeit u.a. in den Niederlanden und am Hof von Turin, danach absolvierte er die obligate „Grand Tour", die Bildungsreise durch Italien. Im Jahr 1757, nach dem Tod seines Vaters, übernahm er die Regierung der Markgrafschaft, nachdem er 1754 gegen seinen Willen und heftigen Protest zu einer Heirat mit Friederike Caroline gezwungen worden war, einer unansehnlichen, ständig kränkelnden und wenig gebildeten Prinzessin aus dem Hause Sachsen-Coburg-Saalfeld. Damit waren alle Voraussetzungen für eine Fortführung der Mätressenwirtschaft und –herrschaft am Hof in Ansbach gegeben, wie sie schon unter seinem Vater bestanden hatte, der deswegen der *„wilde"* Markgraf genannt wurde.

Im Jahr 1750 wurde dem Earl of Berkeley, dessen Gattin den Titel einer „Lady of the Bedchamber" der Prinzessin von Wales trug, in Spring-Gardens eine Tochter geboren und erhielt den Namen Elizabeth. Der Vater starb, als das Kind vier Jahre alt war. Während sich die Mutter bald wieder verheiratete, mit dem Earl of Nugent, wuchs Elizabeth in der Obhut einer Schweizer Gouvernante auf und erhielt die damals übliche

Erziehung einer aristokratischen Tochter. Mit vierzehn Jahren wurde sie am englischen Hof eingeführt, mit siebzehn heiratete sie standesgemäß, und zwar William Craven, ab 1769 Earl of Craven, nachdem dieser, wie es üblich war, Eheverhandlungen mit ihrer Mutter geführt hatte. Lady Craven bekam in rascher Folge sieben Kinder. Sie widmete sich auf dem Landsitz Benham ihren Mutterpflichten und dazu, ebenfalls nicht ohne Erfolg, einer regen schriftstellerischen Tätigkeit. Schon als Jugendliche hatte sie ein Gedicht verfasst, das in mehreren bedeutenden englischen Zeitschriften abgedruckt worden war.

Nichts deutete darauf hin, dass die verheiratete englische Schriftstellerin Lady Craven, die sich mit einem Reisebericht über die Halbinsel Krim und Konstantinopel einen Namen machte, in Deutschland, am Hof in Ansbach, Mätresse werden, dass Markgraf Alexander seiner Markgrafschaft ihretwegen entsagen, diese zu Preußen und wenig später zu Bayern gehören würde, dass die Engländerin Lady Craven in Lissabon Markgräfin von Ansbach-Bayreuth werden würde und der deutsche Markgraf in England auf Schloss Benham, dem Besitz ihres ersten Gatten, sein Leben beschließen sollte. Es bedurfte schon einiger schicksalshafter Verwirrungen, unvorhersehbarer Konstellationen, befremdlicher Charaktere, seltsamer Entscheidungen sowie skandalträchtiger Umstände, dass so vieles aus dem Gleis geriet und sich in dieser Weise neu ordnete.

Für erste Verwirrungen und bald auch Skandale im Hause Craven sorgte die junge Lady selbst. Die ebenso intelligente wie ansehnliche Hausherrin sprudelte nicht nur über vor literarischen Ideen und Plänen, sondern auch vor Lebens-, Liebes- und Abenteuerlust. Sie schrieb nicht nur Bühnenstücke, die ihr in London frühen Ruhm, gesellschaftliche Anerkennung und den Umgang mit berühmten Männern ihrer Zeit eintrugen, sie schrieb auch an ihrem eigenen Lebensroman. Und der spielte sich schon bald außerhalb ihres neu erbauten, abseits gelegenen Landsitzes Benham ab und auch außerhalb von Ehe und Familie.

Ihrem Gatten hielt die Lady selbstverschuldete Unbildung und Trägheit vor. *„Die Bildung seines Geistes“*, so formulierte sie später vorsichtig in ihren Memoiren, hätte er keineswegs *„so weit getrieben, als sich ihm die Gelegenheit bot. Er mochte nichts lesen, außer Zeitungen“*, beklagte sie sich bitter. Nach einigen Ehejahren hatte die junge Ehefrau, um sich von diesem für sie geistlosen Leben abzulenken, ebenso viele außereheliche Affären wie Wochenbetten hinter sich gebracht, und zwar recht ungeniert und ohne sich auch nur die Mühe zu machen, dies vor der Öffentlichkeit zu verbergen. So etwas sprach sich herum und erhöhte, neben dem Erfolg ihrer literarischen Produktion, ihren Bekanntheitsgrad erheblich. Wellen schlug besonders ihre Affäre mit dem französischen Botschafter Comte de Guines im Jahre 1773. Mit diesem Seitensprung machte sie sogar Schlagzeilen in weiten Teilen der englischen Presse, selbst in dem als seriös geltenden Blatt „Morning Chronicle“ konnte sich der Zeitung lesende Gatte darüber informieren. Lady Cravens Lebenswandel wuchs sich spätestens hiermit zum landesweiten Skandal aus. Hatte sich der Earl of Craven anfangs selbst auch immer wieder schadlos gehalten, so wurde seine Reaktion auf dieses Liebesleben seiner Frau nun allerdings reichlich merkwürdig und nährte neue Schlagzeilen in der einschlägigen Presse, als er einen der Liebhaber auf Schadensersatz verklagte. Im Jahr 1783 reichte es ihm offenbar endgültig. Es kam zu einer Trennung, obwohl Lady Craven die Ehe den gemeinsamen Kindern zuliebe nach wie vor aufrecht erhalten wollte. Doch der Ehemann weigerte sich jetzt, den Begriff „gemeinsam“ noch auf alle Kinder anzuwenden, er verweigerte zumindest die Anerkennung des jüngsten Sohnes Keppel.

Auch Lady Craven muss in dieser Situation aufgegangen sein, dass sie wohl etwas zu weit gegangen war. Ihre Eskapaden und Affären gingen beträchtlich über das hinaus, was die englische Adelsgesellschaft einer Frau wie ihr noch zuzubilligen bereit war. Ihr Ruf war inzwischen so gründlich ruiniert, dass er ihr die angestammte englische Adelswelt für immer verschloss. In dieser Situation zog sie die Konsequenzen und verließ ihre Heimat, sie nahm ihren jüngsten Sohn Keppel und ging, ohne dass die Ehe formal geschieden wurde, nach Frankreich. Dort lebte sie die nächsten Jahre in Paris ein ähnlich freies Leben unter ähnlich noblen Bedingungen in Künstler- und Aristokratenkreisen, wie sie es in England trotz oder wegen ihrer *„great reputation“* hinter sich gelassen hatte.

Lady Craven war, darüber gibt es gar keinen Zweifel, eine sehr intelligente und hochbegabte Frau. Neben der Teilnahme an gesellschaftlichen Ereignissen der damaligen *„High society“* in der europäischen Hauptstadt der eleganten Welt, neben eifrigem Verkehr in literarischen Salons und Künstlerkreisen nutzte sie ihren Parisaufenthalt zu einem intensiven Studium des französischen Theaters und zu eigener Weiterbildung in französischer Literatur. Besonders intensiv beschäftigte sie sich mit dem Werk Voltaires. Sie wurde eine glühende Verehrerin seines aufgeklärten Geistes, den sie den zeitgenössischen Vertretern der englischen Dramatik entgegenstellte und entgegenhielt. Das zeigen vor allem ihre zahlreichen Theaterkritiken, die sie in dieser Zeit mit Engagement und differenziertem Urteilsvermögen verfasste.

Für eine Frau der damaligen Epoche eignete sie sich auf wissenschaftlichem und künstlerischem Gebiet einen erstaunlich hohen Grad an Bildung an, Kenntnisse, die sie mündlich und schriftlich, im Salongespräch oder als Buch, weltgewandt weiterzugeben verstand. In verschiedenen Sprachen verfasste sie Prosa, Verse und vor allem dramatische Poesie, die in England bei Männern wie Horace Walpole oder William Beckford, aber auch international Anerkennung fand. Ihre erste, recht erfolgreiche Komödie „The Sleep-Walkers“ von 1778 wurde von Horace Walpole verlegt und gedruckt. Weiterhin hatte sie bisher die Komödie „The Miniatur Picture“ (1781) geschrieben und das musikalische Stück „The Silver Tankard“, dessen Musik sie auch selber komponiert hatte. Zwar waren diese Stücke zum Teil Nachdichtungen oder überarbeitete Übersetzungen, sie wurden jedoch auf den großen Bühnen Londons wie dem Drury Lane Theatre und dem Covent Garden Theatre aufgeführt. 1779 erschien ihre Erzählung „Modern Anecdotes of the Family of Kinvervanpotsprakengatchdem. A Tale for

Christmas“ mit einer Widmung für Horace Walpole, den weniger diese Widmung beeindruckte als die literarische Form ihrer Prosa: „*It is very prettily told*“, so sein öffentliches Urteil.

Neben der musikalischen Komposition versuchte sich Lady Craven darüber hinaus auch in der Malerei und in der Bildhauerei, außerdem galt sie als Meisterin in den höfisch-ritterlichen Disziplinen wie Reiten und Schießen. Zweifellos war sie eine in jeder Hinsicht beeindruckende Frau, die auch zu beeindrucken verstand.

Der Markgraf von Ansbach regierte in diesen Jahren recht und schlecht seine Markgrafschaft. Anfangs versuchte er nach dem Vorbild seines Onkels, des großen Friedrichs in Preußen, ein guter Regent zu sein, ein aufgeklärter erster Diener seines Staates, machte dann aber immer wieder neue Schulden und lebte davon, dass er Subsidienverträge abschloss, in denen er, wie viele andere deutsche Fürsten auch, seine Untertanen als Soldaten an fremde Mächte vermietete und verkaufte. Seine Ehe war und blieb kinderlos. 1769 hatte er noch die Markgrafschaft Bayreuth geerbt. Da diese aber ähnlich verschuldet war wie Ansbach, war er dadurch nicht reicher geworden, nur reicher an Titeln und ihm lästigen Regierungsverpflichtungen. Er feierte die üblichen Hoffeste, widmete sich vor allem den höfischen Vergnügungen der Jagd und des Reitens und machte ausgedehnte und kostspielige Reisen nach Italien, bevorzugt nach Neapel, mehrmals nach England und immer wieder nach Frankreich, nach Paris. Manches Jahr war er mehr auf Reisen als in Ansbach.

Er war ein durchaus gebildeter Mann, sprach und schrieb Französisch, Englisch und Italienisch, las viel, allerdings nur französische Literatur, nichts Deutsches, hielt sich ausländische Zeitungen und Zeitschriften, auch politische Journale, und nahm, vor allem in Paris, teil an der internationalen Adels- und Salonkultur, kannte dort auch Intellektuelle und Gelehrte persönlich wie Holbach, La Harpe, Marmontel. In diesen Kreisen zeigte er sich als weltgewandter und aufgeschlossener Gesprächspartner, der auf der Höhe des Zeitgeistes über viele Themen mitreden konnte. Seine Hauptleidenschaft allerdings war und blieb die Jagd, waren Pferde, das Reiten und die Pferdezucht. Sein markgräflicher Marstall hatte mit über 300 Reitpferden wahrhaft königliche Ausmaße.

Was ihn am wenigsten befriedigte, war offenbar seine Ehe sowie das Hofleben in Ansbach. Sein Lebensmittelpunkt war der Landsitz Triesdorf, etwa zehn Kilometer südlich davon, dort bewohnte er ein einfaches, aus Backsteinen errichtetes Haus, das *„rote Schloss"* genannt, und führte das alltägliche Leben eines Landedelmanns. Auch seine Reisen wie seine häufigen und langen Parisaufenthalte hatten von Anfang an den Charakter der Flucht vom Hofleben der Residenz. In Triesdorf lebte er mit wechselnden Mätressen, manchmal auch mit mehreren gleichzeitig, Damen von unterschiedlicher Herkunft und mit unterschiedlichen Charakteren und Temperamenten. Seit 1772 war es Mll. Clairon, eine einst und immer noch berühmte Schauspielerin, sehr viel älter als er, die er aus Paris mitgebracht hatte.

Auffällig war, in welcher forcierten Weise Markgraf Alexander nach seiner zweiten Englandreise einer neuen europäischen Modeerscheinung verfiel, der Anglomanie. Alles, was englisch war, zog ihn plötzlich an und versetzte ihn in Begeisterung. Das begann bei Äußerlichkeiten wie runden, englischen Hüten, englischen Stiefeln und Fuhrwerken, nach englischem Muster gefertigten Uniformen für die Bediensteten der Parforcejagden, englischem Personal für Marstall und Pferdezucht und endete mit solchen Marotten und Absurditäten, dass der deutsche Markgraf nur noch Englisch mit seinem biederen, fränkischen Dienstpersonal sprach. Nicht zuletzt diese übertriebene Anglomanie bot schließlich am Hof von Ansbach geradezu ideale Voraussetzungen für den Auftritt einer englischen Lady, die jederzeit und überall zu beeindrucken wusste, die ideale Kulisse für Lady Craven.

Im Jahr 1784 verbrachte der Markgraf wieder einmal eine Wintersaison in Paris. Beim Besuch in einem der angesehensten Salons der Stadt wurde er auch einer skandalumwitterten englischen Literatin vorgestellt. Bei der Vorliebe des Markgrafen für alles Englische ergab sich natürlich ein längeres Gespräch, und es fiel nicht schwer, diese Bekanntschaft auch zu vertiefen. Bald traten beide, sie als *„adoptierte Schwester"* des Markgrafen, auch bei anderen gesellschaftlichen Veranstaltungen gemeinsam auf, doch jeder wusste, dass man hier ein Liebespaar vor sich hatte. Dass die lebhafte, hochgewachsene, ansehnliche und sehr erfahrene vierunddreißigjährige Engländerin den fast Fünfzigjährigen erotisch anzog und begeisterte, war schnell zu bemerken und ließ sich nachvollziehen. Ob er auf sie die gleiche Anziehung ausübte, darüber rätselte man. Eines aber war ganz offensichtlich: Für Lady Craven stand sofort fest, aus dem Mann und dieser Bekanntschaft lässt sich etwas machen!

Als der Markgraf sie am Ende seines Parisaufenthaltes in seine Markgrafschaft einlud, nahm sie freudig an. Sie verschob diesen Besuch nur, den drängenden Liebhaber hinhaltend, auf eine nicht allzu ferne Zukunft. Denn zuvor plante sie eine weite und ausgedehnte Reise, verknüpft mit einem literarischen Projekt, für eine Frau dieser Zeit ein sehr ungewöhnliches Vorhaben mit noch ungewöhnlicheren Zielen: Russland, die Krim, Konstantinopel, Griechenland und auf der Rückreise Bulgarien, die Walachei und Transsylvanien. Das literarische Projekt bestand darin, dass sie während dieser Reise Briefe an den Markgrafen in Ansbach schreiben wollte über ihre Erlebnisse und Reiseerfahrungen, die sie dann später, nach Abschluss der Reise, überarbeitet und in Buchform als Reisebericht herauszugeben beabsichtigte. Es war ein sehr ehrgeiziges Projekt: als Reise und auch literarisch. Kein Geringerer als Lawrence Sterne mit seiner *„Sentimental Yourney"* sollte stilistisch Pate stehen, und Lady Craven spekulierte dabei von vornherein auf einen internationalen Bucherfolg und -verkauf: Indem schon im Titel als Adressat der Briefe der deutsche Markgraf genannt werden sollte und als Verfasserin seine in England noch verheiratete Geliebte oder Mätresse aus Paris, die verrufene englische Lady Craven, zielte der Reisebericht, neben der

Thematik der ungewöhnlichen Reiseländer, bewusst auf eine Skandalwirkung in mehreren europäischen Ländern.

Doch zuerst einmal musste die mutige und eigenwillige Reise gemacht und ausgestanden sein. Lady Craven war in der Tat eine bemerkenswerte Frau: Über zwei Jahre lang war sie Tausende von Kilometern unterwegs: in der Kutsche, zu Pferde, manchmal mit dem Boot oder auch dem Schlitten, von Paris über Südfrankreich nach Florenz, wo sie vier Wochen blieb, dann weiter über Venedig, Wien, Krakau, Warschau nach St. Petersburg und Moskau, schließlich auf die Krim nach Sewastopol, dann über das Schwarze Meer nach Konstantinopel, von dort auf die griechische Insel Naxos, nach Athen und Smyrna und wieder nach Konstantinopel, dann über Warna, Bukarest und Hermannstadt zurück nach Wien, wobei die ursprünglich geplante Route wegen der Gefahr von Raubüberfällen und grassierender Pest etwas abgeändert werden musste.

Die Vorstellung von den Strapazen und Gefahren einer solchen Reise unter den Bedingungen und der Infrastruktur der bereisten Länder im 18. Jahrhundert schwächt sich etwas ab, wenn man weiß, dass Lady Craven niemals allein oder völlig auf sich gestellt unterwegs war, sondern stets in Begleitung von Bekannten und stets mit mehreren Bediensteten. Von Florenz bis Petersburg begleitete sie pikanterweise ihr Vetter Horace Vernon, von dem jeder vermutete, dass er einer ihrer vielen Liebhaber war. Außerdem übernachtete man selten in Poststationen, Hotels oder anderen allgemeinen Unterkünften, sondern meist auf Gütern bekannter oder von Bekannten empfohlener Adliger, in den großen Städten häufig in Häusern von Diplomaten, Politikern und hohen Militärs, die dann auch für die Organisation der Weiterreise sorgten. Im Grunde war es zwar eine Reise in exotische Länder am Rand der damaligen Zivilisation, dennoch blieb die Lady immer in ihrem gewohnten sozialen Umfeld, dem der *„le monde“*, der internationalen Adels- und Diplomatengesellschaft. So war es eigentlich keine Reise in völlig fremde Verhältnisse, sondern die Fremde wurde, wo und wenn sie unangenehm wurde und zu nahe kam, auf Distanz gehalten, ja abgewiesen – gerade auch die soziale. Ihr

Hauptmotiv war eben nicht, die Fremde kennen und verstehen zu lernen, sondern sie suchte Anerkennung im eigenen angestammten Stand: Hier wollte Lady Craven durch Zugang und Empfang an fremden Höfen und in bedeutenden Adelshäusern Machtpositionen und Prestige erobern oder wiedererobern. Dass sie an jedem Ort *„von den Fürsten und ihren Ministern beschützt und mit Achtung, Sorgfalt und Großmuth behandelt wurde“*, hält sie als wichtigstes Reiseerlebnis in ihren Jahrzehnte später erschienenen Memoiren fest.

So bewundernswert die Reiseleistung ist, so wenig ergiebig oder gar wissenschaftlich oder literarisch wertvoll ist letztlich ihr Bericht darüber. Zwar ging die Rechnung auf: Er wurde als „Enthüllungstext“ gelesen – oder besser: gekauft. In England erschienen allein vier immer wieder überarbeitete Ausgaben, gleichzeitig erschien auch eine deutsche Übersetzung im renommierten Verlag Cotta, ein Jahr später eine holländische, und alle vier englische Ausgaben wurden jeweils auch ins Französische übersetzt. Doch die Leser wurden in ihren Erwartungen getäuscht: der Text war keine Selbstenthüllung einer Frau, über die seit Jahren in der Gesellschaft geredet wurde, auch keine Enthüllung anderer Persönlichkeiten oder Geheimnisse, er enthielt keinerlei intime oder detaillierte Anzüglichkeiten dieser Art.

Stattdessen war es ein in jeder Hinsicht „flott“ geschriebener Text, leicht zu lesen, immer amüsant und unterhaltsam, doch ohne Tiefgang und Kenntnisvermittlung. Im Grunde ein Salongespräch, eine Plauderei unter gleichen Leuten mit gleichem Geschmack, *„small-talk“*, der alles streift und über alles schnell hinweggleitet. Wie die Reisende sich nicht auf Erfahrungen der Fremde einließ, so vermittelt auch ihr Bericht nichts davon, im Gegenteil, alles wirklich Fremde wird abgewertet. Die vornehme Touristin sieht überall nur ihre Vorurteile bestätigt oder erkennt vor eigenen Vorurteilen das Fremde oft gar nicht: so etwa, wenn sie beim Besuch in einem türkischen Harem die Damen um die Möglichkeiten eines ungestörten Fremdgehens beneidet. Dem entspricht, dass bei den Überarbeitungen Briefe, die sie schon *vor* der Reise geschrieben hatte, ebenso ins Buch aufgenommen werden konnten. Zwar war Belehrung nicht die Erzählabsicht, trotzdem lehrt dieser Reisebericht unfreiwillig, wie man gerade nicht reisen sollte, und nimmt so ungewollt negative Charakteristika des modernen Tourismus vorweg. Stilistisch wird Sternes *„Sentimental Yourney"* nie erreicht, das Vorbild scheint nur insofern durch, als sehr oft kleinere empfindsame Anekdoten des Reisealltags assoziativ geschildert werden. Doch während bei Sterne sich daran moralische und philosophische Reflexionen knüpfen, dient das bei Lady Craven allein der Rührung der Leser oder der Selbstdarstellung der Autorin.

Mit der Rückkehr nach Wien im September 1786 war die große Reise beendet. In Ansbach, richtiger in Triesdorf hatte der Markgraf inzwischen Maßnahmen zum Empfang der rückkehrenden Geliebten getroffen: Anlage von Fußwegen, Pflasterung von Plätzen sowie der Neubau einer italienischen Villa *„Sandria"* (eigentlich Ales-sandria) in diesem sonst schlichten, ländlichen Milieu. Als der langersehnte Gast endlich aus Wien eintraf, machte er hier jedoch nur kurz Station: Lady Craven hatte es eilig, nach England zu kommen, um dort nach dem Rechten zu sehen. In Begleitung des Markgrafen verließ sie ihr künftiges Domizil sofort wieder und regelte, während der Markgraf in Paris erneut auf sie wartete, Familiäres in der Heimat. Dort hatten sich die Verhältnisse insofern geändert, als ihr Noch-Gatte eine feste Beziehung zu einer Mrs. Byme eingegangen war, was Vormundschafts- und Sorgerechtsfragen bezüglich der Kinder nach sich zog, und außerdem hatten die älter werdenden Töchter offen ihren Unmut über Leben und Lebenswandel der Mutter geäußert.

Erst Mitte März des nächsten Jahres, nach Abschluss der Pariser Wintersaison, trafen Lady und Markgraf wieder in Triesdorf ein, den Sohn Keppel brachte die Mutter mit. Ein neuer Lebensabschnitt, ein weiteres Kapitel im Lebensroman der Lady Craven, sollte beginnen.

Während sich in Frankreich die politische Lage zuspitzte, während die Revolution ausbrach und dort der Terror zu wüten begann, versuchte Lady Craven in der verschlafenen Markgrafschaft Ansbach-Bayreuth in den Jahren 1787 bis 1790 einen kulturellen Umsturz zu inszenieren. Den Markgrafen hatte sie dabei fest in der Hand und an ihrer Seite. *„Er kann durch niemand gestimmt werden als durch Lady Craven“*, *„er ist ganz entzückt von ihr“* und liege ihr zu Füßen, so berichteten bald Zeitgenossen, die es wissen mussten und täglich erlebten. Seine Ehefrau, die Markgräfin, hatte schon vorher die Anweisung bekommen, *„sich gut gegen die Lady zu betragen“*, was ihr offenbar schwerfiel. Die Tage der Mätresse Mlle. Clairon waren angesichts der drei Jahrzehnte jüngeren Konkurrenz längst gezählt: Enttäuscht, beleidigt und verbittert kehrte sie bald nach Frankreich zurück.

Der weitgereisten englischen Lady erschien Ansbach natürlich als Ort finsterer Unkultur und Zurückgebliebenheit, es musste schnellstens modernisiert werden. Ihr Ziel war, diese altmodische Residenz für ihre hochfliegenden Ambitionen und Pläne repräsentativ herzurichten und herauszuputzen, das heißt attraktiv zu machen für ein hochkarätiges internationales adliges und intellektuelles Publikum, das sie hierher locken wollte – Ansbach sollte ein Treff- und Anziehungspunkt für die tonangebenden Kreise Europas werden mit Lady Craven im Mittelpunkt!

Ihr Werk begann sie damit, dass sie den Ansbachern zuerst einmal beibrachte, wie man richtige Butter und anständigen Käse machte. Unter ihrer Anleitung und Aufsicht wurde, wie sie stolz in ihren *„Denkwürdigkeiten“* festhielt, in der Markgrafschaft erstmals Stilton-Käse hergestellt, und der Markgraf erhielt endlich *„guten Rahm“*. Doch das war nur der Auftakt, als nächstes musste in Triesdorf ein englischer Park mit einem See angelegt werden, einfach *„out“* waren die dortigen französischen Gartenanlagen, ein Theater musste her und dazu, zur Hebung des Kulturniveaus, eine literarische Gesellschaft mit entsprechenden Versammlungsbauten, ja ein Opernhaus und überhaupt ein Schlossneubau! Den Plänen und der Initiative der Lady schienen keine Grenzen gesetzt: Sie plante nichts weniger als eine Schiffbarmachung der Altmühl zur Verschiffung von Ansbacher Bauholz ausgerechnet nach Venedig und, ebenfalls zur Hebung der allgemeinen Ökonomie, die Errichtung eigener landwirtschaftlicher Musterbetriebe.

Geld dafür schien da zu sein. Noch in Paris hatte der Markgraf die erfreuliche Nachricht erhalten, der neue preußische König Friedrich Wilhelm II. werde ein im Jahr 1782 ihm noch als Kronprinz gewährtes Darlehen von erheblicher Höhe zurückzahlen. Man musste dieses Geld nur an den knausrigen Ansbacher Ministern und ihren Beamten vorbei in die eigenen Hände und Taschen leiten. Lady Craven schien das allein eine Frage der richtigen Politik zu sein. Sie geriet jedoch schon bald mit maßgebenden Regierungsstellen und Ämtern in Konflikt, die diesen *„englischen Reformgeist"* ganz anders sahen: Innenpolitische Machtkämpfe waren angesagt. Sie entzündeten sich schon im Sommer 1787 an dem Neubau eines orangerieartigen Gebäudes, *„Rotunde"* genannt, fertigzustellen noch rasch vor Einbruch des Winters. Der Bau wurde von der zuständigen Kammer und ihrem Präsidenten rundweg als zu teuer und zu mühsam abgelehnt. Lady Craven wandte nun die bewährte Taktik aller Mätressen an, die nach Macht und politischem Einfluss strebten: Sie trieb einen Keil zwischen Landesregierung und Landesherrn, um diesen so von seinen Ministern und Regierungsbeamten zu isolieren. Dann vergoss sie Tränen, *„pleures de rage"*, über das verlorene Projekt, was zur Folge hatte, dass jetzt auf ausdrücklichen persönlichen Befehl des Markgrafen diese Rotunde doch gebaut wurde, und zwar sofort, schon um den Zorn der geliebten Dame baldigst abzuwenden und zu zeigen, wer hier eigentlich der Herr im Haus war. Gleichzeitig wurde der widerspenstige Kammerpräsident entlassen. Mit dem durchschlagenden Erfolg dieser Taktik war Lady Cravens künftiger Einfluss auf alle Geschäfte der Markgrafschaft gesichert. Die *„recrue Anglaise"*, wie sie abschätzig genannt wurde, hatte sich ins Ansbach als entscheidender und unübergehbarer Machtfaktor etabliert.

Der eingeschüchterte Hof passte sich der neuen Lage schnell an. Mylady konnte jetzt mit ihren ebenso ehrgeizigen wie unrealistischen Projekten schalten und walten, wie sie wollte:

Scheitern konnte sie nur noch an sich selber. Noch im Nachhinein schwärmte sie in ihren „*Denkwürdigkeiten*“ von dieser Zeit:

„*Das Theater, für welche Unterhaltung ich stets eine große Neigung hatte, sollte, dachte ich, bei einer guten Einrichtung, kräftig zur Gemüthszerstreuung des Markgrafen beitragen. Es gab in Anspach eine alte unnütze Reitschule, die leicht in ein Schauspielhaus umzuschaffen war … Die besten Maschinisten in Europa fanden sich sogleich; und so wurden unsere Vorstellungen bald lebhaft, ja sie ermangelten nicht, selbst prachtvoll zu sein.*“ Und: „*Eine Gesellschaft zur Aufmunterung der Künste und Wissenschaften jeder Art war ein höchst wünschenswerther Gegenstand … Das Institut war eine Einladung des Fürsten an Männer von höheren Gaben, und vereinigte in eine gemischte literarische Gesellschaft diese Menge genialischer Menschen, die hier ihre Werke oder Auszüge aus denselben vorlasen.*“

Doch die Wirklichkeit war anders. Wo hätte man in Ansbach diese Menge „*genialischer Menschen*“ plötzlich hernehmen sollen? Einer der wenigen – wenn auch kaum genialischen – „*Männer von hohen Gaben*“ war hier zweifellos der Dichter Johann Peter Utz: Er ist nachweislich nie eingeladen worden und wurde von Lady Craven überhaupt nicht wahrgenommen. Stattdessen importierte man einen französischen Hotelier namens Mercier, in dessen Haus sich Mylady einmal wohlgefühlt hatte und dessen einzige Beziehung zur Literatur darin bestand, dass er einen Bruder hatte, der Literat war, Verfasser der „*Tableau de Paris*“. Dementsprechend waren die prachtvollen Theateraufführungen auch eher erbärmliche Amateur- und Laienspiele, die die „*Oberintendantin*“ Lady Craven mit Stücken inszenierte, die sie selbst verfasst hatte und bei deren Aufführung sie vor allem sich selbst produzierte und beklatschte. Es ist bezeugt, dass es ihren Zorn erregte, wenn andere weniger Beifall spendeten. Vieles von dem, wovon sie später schwärmte, war reines Wunschdenken wie etwa die Behauptung, dass aus ihren Stücken „*La folie du Jour*“ und „*Abdoul und Narjad*“, die vor höchstens 25 Zuschauern der Hofgesellschaft aufgeführt wurden, *„Soldaten und Buben auf den Gassen die Lieblingsarien … sangen"*. Der größte *„Flopp"* aber war die Errichtung ihres *„Erziehungs- und Zufluchts Haus(es) für Kinder aus allen Classen"*, quasi als Aushängeschild gedacht für von ihr initiierte und praktizierte aufklärerische Pädagogik für die Sprößlinge ihres internationalen Publikums. Als man endlich ein Haus und ein Grundstück für diese Stiftung gefunden hatte, fand sich kein Einziger, der ein Kind angemeldet, empfohlen oder auch nur sich erkundigt hätte, und das, obwohl oder gerade weil, wie die Lady in ihren *„Denkwürdigkeiten"* schreibt, *„die Art, die ich mit meiner Zeit haushielt"*, hätte Bürgschaft genug sein müssen, *„daß alle weiblichen Zöglinge, deren Erziehung ich anordnen würde, gute Weiber und Mütter werden"*.

Alle diese Misserfolge waren für Lady Craven nur erklärbar mit der *„Undankbarkeit und Dummheit"* der Ansbacher und ihren Vorurteilen gegenüber Fremden. Das Erziehungshaus scheiterte ihrer Meinung nach noch aus einem weiteren Grund: *„Die deutschen Frauen waren damals revolutioniert und vom Gleichheitsschwindel ergriffen … Das Gift der demokratischen Freiheit und Gleichheit … begann, unter allerlei Form, selbst an deutschen Höfen … Eingang zu finden."* Also war letztlich die französische Revolution schuld! Solche Äußerungen beweisen, dass Lady Craven nichts von der Ansbacher Realiät wahrgenommen hat, nur sich selbst und ihr eigenes Denken und Handeln.

„Soviel in meiner Macht stand suchte ich Verdruß und Kosten zu vermeiden; ich hatte nur ein Kammermädchen und einen Burschen zur Aufwartung bei meinem Sohne … Bei allen meinen Bemühungen zu gefallen, konnte ich dennoch den mißtrauischen Charakter der Deutschen nicht für mich gewinnen: sie widersetzten sich allem Guten … ich zeigte mich nie falsch, – ich verleumdete nie, – ich schwazte so wenig wie möglich" …

Ihr rechtfertigendes Eigenlob ist unerträglich!

Irgendwann, spätestens gegen Ende des Jahres 1788, muss Lady Craven doch zu dem Schluss gekommen sein, dass ein so vollkommenes Wesen wie sie viel zu schade für Ansbach war. Sie zog offenbar Bilanz und sah, dass sie hier niemals erreichen würde, was sie eigentlich wollte. Sie wollte ja kein Geld, keine

Reichtümer, sie wollte Anerkennung und Prestige, von Ansbach aus sollte sich ihr Ruhm in alle Himmelsrichtungen und an alle Höfe Europas verbreiten, zu ihr nach Ansbach sollte die große Welt pilgern. Ihr wurde nun klar, dass sie damit wohl auf das falsche Pferd gesetzt hatte: Die große Welt würde eben nie nach Ansbach kommen, soviel und was sie auch dort anstellte; stattdessen musste sie, um das zu erreichen, was ihr vorschwebte, als Ansbacherin – und das hieß als Markgräfin von Ansbach-Bayreuth – dorthin gehen, wo sich die große Welt traf und es sich zu leben lohnte. Das war das Ziel, und das galt es zu verfolgen! Zwar standen davor gewaltige Hindernisse, zwei oder richtiger sogar drei: Der Markgraf war verheiratet und sie selber ebenfalls, und er hatte noch diese lästigen Regierungsverpflichtungen am Hals. Doch das ließ sich ja ändern, zumindest das Letztere. Die Abdankung des Markgrafen wurde so das nächste Kapitel im Lebensroman der Lady Craven.

Markgraf Alexander hatte schon seit Jahren erkennen lassen, dass er nicht sonderlich an seiner Regierungstätigkeit hing. Auch seine vielen Reisen und langen Abwesenheiten von Ansbach waren ein Indiz dafür und wurden als solches verstanden. Er war jetzt über fünfzig Jahre alt und hatte keinen Nachfolger in die Welt gesetzt. Einer Erbfolgeregelung zufolge würden nach seinem kinderlosen Absterben seine Länder an Preußen fallen. Im Grunde konnte darum alles, was er vorher tat und ins Werk setzte, immer nur eine prinzipiell wieder aufhebbare Übergangsmaßnahme sein bis zu diesem absehbaren Zeitpunkt. Diese frustrierende Aussicht hob nicht gerade den Pessimismus des Landesherrn, den er gegen die noch bestehende Ordnung des Heiligen römischen Reiches deutscher Nation ohnehin hegte: Seit er 1786/87 in Paris Zeuge des Auftaktes zur Revolution geworden war, sah er einen Umsturz bzw. die Auflösung oder Aufteilung des Reiches, etwa nach dem Beispiel Polens, sehr deutlich vor Augen. *„Alle kleinen Fürsten würden ihre Existenz verlieren"*, soll er schon seit Jahren geäußert haben.

Lady Craven fiel es nicht schwer, in dasselbe Horn zu blasen, zumal das auch ihren eigenen politischen Überzeugungen entsprach. Eine Zeitlang erwogen Markgraf und Lady offenbar, die Situation, wie sie jetzt war und de facto bestand, einfach weiter aufrecht zu erhalten: ein fast dauerner Aufenthalt im Ausland mit möglichst kurzen Besuchen in Ansbach. Aber dafür hätten die Einnahmen nicht gereicht, schon gar nicht für eine angemessene zweite Residenz in einer ausländischen Metropole, um dort standesgemäß – und nur so hätte alles für die Lady Sinn gemacht – repräsentieren zu können.

Angesichts der Schreckensmeldungen aus Paris im Sommer des Jahres 1789 versuchte die Lady, ihre Heimat England als sicheren Zufluchts- und Ruheort anzupreisen, aber der Markgraf zögerte, den letzten Schritt zu einer wirklichen Abdankung zu tun, für die es bisher kein Beispiel in der Geschichte der deutschen Staatsverfassung gab. Stattdessen floh er im Herbst des Jahres wieder einmal nach Italien, nach Neapel.

Nur wenige Tage nach der Ankunft erreichte ihn hier die Nachricht von einem spektakulären Unterschlagungsfall in der Verwaltung seiner Länder. Als dann ein weiterer Brief eintraf, der sogar eine Verschwörung gegen den abwesenden Landesherrn meldete, schienen sich auch für den Markgrafen die Warnungen und Ratschläge Lady Cravens zu bestätigen. Jedenfalls brachte dieser Brief den Stein ins Rollen: Am 9. Februar 1790 reiste er mit Lady Craven überraschend aus Neapel ab, in Florenz ließen beide das übrige Gefolge hinter sich und fuhren allein, nur mit dem Sohn der Lady und drei Bediensteten, an Ansbach vorbei direkt nach Berlin.

Von dort, vom preußischen König, erwartete man Rückhalt und tatkräftige Hilfe. Der Markgraf warf sich somit Preußen in die Arme: Der erste Schritt zur Abdankung war getan. Lady Craven konnte sich die Hände reiben.

Preußen sagte die gewünschte Hilfe zu. Mit dieser Rückendeckung kehrten Markgraf und Lady in ihr Ansbach mit seiner frondierenden Beamtenschaft zurück. Der Tag nach der Rückkunft, der 25. März 1790, sollte der Tag der Abrechnung werden. Am frühen Morgen begab sich der Markgraf persönlich zum Kabinettssekretär Schmidt, den man für das Haupt der Verräter hielt, obwohl der krank zu Bett lag. Der Markgraf stürmte ins Krankenzimmer und, so Lady Cravens *„Denkwürdigkeiten"*, *„Die Peitsche ihm über den Kopf schwingend, rief er: ‚Schurke, gib mir den Schlüssel zu Deinem Schreibtisch!'"* Dann durchwühlte er diesen eigenhändig auf der Suche nach Beweisstücken des Verrats. Er fand zwei Briefe, diese wurden umgehend nach Berlin gesandt. Schmidt erhielt seine sofortige Entlassung zusammen mit einigen anderen Regierungsangehörigen. Während man in Berlin die erhaltenen Briefe prüfte, die im Grunde nur Warnungen vor der *„Ultramontanen"*, so wurde Lady Craven darin genannt, enthielten, setzte sich diese sofort hin und formte aus dem aufregenden Stoff dieser Ansbacher Hofkabale ein dramatisches Stück, das unter ihrer Regie und unter dem Titel *„Le Philosoph Moderne"* bald aufgeführt wurde. Darin schmückte sie die Verschwörung gegen den Landsherrn theatralisch als Revolution aus und ließ ihn im Schreibtisch natürlich *„wirkliche"* Beweise dafür finden. Das wiederum brachte nun die beteiligten Ansbacher auf, und so entwickelte sich wirklich eine Regierungskrise. Der Markgraf tobte, war aber ratlos. Dann traf endlich die versprochene Hilfe aus Berlin in Gestalt eines Mannes ein, der in Ansbach-Bayreuth aufräumen sollte: Carl August von Hardenberg. Im Spätsommer ging er sogleich an die Arbeit und übernahm praktisch, während der Markgraf weiterhin zögerte, allein die Regierung.

Als Ende des Jahres aus Berlin eine Einladung für den kommenden Karneval kam, ergriff Lady Craven ihre Chance. Schon kurz nach der Ankunft in Berlin wurden über die Abdankungsfrage geheime Verhandlungen aufgenommen, und zwar zwischen König Friedrich Wilhelm II., dem Markgrafen und ihr, Lady Craven. Glaubt man ihrer nachträglichen Darstellung in den *„Denkwürdigkeiten"*, so verhandelten König und Markgraf anfangs nur sehr im Allgemeinen und ins Blaue hinein. *„Mit keiner Sylbe mischte ich mich in die Unterhandlung"*, versichert sie zwar, aber schon auf der nächsten Seite ist die Rede davon, dass erst durch ihr Eingreifen und ihren Vorschlag, einen Finanzexperten hinzuzuziehen, das Verhandelte konkreter wurde. Der Markgraf forderte eine Pension von 300.000 Gulden pro Jahr für den Regierungsverzicht und, da dieser praktisch den Erbfall vorwegnahm, die freie Verfügung über sein Privatvermögen. Lady Craven, glaubt man ihr, verzichtete als noch verheiratete Engländerin großmütig auf alle ihr von Preußen angebotenen Titel, auch für ihren Sohn Keppel, nur eine jährliche Pension von 20.000 Gulden für den Fall, dass sie den Markgrafen überleben würde, mochte sie nicht ausschlagen. Nach wenigen Tagen war zur Zufriedenheit aller ein Vertrag von zwölf Seiten abgeschlossen.

Damit war für Lady Craven eine wichtige Voraussetzung für ein Leben in der großen Welt erfüllt. Sie konnte zufrieden sein und in den nächsten Tagen sogar mehr als das: Auch die anderen Hindernisse schienen sich plötzlich und wie mit himmlischer Hilfe in Nichts aufzulösen. Noch in Berlin erhielt sie aus Bath die Nachricht von einer tödlichen Erkrankung des Earl of Craven, und auf der Rückreise erhielten die Heimkehrenden die Nachricht vom Tod der Markgräfin.

Vielleicht in einem Anflug von Pietät nahmen Markgraf und Lady am Begräbnis der Markgräfin nicht teil, vielleicht auch aus schlechtem Gewissen. Drei Monate blieb das Paar noch in Ansbach-Bayreuth, und zwar in Triesdorf. Aus politisch-diplomatischen Gründen wurde die Abdankung im Interesse Preußens vorerst geheim gehalten. Im Juni 1791 brachen Markgraf und Lady dann nach England auf. Bei der Abreise liefen beim Pferdewechsel in Uffenheim die Leute zusammen, um ihrem Landesvater wie gewohnt zu huldigen und um die berüchtigte Engländerin zu sehen. Der Landesvater deutete den Menschenauflauf als beginnenden Aufruhr, und Lady Craven schürte in ihrem Interesse diesen fast schon paranoiden Irrtum. Schnell befahl man den beschleunigten Aufbruch. So verließ der letzte Markgraf von Ansbach-Bayreuth seine Markgrafschaft fluchtartig ziemlich genau vier Wochen, bevor auch der französische König Ludwig XVI., allerdings erfolglos, aus seinem Land zu fliehen versuchte.

Mit der Abdankung des Markgrafen und mit seiner und ihrer Abreise aus Ansbach nach England war Lady Craven paradoxerweise ihrem Ziel, Markgräfin von Ansbach-Bayreuth zu werden, immer näher gekommen. Die einzige Frage war nur noch, wann und wo der letzte Schritt, die Heirat, getan werden konnte. Noch war ihr Ehemann ja nicht tot, aber gerade England, wo das Paar zunächst in Fronthill bei William Beckford, dem alten literarischen Freund der Lady, unterkam, schien aus naheliegenden Gründen kaum der geeignete Ort dafür zu sein. Als sich daher eine Schiffspassage nach Portugal bot, beschlossen Markgraf und Mätresse, dort den Tod des 5. Earl of Craven abzuwarten, um ihrer Beziehung endlich die legale Form zu geben. Ende Oktober war es soweit: Sofort nach Eintreffen der Todesnachricht – man erhielt sie von fünf verschiedenen Absendern, also war kein Zweifel mehr möglich und immerhin war sie auch schon einige Wochen alt – feierte man in Lissabon Hochzeit.

Am 30. Oktober 1791 berichtete *„The Gentlemans's Magazin"* von der Trauung, die im Kreise von Diplomaten und zufällig anwesenden hohen Adligen, meist Emigranten sowie englischen Offizieren, stattfand. Als Trauzeugen wurden die Gesandten Russlands, Neapels, Hollands und des deutschen Kaisers genannt. Sicher hätte sich die Lady eine weitaus prächtigere Zeremonie und Feier gewünscht. Besonders ärgerlich und peinlich war, dass der englische Gesandte demonstrativ fernblieb. Dennoch, das Ziel war erreicht. Der Markgraf zeigte die Heirat schon am nächsten Tag dem preußischen König an. Lady Craven war nun Markgräfin von Ansbach und Bayreuth geworden und glaubte sich am Ende aller Sorgen. Ihr Status schien gesichert, ihrem Triumph in der ersten Gesellschaft, auch in ihrer Heimat, konnte nichts mehr im Wege stehen!

Doch es gab schlechte Vorzeichen: Der englische Gesandte schnitt das Brautpaar, Preußen ignorierte die Hochzeitsanzeige einfach. Als die Jungvermählten wieder in England eintrafen, kam es noch viel schlimmer. *„Ich hatte kaum mein jüngstes Kind ans Herz gedrückt"*, so die Markgräfin in ihren *„Denkwürdigkeiten"*, *„als ich einen Brief von meinen drei älteren Töchtern un-*

terzeichnet erhielt, der mit den Worten anfing: ‚Mit der schuldigen Achtung für die Markgräfin von Anspach, melden die Miß Craven, daß sie, ohne die Ehrfurcht für ihren Vater zu verletzen, ihr nicht ihre Aufwartung machen können.' Der Brief entfiel meiner Hand …" Auch ihr ältester Sohn, inzwischen Earl of Craven, weigerte sich, die Mutter zu sehen, und ihr Bruder, Lord Berkeley, der Vormund ihrer Kinder, schrieb einen, wie sie fand, *„absurden Brief voll Vorwürfe über die so schnell nach dem Tode meines ersten Gatten geschlossene Vermählung mit dem Markgrafen"*. Er bekam eine geharnischte Antwort, die wohl an alle gerichtet war. *„Ich ließ mich herab"*, so formulierte es die Markgräfin, offenbar noch immer wütend und empört, in ihren *„Denkwürdigkeiten"*, *„und bemerkte, es sey sechs Wochen nach Lord Cravens Tod geschehen … Ich würde es sechs Stunden nachher gethan haben, wenn ich in dieser Zeit die Nachricht hätte erfahren können. Acht Jahre hätte ich alle Nachtheile der Wittwenschaft erduldet, ohne den einzigen Trost, den eine Witwe in meinen Jahren wünschen könne – meine Hand einem Manne zu geben, dessen Tugenden mich vergessen machen könnten, welche Thorheiten und Vernachlässigungen ich von einem andern erfahren, dem aufgeopfert zu werden, mein unglückliches Los gewesen wäre."*

Damit nicht genug, das Allerschlimmste stand der neuen Markgräfin noch bevor.

„Die nächste Beleidigung", fahren die *„Denkwürdigkeiten"* fort, *„bestand darin, daß die Königin den preußischen Minister zu dem Markgrafen schickte, und ihm sagen ließ, sie sey nicht gesonnen, mich als Markgräfin von Anspach zu empfangen."*

Daran änderte auch eine sofortige Privataudienz des Markgrafen beim König nichts, ebensowenig, dass er der Königin seine Aufwartung verweigerte, und schon gar nicht, dass die neue Markgräfin trotzig beschloss, sich nun auch ihrerseits als *„Pairinn von England"* nicht bei der Königin sehen zu lassen.

Der nächste Tiefschlag kam aus Preußen. Auch König Friedrich Wilhelm II. weigerte sich – und mit ihm Hardenberg in Ansbach-Bayreuth –, die ehemalige Mätresse Lady Craven, jetzt vermählt mit dem abgedankten Markgrafen, als neue Markgräfin von Ansbach-Bayreuth anzuerkennen.

Schlimmer hätte es nicht kommen können! Was das neuvermählte Paar in den ersten Wochen in England erfuhr, war das genaue Gegenteil von allem, auf das die Lady seit Jahren gesetzt und hingearbeitet hatte: Die Tore der ersten Gesellschaft verschlossen sich, statt sich zu öffnen. Der Markgraf war für die Engländer nichts als ein *„German foolish prince"*, so jedenfalls äußerte sich Horace Walpole über ihn, für seine Abdankung hatte man keinerlei Verständnis, über die Verhältnisse in deutschen Kleinstaaten wusste hier niemand etwas oder hatte je davon gehört. Dagegen war Lady Cravens früherer freizügiger Lebenswandel nicht vergessen worden; nach allem, was gewesen und noch bekannt war, war sie in der von der prüden Königin Charlotte geprägten englischen High Society auch als deutsche Markgräfin nicht akzeptabel. *„She had more than one lover … in an almost public manner"*, konnte man in der Presse über sie lesen. Auch eine weitere Standeserhöhung, um die sich der Markgraf bemühte, nützte da nichts. So lief selbst die mit erheblichen Kosten verbundene Erhebung der Lady in den Reichsfürstenstand als Reichsfürstin Berkeley durch den deutschen Kaiser Franz II. ins Leere: *„Auf Befehl meines Gemahls bat ich in London, unter dem Namen einer Fürstin Berkeley, um eine Audienz bei der Königin; Lord Morton aber, dem die Sache aufgetragen war, erklärte mir, er könne hierüber von Ihro Majestät keine Antwort erhalten."*

Überall und immer nur *„disappointments"*! Schon im Dezember 1791 hatte das *„Bon Ton Magazin"* geschrieben, dass die Markgräfin von Ansbach von keiner der tonangebenden *„leading Ladys of Fashion"* besucht werde, obwohl sie mit Einladungen nicht geize, und seitdem hatte sich die Situation kontinuierlich verschlechtert. Welche Frustration solche gesellschaftliche Isolierung, ja Diskriminierung in einer so ehrgeizigen, selbstbezogenen und geltungsbedürftigen Persönlichkeit wie der Lady Craven bewirken musste, lässt sich unschwer vorstellen. Die angestaute Wut brauchte Ventile. Sie entlud sich spontan im Verfassen einer Adresse an das House of Lords mit Aufzählung aller Kränkungen, die ihr angetan worden waren. Freunde konnten in letzter Minute verhindern, dass sie auch tatsächlich abgeschickt wurde. In den *„Denkwürdigkeiten"* aber ließ sich die Markgräfin nicht mehr abhalten, die Adresse doch noch in ganzer Länge in die Welt zu schicken: Selbst Jahrzehnte später war die Wut noch nicht verraucht.

Ihr nächster Stoß und Ausfall richtete sich gegen Preußen. Sie schickte an Hardenberg ihren vollständigen und beglaubigten Familienstammbaum als Beweis, dass der Vetter des Königs von Preußen, also ihr Markgraf, mit ihr keine Mesalliance eingegangen war, dass die Verweigerung ihrer Anerkennung als Markgräfin also eine pure Beleidigung ihrer Person sei. In Berlin gab man darauf keine Antwort und sagte gar nichts, was die Wut kaum beschwichtigte.

Überall sah die ehemalige Lady Craven nur Bosheit und Niedertracht gegen sie, die Unschuldige. Das gesellschaftliche Weltbild, wenn man so sagen darf, dieser immerhin renommierten Schriftstellerin war denkbar schlicht und einfach gestrickt: Andere Menschen waren gut, wenn sie *für* sie, und böse, wenn sie *gegen* sie waren. Anlässlich ihrer gesellschaftlichen Aufnahme in Portugal und am portugiesischen Hof formulierte sie in ihren *„Denkwürdigkeiten"* dieses Weltbild so: *„Es gab in der großen Welt von Lissabon zwey Parteyen: alle rechtlichen und verständigen Leute, die zur Partey der Königin gehörten, waren für mich; die niedrigen und verdorbenen Menschen dagegen schleuderten die Pfeile ihrer Bosheit gegen mich."*

Wo sie auch hinkam, ergab sich für sie dieselbe Konstellation, so auch jetzt am selbstgewählten Zufluchtsort in England. Was blieb zu tun? Angesichts der geschleuderten Pfeile der Bosheit blieb nichts, als sich einzurichten und sich zu arrangieren. Es galt Haltung zu bewahren; die Niederlagen zuzugeben und Unzufriedenheit zu zeigen, war man zu stolz. Wenn sich die erste Gesellschaft verschloss, so blieb noch die zweitklassige oder was sich sonst bot.

Der Markgraf kaufte ein Schloss an der Themse oberhalb Londons bei Hammersmith, das so genannte Brandenburgh House. Es wurde neu eingerichtet und reich ausgestattet. Aus Ansbach ließ man 58 Kisten mit Gemälden, Büsten, Büchern, Porzellan und Möbeln nachschicken, dazu Fässer mit Wein, auch den unter Aufsicht der Lady zubereiteten Stilton-Käse. In Brandenburgh House gab man festliche Gesellschaften, ein guter Freund des Hauses wurde der schon von einem Besuch in Ansbach her bekannte Herzog von Gloucester, dessen gesellschaftliche Situation und Stellung der eigenen glich: auch er war vom englischen Hof ausgeschlossen, allerdings wegen einer wirklichen Mesalliance. Weitere Besucher und Gäste waren unter anderen der Earl of Clarendon und der wegen Schulden und Frauengeschichten skandalumwitterte Prince of Wales, der später als Georg IV . den englischen Thron bestieg, sowie sein nicht viel besser beleumdeter Freund, der Duke of Norfolk, genannt *„Jockey of Norfolk“*, dazu der alte Freund William Beckford, der ein schrulliger Sonderling war, Verfasser von Schauer- und Gespensterromanen und Erbauer einer neugotischen Abbey. Größtes Ereignis war die Verleihung der *„Freedom of the City“* an den Markgrafen, eine Art Ehrenbürgerschaft, durch die Londoner Fischhändlerzunft. Insgesamt bewegte man sich gesellschaftlich in einem unvergleichlich bescheideneren Rahmen, als es sich Lady Craven einst erträumt und ausgemalt hatte. Umso stolzer versichert sie in ihren *„Denkwürdigkeiten“*: *„Wir hatten in Brandenburgh House dreißig Bediente in Livree, die nötigen Stall-Leute und einen Zug von sechs Pferden.“*

An den vergleichsweise bescheidenen gesellschaftlichen Verhältnissen änderten auch die wieder aufgenommenen Theateraufführungen der Dame des Hauses nicht viel: Die Markgräfin führte in ihrem Privattheater neben dem Schloss vor größtenteils geladenem Publikum ausschließlich eigene Werke auf, ältere und neue Schöpfungen mit Titeln wie *„The Yorkshire Ghost“* und *„The Provoked Wife“*. Sie selbst erwähnt in den *„Denkwürdigkeiten“* noch *„Die Zwillinge von Smyrna“*, auch eine Oper *„Princess of Georgia“*, die sie, immer schöpferisch tätig, in diesen Jahren komponierte, dazu erlebte ihre Pantomime *„Pan in Boots“* die Uraufführung. Meist spielte die Dame des Hauses die Hauptrolle. Qualität und Wirkung dieser Theaterspiele dürften den Triesdorfer Bemühungen entsprochen haben. Sie erfüllten ihren Hauptzweck, wenn die eigene Eitelkeit und

Gefallsucht befriedigt wurde. Auf größeres öffentliches Interesse stieß es nicht. Bald schlief alles von selbst ein – was nicht bedeutete, dass die Werke der Schriftstellerin Craven andernorts großen Erfolg hatten, besonders ihre Prosa, die sie in dieser Zeit verfasste, so im Jahre 1802 unter dem Titel *„The Soldier of Dierenstein or Love and Mercy"*, eine märchenhafte Geschichte vom Aufstieg eines ehrenhaften österreichischen Soldaten mit Kritik an höfischen Sitten und politischen Zwangsehen. Am erfolgreichsten war übrigens auf dem Theater bis ins 20. Jahrhundert hinein die Pantomime *„Pan in Boots"*.

Ihr Gemahl mochte dankbar sein für solche Erfolge, die auch immer gesellschaftliche Ereignisse darstellten und das Renommee des Hauses förderten. Ihn selber interessierte alles Literarische herzlich wenig. Sein Spielzeug waren und blieben Pferde. Sechsundzwanzig ausgesuchte Exemplare hatte er aus seinem Ansbacher Marstall in die neue Heimat nachkommen lassen. Im Sommer 1793 kaufte er sich für dieses Hobby ein größeres Gut, Colney Chapel bei St. Albans nördlich von London. Dort betrieb er mit einem deutschen Gestütsmeister die Zucht von Rennpferden. Doch ebensowenig wie der Theatertraum der Lady ging sein Traum, einmal mit einem Pferd ein Rennen in Derby zu gewinnen, in Erfüllung.

Im Jahr 1798 kaufte der Markgraf vom Earl of Craven, dem ältesten Sohn seiner Frau, den, so die Mutter, *„die militärische Wut der damaligen Zeit ergriffen hatte"*, den Herrensitz Benham, inmitten von Wiesen, Weiden und Anhöhen idyllisch an der Landstraße von London nach Bath gelegen, der Achse der vornehmen Welt. Das Schloss war 1772 bis 1775 von einem berühmten Architekten errichtet worden, nicht ohne, wenn man den *„Denkwürdigkeiten"* glauben darf, die ideenreiche Mithilfe der damaligen Hausherrin Lady Craven: *„Mit Bewilligung des Lords hatte ich das Haus selbst erbaut, und alles nach meinem eigenen Geschmack eingerichtet … weil ich eine eigene Schöpfung im Sinn hatte."*

Hier dachte das Ehepaar ein beschauliches, nur von Reisen unterbrochenes Landleben zu führen. Man machte auch einige Reisen nach Wales zur Jagd, nach Schottland und eine längere

Seereise rund um Englands Küsten, aber das beschauliche Leben stellte sich kaum ein. Dafür sorgte nicht zuletzt die Markgräfin selber, die eben immer noch oder schon wieder die alte Lady Craven war. Sofort zerstritt sie sich lautstark mit den neuen Nachbarn, und im Haus, so berichtete ein Kammerherr, der aus Ansbach stammte, ging es auch nicht viel ruhiger zu: Zwar ländlich, aber wenig friedlich sei hier der bäuerische Ton am Tisch, Markgraf und Markgräfin zögen in wüsten Worten über die Königin, die Minister und die englische Politik her, der Markgraf beschimpfte sein Haus, sie den Koch, und das alles spiele sich vor den Bediensteten ab. Die Atmosphäre sei meistens *„inamusable"*, dann herrsche wieder tiefstes Schweigen. Einmal sei das Gerücht gegangen, die Hausherrin sei schwanger, ein andermal, sie wolle wenigstens einen Teil des Jahres nach Frankreich ziehen, sie habe schon ein Haus in Paris gemietet. Vor allem aber: Mylady hatte wieder – im blühenden Alter von 43 Jahren, während ihr Ehemann auf die Siebzig zuging – ihr altes skandalträchtiges Liebesleben aufgenommen.

Ab 1793 ließ sie sich auf etwas ein, was ihrer Umgebung zunächst wie eine *„mild flirtation"* erschien, was sich aber bald zu einer üblen Affäre auswuchs: Sie war einem emigrierten französischen Grafen, dem Comte Alexandre de Tilly, begegnet, dem sie zunehmend verfiel. Er stand in einem denkbar schlechten Ruf, *„le plus vil, insolent et brutal des emigres"*, wie der besagte Kammerherr in die Heimat schrieb, und auf dieser Basis traf sich offenbar das Paar – für neuen Klatsch in Presse und Gesellschaft ein gefundenes Fressen. So soll der Graf die Lady im Park gelegentlich mit der Reitpeitsche behandelt haben, und das vor Zeugen. Solche und ähnliche Gerüchte wurden kolportiert, bei denen man, wie üblich, Tatsachen und die Phantasie der Berichtenden nur schwer auseinander halten kann. Liebesbriefe der Markgräfin wurden bekannt und haben sich im Druck erhalten, darin spricht sie in abfälligster Weise von ihrem Gemahl, den sie gleichwohl nach wie vor fest in der Hand zu halten glaubte. Gleichzeitig überschüttete sie ihren Lover mit leidenschaftlichen Liebesbeteuerungen. Einige Jahre lang, zumindest bis 1796, als Comte de Tilly England wieder verließ, soll diese Affäre gedauert haben, dann, so die Fama oder auch nur das übliche Klischee, wurde der Graf durch einen Livreebedienten ersetzt, dem diese Liaison den Aufstieg zum Maitre d'hotel einbrachte. Jedenfalls, so viel steht fest, trauten gewisse Kreise nach allem, was schon früher gewesen war, der Lady ein solches Liebesleben immer noch oder wieder zu, und mit Sicherheit trug das alles kaum dazu bei, dem Gatten, dem letzten Markgrafen von Ansbach-Bayreuth, seine Abdankung, Heirat und neue Heimat glücklich und beschaulich genießen zu lassen.

In den ersten Jahren des neuen Jahrhunderts schien er Freunden rasch zu altern, längere Krankheitsperioden, wohl eine Lungenkrankheit, kamen hinzu, nach einer dreitägigen Unterleibskolik verstarb er zu Benham am 5. Januar 1806. Er wurde dort öffentlich aufgebahrt und in der Kirche in Speen mit einem feierlichen Leichenzug, der auch traditionelle ansbach-brandenburgische Elemente enthielt wie das Vorantragen des Fürstenhutes, beigesetzt.

Die hinterbliebene Markgräfin ließ es sich nicht nehmen, ihm zwei Denkmäler zu errichten. Eines aus Carrarischem Marmor in der Kirche: *„Ein Denkmal der Dankbarkeit"*, so ihr Kommentar dazu in den *„Denkwürdigkeiten"*, *„die ich … empfand, die ich als einen Beweis meiner Unsterblichkeit ansehen möchte, weil ich fühle, daß sie mich auch nach dem Tode nicht verlassen wird."* Das andere Denkmal war, versteht sich, ein literarisches: Die verwitwete Markgräfin schrieb und publizierte eine Grabrede auf den Verstorbenen, die zwar eine auszugsweise Übersetzung der lateinischen Würdigung seiner Verdienste um und durch die Universität Erlangen darstellte, aber ergänzt und angereichert war mit eigenen persönlichen Erinnerungen und Dankesbezeugungen. Dabei lief sie noch einmal zur schriftstellerischen Hochform auf: Sie stilisierte das von ihr bestimmte Leben des Markgrafen nachträglich als eines voller Erfolge und Größe. Und sie brachte es fertig, dass dieser Nachruf auch noch ihrer eigenen Rechtfertigung diente und ein Dokument des krassen Eigenlobs wurde. *„Seine Entsagung"*, heißt es darin,

„sprang übrigens aus einem wahrhaft fürstlichen Gedanken: er wollte dadurch sein kleines Land mit einem großen Staate vereinen, dessen höhere Interessen die Bedeutung seiner Unterthanen selbst erhöhte.“ Und dann: *„Was er am meisten an mir schätzte, war, glaube ich, mein Abscheu gegen Lügen ... Durch ihn gewann mein Leben Haltung und Bestand; durch die Verbindung mit ihm erhielt die Anwendung meiner von Gott mir verliehenen Gaben eine durch edlen Zweck gesicherte, höhere Bedeutung.“*

Neben den von Gott ihr verliehenen Gaben hatte der Markgraf die Markgräfin auch als seine Alleinerbin zurückgelassen. Hardenberg, als die Todesnachricht am 21. Januar 1806 Ansbach erreichte, empfahl allerdings sofort, dieses Testament anzufechten, in erster Linie wohl im Blick auf den noch im Fränkischen vorhandenen Kapitalien- und Immobilienbesitz. Doch angesichts des Kriegszustandes zwischen England und Frankreich und der soeben ausgehandelten Abtretung Ansbach-Bayreuths an das von Napoleon zum Königreich erhobene Bayern hatten weder Preußen noch der neue Besitzer Interesse daran, dass gerade einer Engländerin das hinterlassene Vermögen des ehemaligen Regenten in die Hände fallen sollte. Zusammen mit ihrem Sohn Keppel führte die verwitwete Markgräfin nun mehrere Prozesse um ihr strittiges Erbe, allerdings erfolglos. 1807 erschien sie sogar selbst noch einmal in Ansbach, aber auch an Ort und Stelle erreichte sie nichts. *„Ich machte aber die Entdeckung“*, so wie früher schon ihr Fazit, *„daß die Deutschen nur für die Rechte ihrer Landsleute besorgt waren; da ich eine Fremde war, fand ich kein Gehör.“*

Ähnlich wie in Ansbach ging es ihr auch mit ihrer Pension aus Berlin in Höhe von 20.000 Gulden jährlich, die nach den dort geführten Abtretungsverhandlungen ihr ja nach dem Tod des Markgrafen vertraglich zustand. Sie sah aber, obwohl ihr Anspruch gerichtlich bestätigt wurde, nie einen Pfennig davon: Preußen war beim Tod des Markgrafen schon nicht mehr Besitzer der abgetretenen Länder und daher auf diesem Ohr völlig taub, und in Bayern wusste angeblich niemand etwas. Im Endeffekt erbte die letzte Markgräfin *„nur“* das schon in

England befindliche Vermögen des Markgrafen, darunter Schloss Benham und Brandenburgh House, was alles in allem einen geschätzten Wert von 1,8 Millionen Gulden ausmachte. Und bei dem Gedanken, nun *„frei wie ein Vogel in der Luft zu seyn und die Mittel zu besitzen, über die Erde fliegen zu können"*, verging der Witwe, wie sie selber schrieb, auch schnell *„aller Unmuth"*.

Die große Trauernde versuchte sie erst gar nicht zu spielen, jedenfalls nicht über die vorgeschriebene Zeit hinaus, wobei die Presse sie nicht aus den Augen und den Schlagzeilen ließ. *„Die englischen Zeitungen"*, so sie selbst, *„unterhielten nach dem Tode des Markgrafen wohl zwei Jahre lang ihr Publikum mit Nachrichten von meiner Wiedervermählung, wobei sie mir bald Fürsten, bald Privatpersonen zum dritten Gatten gaben."* Ihr, als Engländerin, kostete es angeblich aber *„nicht viel Mühe, weise genug zu seyn, auf das Geschwätz der Zeitungen nicht zu achten"*.

Wegen der napoleonischen Kriegswirren verzichtete sie zunächst auf Reisen zum Kontinent, doch als sich 1814 die politische Lage stabilisierte, hielt sie es nicht länger auf der heimatlichen Insel. *„Um mancher Thorheit in Alt-England"* – ob eigener oder welcher sonst? – das bleibt offen – *„zu entgehen, entschloß ich mich daher, in meinem vierundsechzigsten Jahre, eine Reise durch Europa zu machen, und das indeß frisch aufgewühlte Frankreich und Italien wieder zu besuchen."*

Die erste Station war natürlich Paris, wo sie, ganz anders als in ihrer englischen Heimat, sofort vom neu installierten französischen König Ludwig XVIII. empfangen wurde. *„Ich hatte Seine Majestät in England kennengelernt"* – wohl im Kreise französischer Emigranten, zu denen auch der Comte de Tilly gehörte – so berichtete sie, und Seine Majestät hatte auch, was verband, ähnliche literarische Ambitionen wie sie: Er schrieb, allerdings unter Pseudonym, dramatische Werke. Kein Geringerer als König Ludwig XVIII. war es nach ihrer Aussage dann auch, der sie aufforderte, doch ihre Memoiren zu schreiben. Aber Ruhe und Ort für ein solches rückblickendes Vorhaben waren noch nicht gefunden. Die Markgräfin wurde in den nächsten Jahre wieder zur rastlosen und unermüdlich Reisenden: Wien, Südfrankreich und immer wieder Italien standen auf dem Programm, Genua und das früher schon so geliebte Neapel. Diese Stadt schließlich wurde ihr Alters- und Ruhesitz und eine neue, letzte Heimat.

Anfang der zwanziger Jahre verließ sie endgültig England, kaufte sich hier eine prächtige Villa und spielte in der oberen Gesellschaft Neapels die Rolle einer allseits akzeptierten und angesehenen Persönlichkeit des öffentlichen Lebens. Hier fand sie schließlich auch die Muße zum Lebensrückblick und schrieb ihre Memoiren, die 1824, sofort ins Französische und Deutsche übersetzt, in Deutschland immerhin bei Cotta, dem Verleger der Klassiker, erschienen, in zwei Bänden unter dem Titel *„Denkwürdigkeiten der Markgräfin von Anspach"*.

Wie schon bei ihrer Reisebeschreibung durch die Krim und nach Konstantinopel handelte es sich auch diesmal wieder deutlich um eine literarische Spekulation, ausgerichtet auf Erwartungen eines bestimmten sensationslüsternen Publikums, um sie dann hier wie dort zu enttäuschen. Einen Lebensrückblick stellt das Werk nur zum Teil dar und dann auch nur bis zur Unwahrheit verzerrt und geschönt. Skandalöse Aufschlüsse und Einzelheiten erfährt der Leser überhaupt nicht. Obwohl als öffentliche Selbstdarstellung einer Frau deklariert, deren Skandale man in zumindest zwei europäischen Ländern seit Jahren verfolgt und beredet hatte, erfährt der Leser keinerlei diesbezügliche Andeutungen, Details oder Anzüglichkeiten.

Im Grunde handelt es sich auch gar nicht um Memoiren, der deutsche Titel *„Denkwürdigkeiten"* gibt den eigentlichen Inhalt besser wieder. Das Buch stellt nichts als ein Konglomerat dar von Anekdoten, Aphorismen, Historien aus allen und über alle Wissens- und Lebensbereiche wie Kunst, Geschichte, Handel, fremde Städte und Länder, höfisches Leben oder ähnliche, zusammengetragen, zusammengestellt als buchhändlerische Spekulation. Aufgezeichnet wurde von der Verfasserin offenbar alles, was ihr so einfiel oder was sie in unterschiedlichsten Tagebuch- und Reisenotizen angehäuft hatte. Präsentiert wird das, wie früher schon, als unterhaltsames, niemals langweiliges, aber auch niemals in die Tiefe gehendes, sondern von Thema zu Thema springendes Salongespräch oder -geplauder. Hauptdarstellungsabsicht ist ganz offensichtlich die Selbstdarstellung der Verfasserin als kenntnisreiche, gebildete, welterfahrene, in höchsten Kreisen verkehrende Persönlichkeit, nicht etwa die Information über Neues oder die Befriedigung irgendeines Leserinteresses.

Von einem Empfang am Wiener Hof durch Kaiser Joseph II. erfährt beispielsweise der Leser nur: *„Der Kaiser stand unweit dem Eingang und ließ uns, nach einer höflichen Verbeugung, auf einem Sopha sitzen, während er selbst die ganze Zeit hindurch stand. Wir blieben Dreiviertelstunden."* Und dann noch: *„Hinterher sagte mir der Fürst Kaunitz: ‚Der Kaiser versichert, nie eine Dame von so bescheidenem und würdevollen Betragen gesehen zu haben, als Lady Craven.'"* Das soll der Leser nun bewundern! Stilistische Qualität und schriftstellerische Eigenart kann man diesen *„Denkwürdigkeiten"* nur dort zubilligen, wo die Verfasserin an einigen Stellen es geschickt versteht, ihre Defizite als Tugenden und künstlerische Absicht zu deklarieren. So heißt es, als sie offenbar selbst den roten Faden verloren hat: *„Diese Denkwürdigkeiten sollen ein lebendiges Buch sein; das Leben aber ist gewöhnlich ohne Zusammenhang."*

Doch sie konnte auch anders: Eine Ausnahme bildet ein Kapitel, das so etwas wie ein politisches Glaubensbekenntnis darstellt und völlig aus dem Rahmen des sonstigen inhaltsleeren Geplauders fällt. In diesem Kapitel stehen sogar einige für eine Frau ihrer sozialen Herkunft und ihrer Lebensführung ganz erstaunliche Sätze und Einsichten wie *„Industrie und Handel sind die großen Aristokratien unserer Zeit"* und *„durch Arbeit und Erwerb gelangt man heute allein zu Ehren"*. Ihre Gegenwart erscheint ihr *„als durchaus neue, jeder vergangenen unähnliche Epoche in der Entwicklung der bürgerlichen Gesellschaft"*, und diese Epoche laufe künftig auf eine Gesellschaftsordnung *„freier denkender Menschen als Brüder"* hinaus, auf eine Demokratie nach dem Vorbild der Vereinigten Staaten Nordamerikas. Doch dieses politische Kapitel, so gibt sie an dessen Ende zu, sei nur bedingt von ihr selber, sondern ein Resultat von Unterredungen mit einem Freund *„Lord T..."*. Mancher Leser wird sich hier an ihre Affäre mit dem Comte de Tilly erinnert haben und sollte es wohl auch. Die Verfasserin aus dem Hochadel reiht sich so in die Reihe oppositioneller, gegen die offizielle Restaurationspolitik gerichteter Stimmen ein – sicher eine Provokation oder vielleicht ein beabsichtigter neuer Skandal, in jedem Fall aber wieder eine gezielte Selbstdarstellung: Die von ihr mitveranlasste Abdankung des Markgrafen konnte so als richtige Deutung der Zeichen der Zeit noch einmal gerechtfertigt werden, und ihre skandalträchtige gesellschaftliche Außenseiterposition im englischen Adel wurde so ins Positive umdeutbar: als tiefer blickende Opposition gegen die zwar noch herrschende, aber zum Untergang bestimmte Gesellschaftsschicht.

Das wäre ein schöner Abschluss für ihre *„Denkwürdigkeiten"* gewesen, ist es aber nicht. Dieses Sammelsurium endet stattdessen mit Lobeshymnen auf den wiedereingesetzten französischen König Ludwig XVIII., dessen größtes Verdienst, so wird es dargestellt, darin bestand, dass er im Gegensatz zur englischen Königin die Markgräfin von Ansbach-Bayreuth sogar mehrmals empfangen und mit Komplimenten überschüttet hatte.

Neapel sollte die letzte Station und das letzte Kapitel im Lebensroman der ehemaligen Mätresse Lady Craven und jetzigen Markgrafenwitwe werden. Sie starb dort, achtundsiebzigjährig, am 13. Januar 1828.

Ihr Tod war für die Presse in England keine Sensation mehr, nur noch eine Nachricht unter vielen. Ihre Skandale waren längst verblasst, Zeit und Zeitungen zu anderem übergegangen. *„A long train of distinguished personages, both English and Napolitans"*, so berichtete *„The Gentleman's Magazin"* von ihrer Beerdigung. Ein kurzer Nachruf nannte sie *„celebrated and accomplished"* und sprach respektvoll von ihrer Lebensart und ihrer Fürsorge für die Armen in Neapel: Ihr Tod sei ein von vielen tiefempfundener und schmerzlicher Verlust.

Wilhelmine Encke

Gelernte Mätresse und ungekrönte Königin in Preußen

„Die Natur hatte ihr alle Reitze verliehen, um genuß- und liebebereite Männer zu fesseln“, schrieb enthusiastisch ein Zeitgenosse, der sie selber kannte und erlebt hatte. *„Ihr Körper war wunderschön, ganz Ebenmaaß ohne Gleichen … Es fehlte ihr nicht an Unterhaltungsgabe und an Geschmack in Kunstsachen. Ihr Tisch war der ausgesuchteste in Berlin, ihre Zirkel die zwanglosesten und freudvollsten, die es gab. Sie war zur Mätresse geboren und gebildet.“*

Dass da ein solches Geschöpf als Geschenk der Natur in seinem Land, in der Schlossstraße Nr. 9, gerade gegenüber dem Mittelbau seines Potsdamer Stadtsitzes, heranwuchs in der ärmlich-kleinbürgerlichen Behausung eines Hoftrompeters, war ein Glücksfall, den der Kronprinz von Preußen erstaunt und mit Kennerblick sofort erkannte, als er ihr das erste Mal – da war sie kaum dreizehn – bei einem Besuch ihrer älteren Schwester begegnete, die damals, im Jahre 1765, eine seiner zahlreichen Geliebten war. Und offenbar vom gleichen Tag noch datierte der Beschluss des Prinzen, die Natur dieses Geschöpfes, das man hier oder in der Schenke, die ihre Mutter als Zubrot betrieb, *„Line“* oder *„Minken“* rief, um Kultur und fehlende höfische Lebensart zu ergänzen zu einer – sprich seiner – vollkommenen Geliebten. Was hier so wild und ungefasst erblühte, galt es mit eigenen königlichen Händen zu hegen, zu ziehen und an sich zu binden nach tradierten Mustern, eigenem Ermessen und auf eigene Rechnung. Stolz schrieb die Trompeterstochter später im Rückblick auf ihre so begonnene Bildung und lebenslange Bindung:

„Es ist keine Prahlerei, wenn ich sage, daß unter tausend Geliebten der Fürsten, welche die Geschichte aufweist, vielleicht nicht eine ist, die sich mit mir vergleichen läßt. Sie können mich an Reizen des Körpers, an Vorzügen des Geistes bei weitem übertroffen haben: aber ihr Geist war nicht durch den Geliebten selbst gebildet.“ Und ebenso

stolz fügte sie hinzu: *„Es entstand ein ungleich edeleres Band, als das Physische je knüpfen kann."*

Die Ausbildung durch den Geliebten selbst war ganz wörtlich zu verstehen: Der Kronprinz wurde ihr Lehrer, der in fast täglichen Lektionen an die Geliebte weitergab, was ihm selber vor Jahren von Hofmeistern eingetrichtert worden war: Geschichte, vor allem die brandenburgische, aber auch die griechisch-römische, die Geschichte der großen Entdeckungen, Geographie, und die Lektüre klassischer Literatur: Homer, Virgil, Horaz, Voltaires *„Henriade"*, aber nicht seine *„Pucelle"*, auch Shakespeare im Ur- oder Originaltext. Im Französischen ließ er sie von einer echten Französin, Madame Girard, aus der französischen Kolonie in Potsdam unterrichten. Drei Jahre lang war Minken so sein Protektionskind, dessen Bildungsfortschritte wie dessen bleibende frische Natürlichkeit ihn erfreuten.

Doch die höfische Privaterziehung einer Dame durch einen, wenn auch hoch gestellten Vertreter des preußischen Militärs stieß an natürliche, geschlechtsspezifische Grenzen. Wo aber hätte die erstrebte Ausbildung zur höfisch perfekten Dame besser geschehen können als im Zentrum der Mode und der damaligen galanten Welt, in Paris? Also schickte man die auszubildende Mätresse auf Rechnung des Prinzen und Gönners in die elegante, vorrevolutionäre französische Hauptstadt zu einer Mademoiselle de Launay, offiziell als Begleiterin ihrer älteren Schwester Dorothea, die als Elevin am Berliner Theater und als inzwischen verheiratete und bald wieder geschiedene Gräfin Matuschka dort ihre Tanzkünste vervollkommnen sollte. Madame Launay leitete ein privates Erziehungsinstitut für Tänzerinnen, vermittelte und perfektionierte französische Sprachkenntnisse und Lebensart und führte junge Damen in alle Sparten der französischen Gesellschaftskultur, adliger Hofhaltung und Haushaltsführung ein, so dass sich die Absolventinnen ihrer Kurse sicher auf höfischem Parkett und im Umgang mit adligen Standespersonen bewegen lernten. An ihrem Institut waren erstklassige Kräfte verpflichtet, so genoss auch Minken oder Line wie ihre ältere Schwester Tanzunterricht bei keinem Geringeren als dem damals international wohl bekanntesten Tänzer Vestris. Zurück nach Berlin kam eine Wilhelmine Encke, die außer der Geburt alle adligen Tugenden perfekt erfüllte und beherrschte und sich mit Sicherheit und Gewandtheit, gepaart mit natürlicher Grazie, auf jedem Parkett bewegen und behaupten konnte – eine geborene *und* gelernte Mätresse: Natur ergänzt durch Ausbildung.

Aber noch war es nicht so weit: Ein Auftritt Wilhelmines am preußischen Hof, ihr Leben auf höfischem Parkett lag noch in weiter Ferne. Noch regierte am preußischen Hof ein alter Hagestolz, kinderlos, frauenfeindlich und sparsam bis geizig, der Onkel ihres Kronprinzen, König Friedrich II., den man zwar begann *„den Großen"* zu nennen, aber keineswegs wegen Glanz und Pracht einer üppigen Hofhaltung. Er hielt von seinem Neffen, der in der Erbfolge an erster Stelle rangierte, wie von fast allen Menschen seiner nächsten Umgebung herzlich wenig bis gar nichts. *„Es wird ein lustiges Leben bei Hofe werden. Mein Neffe wird den Schatz verschwenden, die Armee ausarten lassen. Die Huren werden regieren und der Staat wird zugrunde gehen"*, so seine Prophezeihung über die Zukunft Preußens nach seinem Tod. Und Line oder Minken konnte für ihn nur eine dieser Huren sein. Bei zufälligen Begegnungen mit dem Neffen und dessen geliebter Trompeterstochter im Park, die nicht ausblieben, soll er, indem er seinen silbernen Krückstock abwehrend gegen sie erhob, sie ungeniert so genannt und beschimpft haben. Vorerst blieb dem ungleichen Paar, dem ungeliebten Kronprinzen und seiner nur von ihm geliebten Mätresse, ein gemeinsames Leben ausschließlich abseits des offiziellen Hofgeschehens.

Wilhelmine wurde, vom Kronprinzen versorgt und oft heimlich besucht, in Falkenhagen, einem abgelegenen Heidedorf in der Mark, bei Förstersleuten untergebracht. Auch nach ihrem Parisaufenthalt verschwand sie dort wieder, während der Kronprinz – das übliche höfische Heiratsarrangement – mit einer ebenbürtigen Prinzessin aus dem Haus Braunschweig-Wolfenbüttel, einer Nichte Friedrichs des Großen, offiziell

Hochzeit feiern musste. Die erzwungene Ehe kann jedoch die Liebe zu Wilhelmine Encke nicht erschüttern. Zwar wird dem Kronprinzen eine Tochter geboren, aber die Ehe wird, da auch die durchaus attraktive ungeliebte Ehefrau sich anderweitig schadlos hält, die Legitimität weiteren Nachwuchses im Haus Hohenzollern in Frage zu stellen scheint, bald wieder – auch mit Zustimmung ihres Stifters – geschieden.

Die unerschütterliche Liebe des Kronprinzen zu Wilhelmine Encke bleibt nicht ohne Folgen: 1770 bekommt Wilhelmine ihr erstes Kind, das sie in der abgeschiedenen Einsamkeit von Falkenhagen zur Welt bringt. Wilhelmine weiß natürlich, dass sich dadurch – das Kind stirbt schon nach wenigen Wochen – für sie und ihre Stellung am und zum preußischen Hof nichts ändern wird, schon gar nicht, solange der alte König in Sanssouci noch lebt und regiert. Aber sie nutzt diese Zeit der Schwangerschaft, in der ihr Kronprinz besonders empfindlich scheint und auf sie und ihr Verhältnis fixiert ist. Denn die Siebzehnjährige ist klug, und so viel weiß die geborene und gelernte Mätresse und hat sie inzwischen begriffen: Ihre Position und weitere Karriere hängt ganz allein von ihm, ihrem Gönner, dem Kronprinzen und späteren König, ab. Seine und ihre persönliche Bindung muss vor und über allem stehen, was auch immer am Hof mit ihm oder ihr vor sich gehen mag. Das bedeutet: Sie muss für den Kronprinzen mehr sein als nur eine austauschbare Mätresse, Geliebte oder Gemahlin, ihre Beziehung muss über *„das Band des Physischen“* hinaus *„edeler“*, inniger und beständiger sein als jede andere. Über alle Formen und Verträge hinaus muss sie in einem ganz anderen Medium geschrieben werden. Dieser Pakt kann allein mit dem besiegelt werden, was das innerste Leben ausmacht: mit dem jeweils eigenen Blut, unverwechselbar und unauslöschlich! Am 27. Januar 1770, zur Zeit ihrer ersten Schwangerschaft, ritzten sich beide, während einer Liebesnacht, mit einem Federmesser in den Ballen der linken Hand: Blut und Narbe sollten ein gemeinsames, einzigartiges Zeichen eines lebenslangen Bundes sein. Wilhelmine ritzte etwas zu tief, so dass die Narbe zeitlebens deutlich sichtbar war. Zwei Individuen schlossen einen

Vertrag allein als zwei Individuen. Das heißt: Hier band kein Kronprinz seine bürgerliche Geliebte an sich, und keine bürgerliche Geliebte verband sich mit einem Kronprinzen, sondern es war ein Vertrag zwischen einem Friedrich Wilhelm und einer Wilhelmine, vor keiner Instanz außerhalb ihrer selbst geschlossen oder von einer solchen beglaubigt. Hier galt allein die private Person: ein persönliches Versprechen, einmalig, unveränderbar und in diesem Leben unkündbar. Vor diesem Versprechen ist die Karriere der Mätresse Wilhelmine Encke, spätere Gräfin von Lichtenau, zu sehen und zu werten; an ihm auch sind Leben und Taten des Kronprinzen, des späteren preußischen Königs Friedrich Wilhelm II., zu messen.

Im selben Jahr noch, 1770, muss der Kronprinz im Interesse der Thronfolge ein zweites Mal heiraten. Diesmal ist es eine Prinzessin aus dem Haus Hessen-Darmstadt, deutlich unansehnlicher als die erste Gemahlin, aber offenbar ohne eigene Ansprüche. Sie schenkt ihm neben dem ersehnten Thronfolger (dem späteren König Friedrich Wilhelm III.) noch fünf weitere Kinder, und sie toleriert – was blieb ihr anderes übrig? – seine weiterbestehende Verbindung zu Wilhelmine Encke.

Langsam wagen sich die Liebenden aus dem Falkenhagener Versteck. Immer öfter sieht man sie im Haus des Gärtners Rietz in Charlottenburg. Schließlich gibt auch der misanthropische alte Onkel in Sanssouci nach und stimmt dem Kauf eines Landhauses für Wilhelmine auf seine Kosten zu, ein für den Thronfolger bequem erreichbares Liebesnest in Charlottenburg, nur durch die Spree vom Schloss getrennt. Im Interesse der Staatsräson wählt der abgeklärte Alte das kleinere Übel: besser diese *eine* Leidenschaft des zukünftigen Thronerben in kontrollierbarer Nähe als unüberschaubare Kontakte zu anderen Damen obskurer Herkunft und Qualität, die immer auch potenzielle Spioninnen sein könnten. Aber der Alte stellt auch Bedingungen: Wilhelmine muss dem Hof ferngehalten werden, und sie muss, um das kronprinzliche Verhältnis wenigstens nach außen etwas zu kaschieren, den Kammerdiener Johann Friedrich Rietz heiraten.

Rietz ging diese Verheiratung, wie er selber angab, *„ohne Neigung und nur auf Befehl Sr. Majestät“* ein: Als Diener hatte er seinem König Gehorsam zu leisten. Wilhelmine konnte diese Ehe eingehen, weil sie das Versprechen, das sie für immer an den Kronprinzen band, wie sie es sah, überhaupt nicht berührte.

In dieser Charlottenburger Zeit gebar Wilhelmine dem Prinzen weitere Kinder: 1778 einen Knaben namens Alexander, der – *„Anderchen“* genannt – von beiden Eltern abgöttisch geliebt wurde, jedoch schon mit neun Jahren verstarb und in der Dorotheenstädtischen Kirche, verewigt durch ein von Schadow geschaffenes Grabmal, beigesetzt wurde. Ein Jahr später folgte eine Tochter, der wie dem Sohn der Grafentitel *„von der Mark“* verliehen wurde. Die späteren Kinder Wilhelmines trugen dann, wohl zu Recht, den Namen Rietz.

Im Grunde hätte dieses Charlottenburger Leben und Glück so bleiben können: Wilhelmine im häuslichen Kreis ihrer Kinder stellte für Friedrich Wilhelm ein familiär-privates Lebenszentrum im Gegensatz zum Hofleben dar, wobei der bürgerliche Ehemann nicht störte. Die Mätresse Wilhelmine war mit diesem Leben, trotz immer wieder kurzfristig auftauchender Rivalinnen, zufrieden. Störungen dieses Idylls kamen von ganz anderer Seite.

Der Kronprinz als eine innerlich wenig gefestigte Natur neigte wie viele seiner Zeitgenossen zu Aberglauben und Mystizismus. Die zweite Hälfte des 18. Jahrhunderts, die man gemeinhin die Zeit der Aufklärung nennt, war zugleich auch gekennzeichnet durch eine dem aufklärerischen Licht gleichsam abgekehrte dunkle Seite. In diesem Dunkel blühten und wirkten Glaube an Magie, an Wundererscheinungen und -heilungen, Suche nach dem Stein der Weisen, Geisterbeschwörungen, jede Art von theosophischen Schwärmereien, religiöser Fanatismus, Geheimbündelei und Mysterienzirkel – ein Obskuratismus, der es Betrügern und Scharlatanen leicht machte, Gläubige zu beeindrucken, als Anhänger zu werben und zu täuschen. Allen Bestrebungen dieser Art war gemeinsam: der

Kampf gegen den Rationalismus und gegen die Durchsetzung des aufklärerischen Vernunftbegriffes. Eine nicht zu unterschätzende Rolle spielte dabei die Geheime Ordensbrüderschaft der Rosenkreuzer.

Der Kronprinz war schon früh damit in Berührung gekommen und auch als Mitglied gewonnen worden. Er unterlag als Ordensbruder *„Ormesus“* den Ordensregeln, die besagten, den unbekannten Oberen unbedingten Gehorsam zu leisten, strenge gegeneitige Observanz zu befolgen und äußerste Selbstdisziplin zu üben, um die verschiedenen Weisheitsstufen, die der Orden anbot und versprach, zu erklimmen. Die Möglichkeit, mit Hilfe dieser Ordensregeln Denken, Handeln und Entscheidungen des Thronfolgers und künftigen preußischen Herrschers zu manipulieren, lag dabei auf der Hand, und sie wurde von Ordensmitgliedern auch bewusst ergriffen und genutzt. In erster Linie von zweien, die sich *„Heliconus“* und *„Farferus“* nannten. Dahinter verbargen sich Johann Christoph Wöllner und Johann Rudolf von Bischoffswerder, der eine ein ehemaliger Pfarrer, den sein aufgeklärter König Friedrich II. *„einen betriegerischen und intriganten Pfaffen“* genannt hatte, der andere ein sächsischer Edelmann, der sich im Besitz eines Wundermittels glaubte und als Adjutant des Kronprinzen fungierte. Beide nahmen sich innerhalb ihrer Bruderschaft des Thronfolgers an und legten damit den Grundstein für eigene spätere, sehr steile Karrieren während der Zeit seiner Regentschaft, in der sie dann konsequent staatliche Aufklärungsmaßnahmen und -bestrebungen des großen Vorgängers Friedrich II. wieder zurücknahmen.

Ihnen als Angehörigen eines reinen Männerbundes war natürlich die Herrschaft einer Frau über ihr königliches Ziehkind von vornherein ein Dorn im Auge. Dass der Kronprinz seiner Mätresse, der Trompeterstochter Wilhelmine Encke, geradezu hörig war, dass er mit ihr höfische und auch Interna der Politik besprach und dass diese Frau dadurch eventuell entscheidenderen Einfluss in Preußen als sie gewann, war ein Zustand, der beseitigt werden musste. Und so schmiedeten Wöllner und Bischoffswerder im geheimen Dunkel des Ordens Ränke, die

Wilhelmine nicht ahnen konnte, deren Auswirkungen sie aber bald zu spüren bekam.

Das Erste, was der Geheimbund dem Kronprinzen *„Ormesus"* verbat, und zwar im Namen der geforderten Selbstdisziplin seiner Ordensmitglieder, war nämlich der außereheliche intime Umgang mit seiner geliebten Wilhelmine, die gar nicht wusste, wie ihr geschah und wie sie das zu deuten hatte. Denn der Kronprinz gehorchte ab etwa 1780 strikt dieser Forderung. Erst als er auf einer Veränderung ihres Wohnsitzes bestand – sie wird aus ihrem Landhaus in Charlottenburg mit Rietz eine Zeitlang nach Dessau verbannt – erfährt sie von Dritten die wahre Ursache solchen Sinneswandels. Gott sei Dank glaubte der Geliebte nicht auf den sonstigen Umgang mit der Geliebten ganz verzichten zu müssen, also blieb es bei Besuchen zum Essen und Plaudern, bei kleinen Geschenken und ähnlichen Aufmerksamkeiten, bei Fürsorge für ihre Gesundheit und die beiden Kinder. Das alles ist für Wilhelmine Beweis, dass er den Vertrag mit ihr keineswegs zu brechen gewillt ist. Die ihr versprochene Liebe und Treue bleibt also, auch wenn, um mit ihren Worten zu sprechen, das *„physische"* Band zerrissen ist.

Mit der räumlichen Trennung begann jetzt ein reger Briefwechsel, ein fast täglicher Austausch vertraulicher und zärtlicher Billette, in denen der Kronprinz Madame Rietz über alles informiert, was ihn beschäftigt, erfreut und bedrückt: lästige Regierungsgeschäfte, Klatsch über Hofdamen und Bedienstete, aber auch große Politik, und da vor allem der Krieg, in den er verwickelt ist und der ihm zu schaffen macht. Seit 1786 ist Friedrich Wilhelm nämlich König in Preußen, und es ist die Zeit vor und nach der Revolution in Frankreich: Die alten Mächte Preußen und Österreich versuchen vergeblich, gegen die junge französische Republik vorzugehen, nur mit Mühe gelingt es Preußen, eine Art Neutralitätspolitik zu verfolgen. Wilhelmine hält mit ihrer Meinung auch zur hohen Politik nicht hinterm Berg, sie gibt dem König Ratschläge, die er gerne hört. Aber auch sie hat Schwierigkeiten und berichtet davon: Probleme mit den Kindern, Szenen mit dem Ehemann

Rietz. Natürlich geht es um Geld, Rietz maßt sich an, nach eigenem Gutdünken über Gelder Wilhelmines zu verfügen, der König gibt schließlich den Rat, den unbequemen Rietz dadurch in Schranken zu halten, dass er, der König, jeden Tag zu Besuch kommen könnte. Für Wilhelmine ist das immerhin ein weiteres Indiz, dass er sie nicht fallen lässt. Nach der Thronbesteigung Friedrich Wilhelms bessert sich ihre äußere Situation erheblich, nur ganze vier Monate dauert das „Exil" in Dessau, dann lässt der König für die Mutter seiner natürlichen Kinder ihr früheres Landhaus in Charlottenburg durch Zukauf von Nachbargrundstücken standesgemäß ausbauen: Es entsteht ein zweistöckiges Palais, ganz nach ihren Wünschen und Plänen mit Garten und Park.

Schlimm ist nur, dass der König mehr denn je in den Händen der Rosenkreuzer ist. Wöllner und Bischoffswerder bestimmen die preußische Innen- und Außenpolitik. Es ist ihnen gelungen, durch geheime Séancen den König zu ihrem willfährigen Instrument zu machen. In einer so genannten *„blauen Grotte"* auf Bischoffswerders Gut Marquart bei Potsdam finden, so wird Wilhelmine zugetragen, diese Séancen mit Geisterbeschwörungen statt, die Geister längst Verstorbener erscheinen dort, wie man berichtet, deutlich sichtbar aus dem Jenseits und geben den Teilnehmern Ratschläge und Instruktionen für die Gegenwart und Zukunft. Der König erliegt dabei technisch raffiniert inszenierten Täuschungsmanövern: Man arbeitet, wie es auch andernorts in Europa praktiziert wird und bezeugt ist, mit einer verbesserten Laterna magica, einem Projektionsapparat, der mit Hilfe einer starken Lichtquelle aufgemalte Bilder auf Glasscheiben an gegenüberliegende Wandflächen wirft. Durch geschicktes Verbergen des Apparates gelingt es so, Erscheinungen aus fremden Welten vorzutäuschen, und besonders täuschend ist es, solche Bilder auf weißen, aufsteigenden Rauch zu projizieren. So werden wabernde Geistererscheinungen möglich, die, verbunden mit verfremdeten Stimmen, den Zuschauer erstarren lassen. Zweifellos wurde in der *„blauen Grotte"* so oder ähnlich gearbeitet, und zweifellos ließ sich König Friedrich Wilhelm II. willig täuschen, weil er so eigene halluzinatorische Erlebnisse bestätigt fühlte. Man ließ vor ihm verstorbene Gestalten erscheinen, und diese gaben aus ihrer jenseitigen Welt Richtlinien für die hiesige an, so wie Wöllner und Bischoffswerder sie brauchen konnten.

Wilhelmine erfuhr davon durch Billette des Königs, in denen er von befremdlichen prophetischen Träumen sprach und somnambule, spiritistische Erlebnisse berichtete, und sie spürte, gerade weil sie deren Wahrheitsgehalt nicht überprüfen konnte, wie der König ihrer Herrschaft zu entgleiten drohte in ihr unzugängliche, gleichsam transzendente Regionen. In dieser prekären Situation kam der klugen Mätresse der Einfall, der eigentlich nahelag: Sie sah auch Geister, und zwar andere als die von Wöllner und Bischoffswerder. Wenn andere mit Hilfe seiner Schwäche für Mystik und Spiritismus die Herrschaft über den König gewannen, warum dann nicht auch sie?

Sie kam ihrem Friedrich Wilhelm auf dieser Ebene entgegen und stieß sofort auf enthusiastischen Widerhall. Von nun an bestand der Briefwechsel zwischen König und Mätresse zum großen Teil aus einem Austausch mystisch-spiritistischer Erlebnisse. Das steigert sich noch nach dem Tod ihres Kindes *„Anderchen"*: Wilhelmine nutzt nämlich dessen *„Geist"*, der ihr als Mutter natürlich besonders oft und deutlich erscheint, um ihren Einfluss auf den König wiederzugewinnen, zu festigen und dem der Rosenkreuzer entgegenzusetzen. Als Geist ihres Sohnes Alexander spricht die Mätresse jetzt zum König und lenkt dessen Entscheidungen, verklausuliert in einer *„himmlisch-mystischen"* Sprache mit Bibelanklängen. Bevor der *„Geist"* spricht, wird ihr *„gewöhnlich ganz warm"*, sie spürt ein Hauchen und Wehen, und der jenseitige Sohn lässt ihr als Medium dann seine Urteile und Ratschläge für den Vater zukommen: *„Mein Vater hat bis jetzt in seinem Berufe recht getan ... Nur muß er das Böse bekämpfen."* Oder: *„Sage meinem Vater: Kömmt Zeit, kömmt Stunde. Er soll aber nicht zuviel drauf denken. Er weiß, was ich meine."* Oder: *„Mein Vater hat Kummer; sage ihm: Wer führte Noah aufs trockene Land?"*

Wilhelmine führt so mit deren eigenen Mitteln den Kampf gegen die Rosenkreuzer und unterläuft damit deren Alleinherrschaft über den König, obwohl diese, zurückschlagend, sich auch bald des *„Geistes“* von Anderchen bemächtigen. Sie bleibt jedoch in dem Sinne Siegerin, als es den Rosenkreuzern niemals gelingt, das *„mehr als physische Band“* zwischen ihr und dem König zu zerreißen und Wilhelmines Herrschaft über ihn ernstlich zu gefährden. Nach Ansicht eines Zeitgenossen herrschte im Land Preußen zu Beginn der neunziger Jahre des 18. Jahrhunderts so letztendlich ein Dreigestirn: Wöllner, Bischoffswerder – und Wilhelmine. So stark und für einige unerträglich war schließlich die Abhängigkeit des Herrschers von deren irrationalen, spiritistischen Beeinflussungen und Lenkungen seiner Beschlüsse, dass im Jahre 1791 ein Regierungsmitglied, der Minister Graf Hertzberg-Lottin, sein Amt mit dem Bemerken niederlegte: *„Majestät haben directement gestern Nacht wieder mit dem Großen Kurfürsten gesprochen. Auch mit Cäsar. Auf mich hört er gar nicht … Soll seine Majestät den Seneca zum Minister ernennen.“*

Diese Verteilung der Macht galt allerdings nicht für den preußischen Hof, von dem Wilhelmine ausgeschlossen war und blieb. Der König besuchte sie zwar in ihrem neuen Palais in Charlottenburg fast regelmäßig zum Soupé und sprach mit ihr über alles, das eigentliche Hofleben aber lief ohne sie ab und sehr oft auch gegen sie.

Aus dieser für sie verschlossenen exklusiven Adelswelt erwuchsen ihr immer wieder Gegnerschaften, die ebenso existenzbedrohend waren wie die der Rosenkreuzer. Die Schar schöner Rivalinnen und Bewerberinnen um die Gunst des Königs war hier groß, und Friedrich Wilhelm erlag einigen Versuchungen. Geschickt wusste Wilhelmine allerdings, vertrauend auf das gegenseitig mit Blut gesiegelte Versprechen, ihre Eifersucht zu zügeln. Es galt auch hier, klüger zu sein als alle anderen. Wie gegenüber den Rosenkreuzern seine mystischen, so zog sie jetzt des Königs erotische Schwächen ins Kalkül: Sie machte sich zur Vertrauten auch in seinen höfischen Liebesdingen und wandelte sie so zu Mitteln ihrer Herrschaft um.

Schon 1784 ging Friedrich Wilhelm II. nach langem Werben ein Verhältnis mit Elisabeth von Voß, einer Hofdame seiner Ehegattin, ein, einem zarten, ätherischen, kränkelnden Geschöpf, ganz anders als Wilhelmine es war. Zwar quälten den König, von den Rosenkreuzern geschürt, moralische Zweifel und die Verletzung der Ordensregel der Selbstdisziplin, aber solche Bedenken konnten in diesem Falle durch den adligen Status der Geliebten gedämpft und eingeschränkt werden: Im Gegensatz zur bürgerlichen Wilhelmine war hier eine morganatische Ehetrauung möglich, eine so genannte Ehe zur linken Hand, die seit dem Beispiel Philipps von Hessen und Luthers Gutachten dazu zwar umstritten, aber doch statthaft schien, vorausgesetzt man fand einen Pfarrer dafür. Dieser fand sich natürlich, und eine solche Trauung wurde inszeniert. Als die Geliebte schwanger wurde, ernannte der König sie zur Gräfin Ingenheim, und Anfang 1789 schenkte diese einem kleinen, gleichnamigen Grafen das Leben. Kurze Zeit später starb die junge Mutter plötzlich an der Lungentuberkulose, an der sie schon lange litt. Der König schien untröstich, die kluge Wilhelmine aber ging äußerst einfühlsam auf seinen Schmerz ein, spendete Trost, und den hinterlassenen Sohn nahm sie zu ihren eigenen Kindern und ersetzte ihm die Mutter. Dabei hatte sie eine sehr bittere Kampagne von übler Nachrede zu bestehen. Ihr Ruf war in Preußen ja von Anfang an kein guter gewesen, inzwischen wurde ihr im Lande das Schlimmste angehängt und zugetraut. Sofort, da lag die Ingenheim noch nicht in ihrer Gruft, hieß es, *„die Rietz“* habe sie vergiftet: Mit verdächtig langsamer Hand sei auf deren Wunsch der Gräfin kurz vor ihrem Tod eine Limonade gereicht worden. Wilhelmine wusste sich jedoch, wie früher schon und später noch oft, über solches Gerede souverän hinwegzusetzen. Außerdem ergab die Obduktion der Leiche keinen diesbezüglichen Befund.

Obwohl Friedrich Wilhelm so untröstlich schien, dass Bischoffswerder sich schon gezwungen sah, in seiner *„blauen Grotte“* Erscheinungen der Verstorbenen zu erfinden und zu inszenieren, beeindruckten ihn doch sehr schnell wieder Frauen der Hofgesellschaft, so, fast gleichzeitig, das Fräulein von Viereck und die lebhafte und temperamentvolle Comtesse Dönhoff, die eine blond, die andere dunkel. Im März 1790 ging er mit der Letzteren eine neue morganatische Ehe ein, die Eheschließung wurde im Haus der Gräfin Solms durch den Probst Zöllner vollzogen. Die Dönhoff, kokett und geistreich, aber auch launisch und schwierig, hatte anders als die zarte Ingenheim die Gabe, die Hofgesellschaft zu polarisieren. Wo sie auftrat und eingriff, war immer etwas los: provozierte Eifersuchtsszenen und gespielte oder echte Wutanfälle. Die Königin, die es ja auch noch gab, erschien schließlich nur noch da, wo *„La Denhof"* fehlte. Außerdem versuchte die neue Mätresse oder Mit-Ehefrau anders als die bisherigen auch in politischen Dingen mitzureden und mitzubestimmen. Sie wehrte sich und arbeitete entschieden gegen die von Friedrich Wilhelm II. verfolgte Neutralitätspolitik in den nachrevolutionären Kriegen gegen Frankreich. Im Jahre 1792 gebar sie dem König einen Sohn, den späteren Grafen Brandenburg. Wegen einer erneuten Schwangerschaft verließ sie dann, sich immer hysterischer gebärdend, den Hof und reiste nach Neufchâtel in die Schweiz, wo sie in gleichsam freiwilliger Verbannung ihr zweites Kind, eine Tochter, gebar.

Über alles, was sich mit und um die Dönhoff mehr oder weniger dramatisch abspielte, ist Wilhelmine immer genauestens informiert, und zwar durch den König selbst. *„Von der armen, konfusen Julie Comtesse de Dönhof aus Neufchâtel bekam alle Tage schönere und tendre Briefe … wenn ihr die Geschichte klug und vernünftig machte, Gott geb's, aber ich zweifle"*, schreibt er ihr in einem Brief Ende Dezember 1792 und im Juni 1793: *„Die Dönhoff schreibt lauter Unsinn, Gott bewahre mir vor der Närrin."* Und wieder: *„Die Dönhoff schreibt dolle Briefe … ich weiß gar nicht, was ich anfangen soll."*

Wilhelmine ist und bleibt die engste Vertraute des Königs. Sie wird um Rat gefragt, sie dirigiert heimlich die Dinge aus dem Hintergrund. Sie weiß Hilfe, auch in aussichtslosen Fällen. Am 11. November 1793 erschien die Dönhoff plötzlich mit ihren Kindern wieder in Berlin. Als sie merkte, dass selbst ein Fußfall nichts genutzt hatte, die Gunst des Königs wiederzugewinnen, stürmte sie während eines Hofkonzertes in den Saal des Marmorpalais', wie eine Furie mit aufgelösten Haaren, legte ihre und seine Kinder theatralisch vor dem König nieder und erklärte erregt, sie nicht wiedersehen zu wollen. Dann stieg sie in heller Wut in den Wagen und fuhr wieder in Richtung Schweiz davon. *„Der König war sehr bewegt und erschüttert über diesen Auftritt, der am nächsten Morgen in der ganzen Stadt besprochen wurde",* schrieb die Augenzeugin Fürstin Radziwill, geborene Luise von Preußen, in ihren Memoiren. Und: *„Er gab die Kinder in Obhut der Madame Ritz, die er mit ihrer Erziehung betraute."*

Auf Wilhelmine war Verlass. Sie war und blieb der ruhende, sichere, gleichsam familiäre Pol im Leben des Königs. Von ihr wurde er nie enttäuscht. *„Der König",* schrieb einer, der es wissen musste, auch wenn er *„der Ritz"* nicht eben grün war, Graf Lehndorff, ein Mitglied des Hofes, *„hatte ein so blindes Vertrauen zu ihr, daß es nie gelungen ist, dasselbe zu erschüttern. Ja, es war dieser ebenso entschlossenen als intriganten Person gelungen, sich dem König im buchstäblichen Sinne des Wortes unentbehrlich zu machen und keine seiner späteren Neigungen schwächte jeweils nur vorübergehend ihre beklagenswerthe Herrschaft über ihn."*

Nach dem Tod der Ingenheim, der Ausschaltung der Dönhoff und in gewissem Grade auch der Rosenkreuzer war in den neunziger Jahren der Weg frei für Wilhelmine: Sie erreichte als Vierzigjährige den Zenit ihres Lebens, ihrer Macht und ihres Einflusses. Sie war die heimliche und wahre Königin in Preußen, die reale führte nur ein Schattendasein neben ihr. Sie folgte dem König während des Feldzugs gegen Frankreich ins Winterquartier, kurte in mondänen Bädern wie Spa, verkehrte dort im Kreis des hohen Adels aus allen Ländern, in Berlin unterhielt sie eine Art Nebenhof, offen für alle berühmten Berlin-Besucher, für Diplomaten, Offiziere, Künstler, und bekannt für kulinarische Genüsse und geistreiche Gespräche. Vor allem aber: Wilhelmine bildete sich weiter und entfaltete eine rege Tätigkeit und Betriebsamkeit im Bereich der Kunst. Architektur, Malerei, Musik und das Theater waren ihre Domänen, in denen sie als Kennerin und Förderin auftrat und wirkte. Sie hatte sich, bedenkt man ihre soziale Herkunft, eine erstaunliche Bildung angeeignet. Wenn sie selbstbewusst behauptete: *„Es ist wahr, daß ich einen so ziemlich richtigen Geschmack, verfeinerte Sitten, einige Festigkeit in den nötigsten Sprachen und endlich einige Kenntnis in der Malerei, Dichtung und Musik besitze"*, so übertrieb sie und überschätzte sie sich nicht.

Seit 1793/94 unterhielt sie eine Art Büro für Schlösser und Gärten in Berlin und dazu Unter den Linden ein Privattheater. Das Schloss auf der Pfaueninsel entstand in diesen Jahren nach ihren eigenen Entwürfen, es wurde im Wesentlichen ganz ihr Werk, stilsicher in der Gestaltung und vor allem Inneneinrichtung, auf der Höhe des damaligen Zeitgeschmacks. Wenn in Wilhelmine in dieser Zeit die Idee zu einer Italienreise reifte, so hat man dahinter nicht nur Vergnügungssucht und Suche nach Prestigegewinn und Anerkennung in europäischen aristokratischen Kreisen zu sehen, sondern Interesse am Kennenlernen der italienischen Kunst und Kultur. Es sollte eine Bildungsreise werden.

Im März 1795 brach sie gen Süden auf, durchaus mit dem Einverständnis des Königs, der sie in Charlottenburg bis an den Wagen geleitete. Den König, der sich zwischenzeitlich im Winterquartier in Frankfurt wieder verliebt hatte und bereit gewesen war, eine neue morganatische Eheschließung einzugehen – die junge Patriziertochter namens Sophie Bethmann-Metzler hatte ihm aber einen mehrfachen Korb gegeben – ließ sie in der Obhut einer Madame Schulsky, einer hübschen Berliner Schauspielerin, zurück. Sie sollte auf Anweisung Wilhelmines in jeder Hinsicht Ersatz sein und den Zurückgebliebenen umsorgen. Wilhelmine reiste mit größerem Gefolge: Reisemarschall ist der Hofpoet und Italienkenner Filistri de Caramondari, dazu der Sekretär Steinberg und die langjährige Gesellschafterin Margarete Chappuis sowie einige Dienerschaft. In Dresden kommt noch ihr Sohn aus der Ehe mit Rietz hinzu, *„Lellchen"* genannt. Man reist gemächlich mit vielen Zwischenaufenthalten, die jeweils mit Besuchen angefüllt sind, zuerst nach Wien. Dort ein längerer Aufenthalt, reger gesellschaftlicher Verkehr, Auffrischen alter und Anknüpfen neuer Bekanntschaften. Wilhelmine besucht und gibt Empfänge, tritt auf wie eine Fürstin, ja wie Preußens ungekrönte Königin, wie einige es empfinden. Erstes Ziel in Italien ist Pisa, dessen neue Bäder Wilhelmine zur Kur angeraten wurden. Man erreicht es nach insgesamt sieben Monaten, im Dezember ist man in Rom, der ewigen Stadt, die sofort mit ihrem Fluidum bezaubert.

„Nachdem ich hir meine Empfehlungsschreiben abgegeben, fink ich an, Rohm im gantzen in augen schein zu nehmen“, schrieb Wilhelmine dem König nach Berlin, wie immer in sehr eigenwilliger Rechtschreibung, wenn sie eigenhändig schrieb. *„Das uhr alte ampphie teater ... ob man zwar mehr noch den Rest von der größe der damahligen zeit siehet ... Den andern tag in die Messe ... Ein 1/2 Stund nach her kam der Pabst mit allem Pomp ... Nachmittags besuchte mich der Printz August (von England) und der Chvalg de Sachs ... um 3 uhr war gros assamblé bei dem bruder des berlinschen gesandten ... wohl 300 persohnen, alles in galla“,* so berichtete sie fast täglich in tagebuchähnlichen Briefen ihrem König.

Von Rom erfolgte ein langer Ausflug nach Neapel, auch dort Besichtigungen und Gesellschaften. Sie begegnet hier der Lady Hamilton, auch diese wie sie eine aus einfachsten Verhältnissen aufgestiegene schöne Frau, Geliebte, Mätresse. Die beiden Damen mögen und verstehen sich sofort, eine Woche bleibt Wilhelmine hier zu Besuch. *„Ich kann wohl sagen, daß es recht glückliche Tage waren“,* schreibt sie. *„Wirkliche häusliche Glückseligkeit ist da zu finden. Sie ist ein Engel ... voller Talente ... macht die schönsten und reizendsten Attitüden (= lebende Bilder) alle nach Figuren, welche man in Herculaneum gefunden hat.“*

Auch der deutsche Landschaftsmaler Hackert wird besucht und später, wieder in Rom, die Malerin Angelika Kaufmann. Wilhelmine begegnet hier denselben Künstlerkreisen wie etwa ein Jahrzehnt zuvor Johann Wolfgang von Goethe, sie schwelgt in Seligkeit, begutachtet und kauft Kunstwerke, besucht Museen unter kundiger Leitung, wird vom berühmten

Kunstwissenschaftler Hirt in die Archäologie eingeführt, sie bewundert und wird bewundert, besteigt den Vesuv, schließt überall Freundschaften und knüpft auch, wie sie selber eingesteht, intimere Liebesverhältnisse an. Angeblich kann sie sich vor Heiratsanträgen nicht retten: Prinz August, der alte Lord Bristol, der französische Cavalier de Saxe, der österreichische St. Ignon – sie alle zählen zu ihren Bewunderern oder sind ihr noch mehr.

Nur ein Schatten fällt auf dieses glückselige Leben, und zwar in Neapel, als die dortige Königin Caroline sich weigert, diese Dame aus Berlin, um die sich alle reißen, an ihrem Hof zu empfangen. Der Grund: Wilhelmine ist nicht von Adel. Empört berichtet diese davon ihrem König in Berlin und fügt hinzu: *„Eure Majestät wissen wohl, daß ich für mich auf diese törichten Eitelkeiten der Hofetikette keinen Wert lege. Allein es bringt mich in eine schiefe Stellung, daß meine Kinder durch die Gnade E.M. in den Grafenstand erhoben sind, wähend ich noch immer dem einfachen Bürgerstand angehöre."*

Und der König geht darauf ein und antwortet: *„Nun lassen Sie uns wegen des Titels sprechen; Ritz hat einen Abscheu dafür. So würde (ich) Ihnen alsdann einen solchen Titel geben, aber Ihren Namen würden Sie alsdann ändern müssen und einen anderen annehmen, Comtesse Lichtwert oder so etwas, auch könnten Sie den Namen der Güter von Rikchen nehmen."*

Eines dieser Güter der gemeinsamen Tochter war Lichtenau. Und im nächsten Brief des Königs heißt es dann: *„Heute früh habe schon alles beim Departement besorgt wegen Ihres Titels und der Namensveränderung als Gräfin von Lichtenau und auch wegen des Wappens."*

Der eigentliche Anlass für Wilhelmines Adel, das geht aus dem Briefwechsel hervor, war neben dem Nicht-Empfang am Neapolitanischen Hof vor allem auch eine in dieser Zeit in Italien geplante Verlobung ihrer Tochter mit einem Sohn des Lord Bristol. Noch während ihres Italienaufenthaltes erhielt Wilhelmine den Adelsbrief, auf zwei Jahre zurückdatiert, per Eilkurier. Neben der Scheidung von Rietz bedeutete die Adelserhebung für Wilhelmine, das wusste sie selber am besten, eine durchaus zweischneidige Ehrung. Später schloss sie sich dem brieflichen Urteil eines Freundes vorbehaltlos an: *„Dadurch wurde der Stolz der Vornehmen beleidigt und Sie bei solchen ebenso verhaßt als bei der Kaste, über die Sie sich erhoben und deren Neid dadurch erweckt wurde."* Ihr Kommentar dazu: *„Vollkommen wahr!"*

Im Juni 1796 kehrte Wilhelmine über Florenz nach Berlin zurück. Dem König, das hatte sie in Rom erfahren, ging es gesundheitlich schlecht. War sie darum nun aus Liebe oder Berechnung so schnell zurückgekehrt? Das fragten sich viele am Berliner Hof, an dem sie jetzt als Gräfin Lichtenau erstmals empfangen und vorgestellt wurde.

Es sollte ihr einziger Auftritt am Hof bleiben. Der gesundheitliche Zustand des Königs gab bald Anlass zu ernster Sorge. Schon nach Rom hatte er geschrieben: *„Ich bin mit der Gesundheit, seitdem Sie weg sind, sehr heruntergekommen und hypochondrisch geworden ... Mangel an Atem bei der geringsten Bewegung."* Die Diagnose der Ärzte lautete: *„Brustwassersucht"*. Sie schlugen eine Kur in Bad Pyrmont vor, und Wilhelmine begleitete ihn natürlich. In Pyrmont, im Kreis von Reichsfürsten und hohem Adel, versucht sie alles, um Gesundheit und Stimmung des Königs durch Feste und Zerstreuungen aller Art wieder zu heben, was scheinbar auch gelingt. Allein ihre Anwesenheit, so der König, wirke Wunder. Man residierte im Waldeckschen Schloss in Pyrmont. Der Besitzer, der Fürst zu Waldeck, hieß es, befinde sich in finanziellen Schwierigkeiten, so entstand der Plan, die Grafschaft für Wilhelmine zu kaufen. Sie wäre dann Reichsfürstin geworden. Einige wollten auch wissen, der Fürst wolle sie heiraten, um dafür von Preußen saniert zu werden, und einige Briefstellen in der Korrespondenz Wilhelmines mit dem König weisen vielleicht auch darauf hin. Aber alle Pläne in dieser Hinsicht scheitern, weil sich in Berlin im Kabinett Widerstand dagegen regte: Einen solchen Machtzuwachs der Mätresse, die man ohnehin viel lieber für immer in Italien gesehen hätte, konnten Wöllner und Bischoffswerder unmöglich zulassen. Außerdem: An angeblichen Heiratsbewerbern, auch an immens reichen und zahlungskräftigen wie dem immer noch um sie bemühten Lord Bristol, schien es Wilhelmine nicht zu fehlen. Darum konnte es kaum gehen. Andererseits schienen Regelungen für ihre ungewisse Zukunft dringend geboten. Denn dem König ging es immer schlechter. Die Kur von Juli/August 1796 musste schon im Herbst wiederholt werden. Wieder brach man mit einem Tross von siebzig Leuten nach Bad Pyrmont auf, doch die Reise verschlimmerte alles nur.

Seit Anfang 1797 ist der Zustand des Königs nur noch ein Hinsiechen, unterbrochen von Tagen einer scheinbaren Besserung. Je kränker der König sich fühlt, desto mehr tritt Wilhelmine jetzt an seiner Seite in Erscheinung. Im Frühjahr feiert sie ihren Geburtstag mit einer Opernaufführung in ihrem Haustheater im Palais Unter den Linden. Gespielt wird die Oper *„Cleopatra“* von Nasolini. Der ganze preußische Hof ist bei ihr zu Gast: Neben dem kranken König und seinen unehelichen Kindern die Königin, auch, sichtlich ungern, der Kronprinz – ein großer Triumph für die ehemalige Trompeterstochter, jetzt Gräfin Lichtenau, aber jeder ahnt es, wohl ihr letzter.

Im März 1797 findet die glanzvolle Hochzeit ihrer und des Königs Tochter *„Riekchen“* statt. Die siebzehnjährige Gräfin von der Mark heiratet den verschuldeten Erbgrafen Friedrich zu Stolberg-Stolberg und muss zu Gunsten einer reichen Mitgift, die der Erbgraf dringend benötigt, auf ihre bisherigen königlichen Geschenke, die Güter Lichtenau, Rosswiese und Breitenwerder, verzichten.

König Friedrich Wilhelm II. verfällt nun zusehends. Wilhelmine weicht nicht mehr von seiner Seite, sie weiß: Jetzt gilt es ihr mit Blut geschriebenes Versprechen einzulösen, das nur dem Menschen Friedrich Wilhelm galt. Und sie tut es: Tag und Nacht ist sie um ihn, der längst bettlägrig ist. Der König denkt und fühlt wie sie, er verlangt nur noch nach ihr, als sein Todeskampf im November 1797 fürchterlich wird. Sie wacht in allen Schmerzensnächten an seinem Krankenlager, sie verlässt ihn nicht, beide bindet bis zuletzt ihr Versprechen, das ein *„edleres Band“* sein sollte über alles Physische hinaus.

Bis jetzt war Wilhelmine, verglichen mit seinen adligen Mätressen und entgegen anderslautenden Gerüchten, eine nur sehr gering von ihm beschenkte Geliebte gewesen, allerdings diejenige, die dem König am längsten, fast dreißig Jahre, *„gedient“* hatte. Der König hatte ihre gemeinsamen Kinder bedacht und versorgt, nicht sie. Noch war ihre finanzielle Absicherung nach seinem Tod völlig offen. Zehn Tage vor seinem Ableben traf Friedrich Wilhelm erst Regelungen, die sie selber nie geltend gemacht hatte. Er vermachte ihr die der Tochter entzogenen märkischen Güter samt Rechten am Palais Unter den Linden und den Charlottenburger Häusern, dazu 500 000 Reichstaler in holländischer Währung, hinterlegt beim niederländischen Geschäftsträger. In der Schenkungsurkunde heißt es in einem Nachtrag – offenbar eine der Angst entsprungene Vorsicht: *„Schließlich empfehlen wir unserem geliebten Sohne und Thron Erben … diese mit geprüfter Ergebenheit unserer höchsten Persohn stets zugethan befundene Gräfin von Lichtenau zu Milde und Wohlwollen.“*

Am Morgen des 16. November 1797 starb Friedrich Wilhelm II. Noch am selben Tag wird Wilhelmine im Namen des neuen Königs, Seiner Majestät Friedrich Wilhelm III., durch einen Oberst von Zastrow verhaftet.

Schon während der letzten Jahre und erst recht während des langen Todeskampfes des Königs schwirren Gerüchte durch Berlin und Preußen, böse Nachrede, von Sensationsgier angestachelt, Verdächtigungen und Verleumdungen über das, was hinter den verschlossenen Türen der Schlösser und Paläste vor sich ging. Pasquille auf Flugblättern, Satiren und Schmähschriften kursierten, sie wuchsen nach dem Tod des Monarchen zu einer regelrechten Flut an. In allen spielte die durch Liebe und Einfluss reich und mächtig gewordene Trompeterstochter eine schmählich-schändliche und verachtenswerte Rolle. *Ihrem* Treiben, nicht dem manipulierten *„armen“* König, wurde die Schuld an den gegenwärtigen Zuständen in Preußen zugeschrieben. Von ihren intimen und ausgelassenen Festen und erotischen Parties, um den erschlafften König immer wieder neu zu reizen und an sich zu binden, war die Rede, man witterte hinter den Türen ihres Salons, was immer die eigene Phantasie als Wunschvorstellung projizierte. Als die so eingestimmte und aufgehetzte Menge von ihrer Verhaftung erfuhr, erhoffte man gerechte und gehörige Bestrafung. Das Vorgehen des neuen Königs war so eine durchaus populäre Maßnahme.

Die erschöpfte Wilhelmine aber trifft diese Verhaftung völlig unvorbereitet und wehrlos. Hätte sie gewusst oder nur geahnt, was auf sie zukam, wäre immerhin eine schnelle Flucht ins nahe Ausland möglich gewesen. Sie wird zunächst in einem Kavaliershäuschen des Marmorpalais arrestiert, zusammen mit ihrer Mutter und ihrem jüngsten Sohn, bewacht von zwanzig Soldaten unter dem Kommando eines Offiziers. Ihre Papiere und ihre Briefschaften, soweit sie sich finden lassen, werden durchsucht und viele beschlagnahmt.

Es lag nahe, dass der neue Landesherr durch Wilhelmines Verhaftung wieder zu dem Geld kommen wollte, das sein Vater nach seiner und der Ansicht vieler an sie verschwendet hatte. Immerhin hinterließ Friedrich Wilhelm II. einen Millionen-Schuldenberg in der Staatskasse. Wilhelmines Vermögen wurde sofort beschlagnahmt – die Güter, die Häuser, die holländischen Gulden, ihr Schmuck und Silberzeug, ihr Guthaben auf der Bank. Über die Höhe ihres Vermögens kursierten ungeheure Zahlen, in Wahrheit, das heißt realistisch gesehen, machte es nur einen geringen Bruchteil des gesamten Staatsdefizits aus. Aber man traute ihr alles zu: Sie sollte die Krondiamanten gestohlen, irgendwo einen geheimen Schatz angehäuft und vesteckt, wichtige Dokumente beseitigt und Briefe unterschlagen haben, der Verdacht auf Hochverrat wurde ausgesprochen.

Der neue König Friedrich Wilhelm III., der zudem seine Mutter und das durch die Mätressenwirtschaft seines ihm verhassten Vaters an ihr verübte Unrecht rächen wollte, hatte es eilig: Bereits am 20. November gab er den Befehl zur Einsetzung einer Kommission, die am 4. Januar 1798 erstmals vollständig zusammentrat. Ihr gehörten der Staatsminister von der

Recke an, Major von Lützow, Geheimrat Pitschel, der Kammergerichtsvizepräsident von Kircheisen und der Geheime Rat Beyme. 45 Punkte wurden festgesetzt, über die die Gräfin Lichtenau vernommen werden sollte. Nachdem ein Wust von beschlagnahmten Materialien gesichtet war, ergab sich jedoch lediglich so viel: Der verstorbene König hatte nichts getan oder beschlossen, ohne zuvor Wilhelmines Ansichten darüber einzuholen, ganz gleich, ob es sich dabei um militärische Aktionen, Innen- oder Außenpolitik, weibliche Bekanntschaften, Familiäres, Besetzung von Stellen oder Entlassungen handelte. Das aber war nicht strafbar, weder für ihn noch für sie. Staatsfeindliche Handlungen waren der Mätresse und bloßen Mitwisserin Wilhelmine in keinem Fall nachzuweisen. Der Verdacht, sie habe ausländischen Mächten zugearbeitet, erwies sich als unhaltbar, nur in einem einzigen Fall ließ sich beweisen, dass sie den König zu einem härteren Urteil veranlasst hatte. Auch der Verdacht, Wilhelmine habe durch den Bund mit überirdischen Geistermächten dem König Geschenke entlockt – man fand Protokolle zu Geisterbeschwörungen, die Wilhelmine entworfen hatte – ließ sich nicht erhärten: Sie hatte allenfalls den bekannten mystischen Neigungen des Königs Vorschub geleistet und sein Vertrauen durch solche Gaukeleien erhalten oder gestärkt.

Ab 16. Januar wird die Gräfin Lichtenau auch persönlich von der Kommission verhört, und sie antwortete, laut Protokoll, *„mit vollkommener Gemütsruhe und Unbefangenheit“.* Die angeblich von ihr gestohlenen Kronjuwelen fanden sich dort, wo sie erst einmal nachzuschauen empfahl, nämlich im Sterbezimmer des Königs. So enttäuschend wie in diesem Fall war schließlich das Ergebnis aller Untersuchungen, besonders für den neuen König. Die Kommission lehnte es daher ab, Wilhelmine vor Gericht zu bringen: ihr sei keine strafbare Handlung nachzuweisen. Die Schenkungen an die Gräfin Lichtenau seien sämtlich gültig: Kein Gesetz in Preußen verbiete einer Frau die Annahme von Besitz, Geld und Schmuck, wenn der allergnädigste Herrscher es selbst so verfügt! Im Grunde ging Wilhelmine glänzend gerechtfertigt aus dem Ganzen hervor.

Ihr wurde Recht gegeben und bescheinigt, und zwar durch eine staatliche Untersuchungskommission, die dabei ihre Rechtsauffassung und Gesetzestreue, unbeirrt durch monarchische Macht, verfolgte.

Und was tat nun der neue König? Er verbannte und enteignete die quasi Freigesprochene. So sehr hasste er offenbar persönlich die Gefährtin der Unmoral seines Vaters und Rivalin seiner Mutter, dass er sich selbst ins Unrecht setzte. Er verfügte, *„der Gräfin die Stadt und Festung Glogau dergestalt zum beständigen Aufenthalt anzuweisen, daß sie selbst zwar alle persönliche Freiheit genießen, sich aber nie aus den Ringmauern dieser Stadt entfernen und … unter der Aufsicht des dasigen Kommandanten stehen soll"*. Ihr Vermögen ließ er einziehen bis auf ein Haus in Berlin und ein wenig Mobiliar. Alles soll gemeinnützigen Zwecken, und zwar der Verbesserung des Berliner Krankenhauses Charité, zugeführt werden – eine Maßnahme, die den Unwillen des Volkes, so des Königs Begründung, beruhigen soll. Außerdem verhängte er eine Art Pressezensur und Publikationsverbot über die ganze Angelegenheit: Buchhändler und Verleger wie Spener, Nikolai u.a., die den Prozess aktengetreu veröffentlichen wollten, wurden abschlägig beschieden.

Wilhelmine gehorcht – gezwungenermaßen. In Begleitung, das heißt Bewachung, eines Offiziers begibt sie sich nach Glogau. Das ungerechtfertigte Vorgehen des Königs wird dadurch nicht besser, sondern vollends unlogisch, da er Gräfin Lichtenau 2000 Taler Reisegeld mit auf den Weg gab und ihr eine Pension auf Lebenszeit von 4000 Talern gewährte, dazu die freie Disposition über ihren Schmuck und ihr Silberzeug. Auf Kosten des Staates waren schließlich alle königlichen Mätressen ausgestattet oder abgefunden worden, nur Wilhelmine wurde ihrer Güter quasi enteignet. Wenn man sie aber als Staatsverbrecherin sah und behandelte, warum zahlte ihr der Staat dann eine vergleichsweise üppige Pension? Das Ganze blieb eine ziemlich unverständliche Willkürhandlung des neuen Königs, die auch die Mitglieder der Untersuchungskommission vor den Kopf stieß, eine königliche *„Cabinett-Ordre"*, die *„mit dem gutachterlichen Berichte"*, wie der Kammergerichtsvizepräsident von Kircheisen erbost und verbittert feststellte, *„in keiner Weise"* übereinstimmte. Das Vorgehen und Verfahren wurde auch dadurch nicht besser und gerechter, dass man nach zwei Jahren, im Jahr 1800, Wilhelmine aus der Festung Glogau wieder in Freiheit setzte unter der Bedingung, dass sie die Einziehung ihres Vermögens als rechtens anerkannte.

Wilhelmine ging vorerst darauf ein und zog von Glogau nach Breslau. Sie mietete dort ein repräsentatives Haus im Bischofsgarten, einem vornehmen Wohnviertel, und versuchte, so gut es ging, in dieser damals nach Berlin bedeutendsten Stadt Preußens, in der man über ihren Zuzug sich nicht eben erfreut zeigte, wieder ein Haus oder so etwas wie einen Salon zu führen, in dem durchreisende Prominenz, vor allem aus Künstler-, aber auch aus Gelehrtenkreisen verkehrte. Sie war keinesfalls gewillt, ihre *„königliche"* Behandlung in Berlin klaglos hinzunehmen, daran ließ sie vor jedem, der es hören wollte, keinen Zweifel. Sie sann weniger auf Rache als auf völlige Rehabilitation, denn sie wusste, sie war im Recht, das Unrecht, das es wieder gutzumachen galt, lag auf der Gegenseite. Man würde noch von ihr hören! Zuerst versuchte sie, ihr Privatleben neu zu ordnen.

Im April 1802 wendet sie sich an König Friedrich Wilhelm III., ihrer Eheschließung mit einem Herrn von Holbein ebenso zuzustimmen wie einer dringend benötigten Kur ins damals österreichische Karlsbad. Dieser rechtlich notwendige Schritt kostet sie ziemliche Überwindung, sie hält sich in ihrem Anschreiben an die üblichen formalen Gepflogenheiten und unterzeichnet mit *„Wilhelmine Lichtenau"*. Ihren Bräutigam hatte sie als Besucher ihres neuen Salons kennen gelernt. Herr von Holbein ist ein Künstler der etwas leichteren Muse, Musiker, Schauspieler, auch Theaterdichter, der unter dem Namen *„Fontano"* auftritt. Er ist 26 Jahre jünger als Wilhelmine, die mit fünfzig Jahren immer noch manch Jüngere aussticht – und das sich und anderen wohl auch beweisen will. Als eine Art fahrender Künstler ist Fontano jedoch nicht mit irdischen Reichtümern gesegnet. Wilhelmine verkauft Schmuck und

Silber und kauft für 18000 Taler in Breslau ein Haus. Ihrem Ehemann finanziert sie eine Reise nach Paris, die seine Karriere fördern soll. Die anfangs zärtlichen Reisebriefe aus der Seine-Stadt, dann aus Wien werden aber schon bald immer rarer. Wilhelmine muss entdecken, dass längst eine andere Muse an Holbeins Seite lebt, die Schauspielerin Rose, natürlich erheblich jünger als sie. Wilhelmine reist dem Paar nach, in Wien gibt es unschöne Szenen, 1806 verlässt Holbein sie, Wilhelmine kehrt allein nach Breslau zurück und reicht die Scheidung ein.

Inzwischen hat ihr Gegner, der preußische König und sein Staat, im Herbst 1806 eine schmähliche Niederlage im Krieg gegen Napoleon erlitten: Preußen liegt, von den Franzosen besetzt, am Boden, das Königshaus ist nach Ostpreußen, in den äußersten Winkel des Landes, geflohen. Wilhelmine hält jetzt den Zeitpunkt ihrer Abrechnung – oder richtiger: Rechtfertigung – für gekommen. Sie bereitet eine Schrift vor, von der sie sich öffentliche Aufmerksamkeit, wenn nicht einen Sensationserfolg verspricht, diktiert und stellt zusammen. Bei der Abfassung steht ihr der renommierte Professor der Geschichte Johann Schummel aus Breslau bei. Der Titel lautet: *„Apologie der Gräfin Lichtenau gegen die Beschuldigung mehrerer Schriftsteller. Von ihr selbst entworfen. Nebst einer Auswahl an Briefen an sie."* Das umfangreiche Werk erscheint im Jahr 1808 in zwei Bänden bei Wilhelm Heinsius in Leipzig und Gera und trägt ein Lessing-Zitat als Motto: *„Notwehr entschuldigt Selbstlob."*

Es ist eine Verteidigungsschrift der alternden Wilhelmine, in der sie breit und ausführlich, nicht selten mit Pathos und Leidenschaft, zu allen Vorwürfen Stellung bezieht, die jemals in früheren Jahren in der zeitgenössischen Publizistik gegen sie erhoben wurden. Wilhelmine entwirft hier impulsiv, manchmal auch naiv, aber ehrlich ein Selbstbild ihres bisherigen Lebens vor und nach ihrem Sturz, in dessen Spiegel ihre Gegner erkennen sollen, dass nicht nur sie die Schuldige an allem ist, sondern dass ihr auch erhebliches Unrecht angetan wurde. *„Meine Geduld ist erschöpft"*, beginnt sie, *„ich kann nicht* *länger schweigen! Hart war mein Schicksal, das mich einst ohne mein Zutun, und selbst gegen meinen Wunsch, auf einen Platz stellte, um den mich Tausende unverdient beneideten – und mich dann, nachdem es mich an die feineren Reize des Lebens verwöhnt, plötzlich von der Höhe des Hofes in die Tiefe einer dreijährigen Gefangenschaft stürzte. Ich ertrug dieses Schicksal; was erträgt der Mensch nicht! Auch wandte es mir nachher wieder sein holderes Antlitz zu; ich erhielt meine Freiheit und trat jetzt in den Stand der goldenen Mittelmäßigkeit.“*

Wilhelmine verteidigt ihr Leben und ihr Verhalten, das, was ihr zugestoßen ist und was sie selber verursachte. Sie versucht den Beweis anzutreten, dass sie anders ist und besser als ihr Ruf. Ihre Reputation wieder herzustellen, zu verbessern oder neu zu begründen, gilt der ganze zweite Band der Schrift, der ihren guten Ruf dokumentiert, den sie bei angesehenen und berühmten Persönlichkeiten aus Kunst, Literatur und Gesellschaft genießt: Er enthält nur an sie gerichtete Briefe. Mag die Auswahl auch subjektiv bestimmt sein, so imponiert doch die Fülle klangvoller und prominenter Namen unter den Absendern und Korrespondenten. Unter ihnen finden sich aus der Welt der Kunst und Literatur Angelika Kaufmann, Lavater, Maler Müller, Lady Hamilton, aus der politischen und sonstigen Prominenz so unterschiedliche Namen wie der Großkanzler von Goldbeck, Graf Hoym, der Geheime Kabinettsrat Beyme, Madame Dutitre, Lady Templeton, der Fürst von Waldeck, der Chevalier de Saxe und viele andere. Sie alle zeigen das weit verzweigte Netz von gesellschaftlichen Beziehungen, in dem sich ihr Leben abspielte und noch abspielt. Die Namen und ihre Träger sollen bezeugen, dass die Adressatin dieser Briefe mehr war und ist als ein geld- und machthungriges, auf bloßen Lebens- und Liebesgenuss ausgerichtetes Dummchen oder Luder, als das sie Presse und viele Publikationen in immer neuen Variationen gezeichnet haben. Dass Wilhelmine dabei auch ihre amourösen Beziehungen zu einigen Personen nicht unterschlägt, zeigt und unterstreicht den Anspruch ihrer Verteidigungsschrift auf Wahrheitsgehalt und Ehrlichkeit.

Das Echo auf diese *„Apologie“* war wohl nicht ganz das erhoffte. In den politisch turbulenten Zeiten der napoleonischen Kriege und beginnenden Reformpolitik in Preußen hatte die Öffentlichkeit weitgehend andere Sorgen und Interessen als an vergangenen Tagen, denen das Schicksal der Frau Rietz, Gräfin Lichtenau, geschiedene von Holbein nun einmal angehörte. Die Meinung, die die angesehene *„Zeitung für die elegante Welt“* vom 24. November 1808 vertrat, mag für die Wirkung der Schrift repräsentativ sein: einerseits durchaus Sympathie, andererseits bleiben aber auch nicht ausgeräumte Bedenken. *„Würde und Zartheit“*, hieß es dort, *„finden wir in dieser Selbstverteidigung nicht, aber Ruhe und den zuversichtlichen Ton, den das Bewußtsein gibt, besser zu seyn als der Ruf, den man hat. Kann man aus Schriften jemand beurteilen – und warum könnte man nicht? –, so ist ein gutes Herz, mit vielem Leichtsinn verbunden, der Grundzug dieses Charakters“*; die Gräfin scheint *„ihren Geist nur in so weit gebildet zu haben … als es zum gewöhnlichen guten Ton und zum Genuß des Lebens gehört.“*

Eine unmittelbare Wiedergutmachung des geschilderten und erlittenen Unrechts erfolgte nicht. Der Hof schwieg. Als die Einquartierung napoleonischer Truppen in ihrem Haus in Breslau droht, flieht Wilhelmine nach Wien, von wo aus, da die Gelder ihrer Leibrente dort nur spärlich und unregelmäßig eingehen, sie gezwungen ist, Bittgesuche an den preußischen König zu richten. Friedrich Wilhelm III. zeigt sich, anders als früher, jetzt recht entgegenkommend und generös. Hatte er von ihrer *„Apologie“* gehört, sie etwa gar gelesen oder fiel ihm die alte Dame nur lästig? Jedenfalls wies er von Königsberg aus seinen zuständigen Staatsminister an, ihre Forderungen zu erfüllen und die rückständigen Summen voll auszuzahlen. Auch darf Wilhelmine – ohne Aufsehen zu erregen – nach Berlin zurückkehren, und sie bezieht wieder ihr Haus Unter den Linden.

In Berlin wird es stiller um die ehemalige Mätresse, die sich inzwischen den Sechzigern nähert. Allmählich wächst Gras über alles, was sie einmal betraf, auch über das Unrecht und seine Motive, über das, was man ihr zufügte oder zufügen zu müssen glaubte. Stillschweigend werden ihr in den nächsten Jahren die Güter Lichtenau und Breitenwerder wieder zurückgegeben, später auch Rosswiese in Gestalt einer angemessenen Abfindungssumme. Sie selber sieht das in einem Brief als Folge ihrer Selbstverleugnung, ihres Stillhaltens und ihres Verzichts auf weitere Bitten. In Wahrheit stand dahinter die aus der Distanz der Jahre erwachsene Einsicht ihres Hauptgegners, des Königs Friedrich Wilhelm III., in das eigene übereilte und ungerechtfertigte Vorgehen in Sachen Gräfin Lichtenau unmittelbar nach dem Tod seines Vaters. In einem eigenhändigen Brief an Albrecht vom 25.2.1811 äußerte er sich dazu selbstkritisch und zeigte späte Reue: *„Den Angelegenheiten der Gräfin Lichtenau eine günstigere und ... ihren Wünschen angemessenere Wendung zu geben, scheint ... so gerecht als billig zu sein ... Oft schon hat es mich gekümmert, daß diese Angelegenheit durch einen Drang verdrießlicher Umstände zu leidenschaftlich behandelt worden ist und eigentlich, wie man sagt, übers Knie gebrochen ist.“*

Friedrich Wilhelms III., wenn auch späte, Einsicht und Umkehr überzeugten selbst den kritischen Vorsitzenden der einstigen Untersuchungskommission gegen Wilhelmines angebliche Vergehen und Verbrechen, den Kammergerichtsvizepräsidenten von Kircheisen. *„Wenn das Wort Ungerechtigkeit jemals auf den König Friedrich Wilhelm III. angewendet werden dürfte, so wäre dies in dem Fall der ersten Behandlung der Gräfin Lichtenau der Fall“*, so dachte er zwar immer noch, doch: *„Der König selbst fühlte Reue darüber und klagte sich an, seinen Vater im Grabe nicht mehr respektiert zu haben.“* Das entschuldigte vieles, ja alles, und damit war die offizielle, sozusagen innenpolitische Seite des Falles Gräfin Lichtenau erledigt.

Gerechtfertigt in dem Kampf, der nach ihrer Zeit als Mätresse die zweite Hälfte ihres Lebens bestimmte, aber kaum als Siegerin bejubelt und gefeiert, brachte Wilhelmine, mehr und mehr vereinsamt als Relikt einer längst verflossenen Zeit, ihr letztes Lebensjahrzehnt in Berlin zu. Sie besuchte noch wiederholt ihre inzwischen geschiedene und wiederverheiratete Tochter in Paris, und sie überlebte dieses letzte Kind, das sie ihrem Kronprinzen Friedrich Wilhelm geboren hatte, mehr oder weniger gesund um sechs Jahre. Ihren Tod schließlich meldete die Berliner *„Spenersche Zeitung"* in einer schlichten Nachricht: *„Im Jahre Eintausend Achthundert und Zwanzig den 9ten Juni starb an der Leberkrankheit Frau Friederike Wilhelmine Gräfin zu Lichtenau geb. Encke, 68 Jahre alt, und wurde am 13ten desselben Monats in der St. Hedwigskirche beigesetzt."*

Caroline Jagemann

Kunst und Liebe im Weimar der deutschen Klassik

Als Carl August, regierender Großherzog von Sachsen-Weimar-Eisenach, am 14. Juni 1828 auf einer Reise ganz plötzlich verstarb, hinterließ er in seiner Residenzstadt zwei Witwen mit ihren und seinen Kindern: die Großherzogin Luise mit den Söhnen Carl Friedrich und Bernhard sowie der Tochter Karoline und eine Frau von Heygendorf mit den Söhnen Carl Wolfgang, bei dessen Taufe der Freund Goethe Pate gestanden hatte, sowie August Gottlieb Theodor und der Tochter Caroline Augusta Mariane. Zwei gleich große Familien trauerten aufrichtig um ihr Oberhaupt: eine standesgemäß legitime, mit der die Dynastie fortgesetzt wurde, und eine durch Adelserhebung, Schenkungen und sonstige Vorkehrungen finanziell und gesellschaftlich einigermaßen abgesicherte illegitime.

Die beiden nach Stand und Alter sehr unterschiedlichen Witwen in Schwarz trafen nach den Begräbnisfeierlichkeiten aufeinander, an denen sie als Frauen traditionell nicht teilgenommen hatten. Die greise Großherzogin, eine geborene Prinzessin von Hessen-Darmstadt, trat auf die erheblich Jüngere zu, umarmte sie und brach in Tränen aus. Die Nebenbuhlerin, Rivalin oder Mit-Gattin, wenn man das so sagen kann, die bürgerlich als Caroline Jagemann Geborene, hatte sichtlich Mühe, in Schmerz und Rührung Haltung zu bewahren. Keiner der Umstehenden und Anwesenden wunderte sich oder nahm Anstoß; alle waren ebenso gerührt, keiner empörte sich. Die Weimarer Gesellschaft nahm die Geste zwischen den zwei gleichzeitig verwitweten Frauen desselben Mannes als etwas Selbstverständliches und durchaus Normales hin wie so vieles, was sich am Hof abspielte und schon abgespielt hatte.

Das war allerdings nicht immer so gewesen. Begonnen hatte alles ganz anders, und zwar wie überall, so auch hier in Weimar, als handfester Skandal.

Caroline Jagemann war als junge Schauspielerin und Sängerin 1797 am Hoftheater in Weimar engagiert worden und feierte dort sofort enthusiastische Triumphe: zuerst mit Wielands „Oberon", dann als Konstanze in Mozarts „Zauberflöte", als Thekla in Schillers „Piccolomini" und in vielen anderen Rollen. Ihre Theaterauftritte waren Stadtgespräch, auch das Privatleben der schönen und begabten Primadonna wurde in dem kleinen und überschaubaren Städtchen nur zu bald beobachtet und beredet. *„Karolines Betragen gefällt mir ebenso wenig wie dir"*, so fasste ein außenstehender, aber eingeweihter Betrachter, der Graf Brühl, im Jahre 1802 das darüber Gehörte zusammen und schrieb es seinem Freund Seckendorf. *„Jetzt sagt jedermann, sie sei des Dux erklärte Mätresse ... Unglaublich ärgerlich ist es mir doch, daß endlich der alte Sünder seinen Willen gehabt hat."* Und in einem späteren Brief empörte er sich noch einmal: *„Wie aber Karoline sich doch noch endlich dem alten Wollüstling hat ergeben können ... o Schwachheit, o Eitelkeit, dein Name ist Weib."*

Brühl sprach aus, was viele dachten und empfanden. Wie er reagierte fast ganz Weimar, als das, was schon lange bekannt und worüber hinter vorgehaltener Hand vielfach getuschelt worden war, 1802 als *„Etablissement"* endlich öffentlich wurde: das Liebesverhältnis des um zwanzig Jahre älteren verheirateten Herzogs mit der jungen, gefeierten Schauspielerin und die Etablierung einer Art Nebenehe. Man war schockiert und empörte sich.

Der Adel schnitt sofort, wenn der Herzog nicht selbst zugegen war, die sich bis dahin vorwiegend in seinem Umkreis bewegende Hofschauspielerin. Auch bürgerliche Kreise stellten den Umgang mit ihr ein und mieden sie. Beide Stände nahmen nur widerstrebend-höflich das Gegebene an, sehr zögerlich, nach und nach und dann oft nur äußerlich. Das Volk, die Straße, wenn man so will, war und blieb ehrlicher. Hier sah man dieses *„Etablissement"* realistischer als das, was es war und auch blieb, nämlich ein öffentliches Ärgernis, und artikulierte sich unverblümt und drastisch.

„Demoiselle Jagemann", berichtete die unversöhnliche Frau von Stein spitz und nicht ohne gehässige Genugtuung noch

ein Jahrzehnt später, *„hat die fürstliche Familie wieder mit einem Töchterchen vermehrt ... Man hatte Stroh in die Straße gestreut, wo sie in Wochen lag, um den Lärm der Fuhren zu dämpfen, darauf fand man ein Pasquill an ihrem Haus ‚Huren müssen auf Stroh sterben'. Dieser kleine Hof soll mehr kosten wie der große, es macht im Allgemeinen einen bösen Eindruck."* Und vier Wochen später: *„Der Baron von Dunkelmann – der Schwager Caroline Jagemanns – habe öffentlich gesagt, sie sei auch zugleich die Hure von Stromeyer – ein Sänger am Weimarer Theater. Der Herzog müßte das Geld dazu hergeben. Jetzt steht mit Kohle und fingerlangen Buchstaben an die Mauer geschrieben ‚Sachsen-Weimarisches Bordell', man hat sich vergeblich alle Mühe gegeben, es ganz zu verlöschen."*

Begonnen hatte das skandalöse Verhältnis im Salon der Frau von Löwenstern. Die junge Jagemann verkehrte in ihrer ersten Zeit als Weimarer Hofschauspielerin häufig im Haus dieser livländischen Familie, die sich hier angesiedelt hatte, um ihre Söhne in die renommierte Erziehungsanstalt des Herrn Mounier zu geben. Die Löwensterns führten als reiche Balten ein geselliges Leben und gastfreies Haus; allabendlich versammelten sie Personen aus der einheimischen guten Gesellschaft sowie interessante Fremde um sich. Diese *„Soireen bei Löwensterns"*, so berichtete es Caroline Jagemann selbst in ihren Memoiren, *„wurden immer interessanter und glänzender, die fürstlichen Kinder erschienen zu den Konzerten und Bällen, und endlich fand sich auch der Herzog ein, der Geist und Originalität der Frau von Löwenstern ... nach seinem Geschmacke fand ... Er wußte gute Gedanken und fröhliche Scherze auf eine Art zu erwidern, daß jeder aus sich herausging und die Unterhaltung einen lebendigen Verlauf nahm. Am Teetisch der Frau von Löwenstern war sein beständiger Platz und die Plauderei mit ihr am flottesten; sie gewöhnte sich auch derart an seine Gegenwart und Aufmerksamkeit, daß sie merklich stiller und einsilbiger war, wenn er an einem Abend nicht erschien. Selbst wir jungen Mädchen flüsterten einander unser Bedauern zu und sandten unsere Blicke die Straße entlang; wenn er aber endlich doch noch kam, erleuchtete ein Freudenstrahl die Züge der Hausfrau und der Gäste ... Durch mein hübsches Talent trat ich oft aus dem Kreise meiner Freun-*

dinnen hervor, … indem nicht nur gesungene, sondern auch gesprochene Worte den Leuten gefielen und den Herzog zu unterhalten schienen.“

Die Teilnehmer dieser Soireen wurden vom Herzog auch bald zu anderen Hofveranstaltungen gebeten, etwa zu Ehren auswärtiger Gäste. Anlässlich eines Gastspiels des berühmten Schauspielers Iffland traf man sich so im Jagdschloss Ettersberg mit weiterer Weimarer Prominenz wie Goethe und Wieland sowie noch anderen Gästen. In heiterster Stimmung versammelte sich alles *„auf dem grünen Teppich der Wiese oder nahm im kühlen Schatten der dichtbelaubten Kirschbäume Platz“*, so wieder Carolines eigene Schilderung in den Memoiren. *„Die Liebenswürdigkeit des Herzogs versetzte alle in wohltuende Behaglichkeit, bis die Ankunft eines Reitenden die Aufmerksamkeit ablenkte, der ein großes Papierpaket emporhielt; der Herzog nahm es ihm selber ab und entfaltete ein Bukett der schönsten Blumen der Treibhäuser von Belvedere. Ich glaubte zu erraten, daß es auf eine Überraschung für Frau von Löwenstern abgesehen war, aber zum allgemeinen Erstaunen überreichte der Fürst mit dem ihm eigentümlichen Ernste und herzlichen Wohlwollen mir das Angebinde. Ich war so konsterniert, daß ich zu danken vergaß; aller Augen sah ich freundlich mir zugewandt, nur bei Frau von Löwenstern begegnete ich einem glühenden Blicke. Aus meiner sorglosen Fröhlichkeit ward ich in eine mir unbekannte Unbehaglichkeit versetzt.“*

Was sollte diese demonstrative Geste des Herzogs in aller Öffentlichkeit? War es Werbung um die schöne Schauspielerin, Ausdruck der Verehrung oder schon Dank für längst genossene Liebesfreuden? Das mochte sich mancher der Anwesenden fragen. Als sich die Gesellschaft kurz darauf trennte, hatte jeder seine eigene Vermutung und ganz Weimar für Jahre sein Stadtgespräch. Etwas Unerhörtes zeichnete sich ab oder hatte sich längst ereignet.

Caroline Jagemann war ein Weimarer Kind und dort im Jahr 1777 unter der Regierung des Herzogs Carl August geboren. Nach Kriterien des späten 19. Jahrhunderts gehörte die Familie zum Bildungsbürgertum der Residenzstadt: der Vater Bibliothekar, Verwalter der Bibliothek der Herzogin Anna Amalia, ausgebildet in Florenz, später herzoglicher Rat und Professor, Verfasser einer *„Geschichte der freien Künste und Wissenschaften in Italien"*, außerdem Italienischlehrer der Herzogin und Übersetzer, die Mutter: Arzttochter aus dem Fränkischen. Carolines Bruder war ein begabter, vom Herzog durch Studienaufenthalte in Rom und Paris geförderter Maler, Porträtist, später Professor am freien Zeicheninstitut.

Es war allerdings keine glückliche Familie. Carolines Kindheit wurde überschattet durch die Scheidung der Eltern: Sie und ihre jüngere Schwester wurden nach der Trennung der Mutter zugesprochen, der Bruder dem Vater. Für die weiblichen Mitglieder der Familie, die darauf in ein kleines Logis in der Vorstadt zogen, bedeutete das eine erhebliche Einschränkung der finanziellen Mittel und letztlich, als der Vater erneut heiratete und weitere Kontakte zur früheren Familie abbrach, auch Armut und gesellschaftliche Deklassierung. *„Wen der Wohlstand verläßt, den verlassen auch die Menschen"*, so beschrieb Caroline später diese frühen bitteren Erfahrungen. *„So gaben mich die jungen Mädchen, die mit mir die Religionsstunden besucht und sich anfangs freundlich an mich angeschlossen hatten, bald genug auf, als ich ihre Feste und Partien nicht erwidern konnte. Wenn die fröhlichen Züge an unserer Wohnung vorüber nach einem Ausflugsorte wanderten, sah ich ihnen oft wehmütig hinter dem Vorhang nach."*

Doch Caroline blieb in ihrer Außenseiterrolle ein fröhliches Kind, spielte, tobte und sang im Garten zum Ärger, aber auch zur Freude mancher Anwohner und Nachbarn. So wurde ein in Weimar gastierender Sänger auf sie aufmerksam und riet zur Ausbildung dieser Stimme, so „entdeckte" sie bald darauf das Künstlerpaar Schlick, er ein berühmter Violoncellist, sie eine große Violinvirtuosin. Madame Schlick fand Carolines Stimme sogar so ausgezeichnet, dass sie sich vornahm, die Herzogin Anna Amalia, bei der sie konzertierte, auf sie aufmerksam zu machen und um finanzielle Unterstützung zu ihrer Ausbildung zu bitten.

„Es hielt jedoch schwer, sie zu meinen Gunsten zu stimmen", so erzählt Caroline selbst diesen Anfang ihrer märchenhaften Karriere, *„denn ein Feindchen von mir, der kleine August Herder, ein Liebling der Herzogin … hatte ihr eine üble Meinung von mir beigebracht. ‚Karoline', erklärte sie, ‚ist ein ungezogenes wildes Mädchen, das mit Gassenjungen Soldaten spielt'; doch gelang es der guten Schlick, sie dahin zu bringen, daß sie mich hören wollte.*

An einem schönen Frühlingsmorgen machte ich mich auf den Weg nach Belvedere, wo eben die Frau Herzogin residierte. Unter alten herrlichen Kastanienbäumen gelangt man bis zu dem auf einer Höhe gelegenen Schlößchen mit seinen Pavillons, in deren einem den Eheleuten Schlick ihre Wohnung angewiesen war. Ich war so heiter wie der Morgen, nahm bald hier, bald da eine Blume auf meinem Weg mit und hatte die Überzeugung, daß ich mit meiner Bravourarie über alle Ränke triumphieren würde. Ich wurde in einen Salon geführt, wo mich Schlicks neben dem Flügel erwarteten; die Fürstin, die es nicht über sich gewinnen konnte, mich freundlich zu empfangen, weilte im angrenzenden, halboffenen Zimmer. Herr Schlick akkompagnierte mich, und ich sang frischweg mit klarer Stimme, wenn schon ohne besondere Kunst und den gehörigen Ausdruck. Die Fürstin rief mich zu sich und sagte mir, doch mit einiger Zurückhaltung, ich hätte eine gute Stimme, möchte aber fleißiger Musik lernen als Soldaten spielen, beschenkte mich mit Bonbons und erlaubte mir beim Abschied, ihre Hand zu küssen.

Sie beschloß, etwas für mein Talent zu tun, und die Gelegenheit stellte sich zu meiner Freude rasch ein, als Herr und Madame Beck, er ein vortrefflicher Schauspieler und sie eine der ersten Sängerinnen ihrer Zeit, auf einer Kunstreise nach Weimar kamen … Es wurde beschlossen, mich nach meiner Konfirmation in Mannheim dem Unterricht der Madame Beck zu übergeben, während die Frau Herzogin und mein Vater sich in die Kosten teilten."

Nach der Konfirmation, nachdem sie aus Johann Gottfried Herders Händen das erste Abendmahl erhalten hatte, brach Caroline Jagemann allein und mit sehr gemischten Gefühlen in die fremde Stadt Mannheim auf. Dort wartete eine harte Schule auf das gerade dreizehnjährige *„kleine blasse Ding mit Sommersprossen und rotem Haar“*, wie sie sich selber charakerisierte. Zuerst schien alles nur fürchterlich und hoffnungslos: ärmliches Quartier, kalter Empfang, gnadenlos strenger Unterricht, Ausschluss vom Umgang mit Gleichaltrigen, dazu Heimweh. Schließlich aber half auch hier das, was sie hierher gebracht hatte und weiterhin als Stern über ihrem Leben stehen und es bestimmen sollte: das eigene Talent und adlige Protektion.

Es war die Gräfin Oeynhausen, Hofdame bei der Pfalzgräfin von Zweibrücken, *„die mich trotz allen Standes- und Altersunterschiedes sehr lieb gewann ... durch sie wurde ich dem Pfalzgrafen empfohlen“*. Bei einem Liebhaberkonzert in dessen Palais durfte Caroline nach dreivierteljährigem Gesangsstudium zum ersten Mal auftreten. Der Erfolg war überwältigend und empfahl die junge Sängerin sogleich dem Mannheimer Hof der Kurfürstin. Auch hier ein überwältigender Erfolg, und jetzt ging es steil bergauf. Der Schauspieler Iffland wurde auf sie aufmerksam, und Dalberg, der Intendant des Mannheimer Nationaltheaters, engagierte die junge Künstlerin, nachdem er die schwierige und offenbar keineswegs selbstverständliche Einwilligung ihres Vaters dazu erreicht hatte. Denn der Herr Jagemann hatte einiges gegen den Eintritt seiner Tochter in den moralisch so verrufenen Schauspielerstand einzuwenden. *„Am 6. Oktober 1792 spielte ich den ‚Oberon' von Wranitzky und mit noch glänzenderem Erfolg als bei meinem Auftreten im Konzert.“*

Die junge Sängerin am Nationaltheater machte Furore in der Residenzstadt und in deren Adelskreisen. Der junge Prinz Ludwig von Bayern, späterer König Ludwig I., wurde sofort und für immer einer ihrer eifrigsten Verehrer. Gräfin Oeynhausen, die Pfalzgräfin und die Kurfürstin blieben ihre enthusiastischen Gönnerinnen. Durch sie lernte sie weitere hohe Adlige kennen, so die jungen Prinzessinnen Luise und Friederike von Mecklenburg-Strelitz, die eine wurde später Königin in Preußen, die andere von Hannover. Caroline wurde mit Beifall und Adelsgunst geradezu überschüttet, was sie dankbar und geehrt hinnahm, sich allerdings zu ihrem Bedauern finanziell nur wenig auswirkte: Die Bezahlung ihres Engagements am Mannheimer Nationaltheater war und blieb mit gerade mal 300 Gulden im Jahr höchst miserabel. Die bescheidene Summe reichte zum täglichen Leben nicht hinten und nicht vorn.

„Wieder hielten Entbehrung und Sorge bei mir ihren Einzug, daß ich meine Mutter gar nicht oder nur wenig unterstützen konnte." Auch sonst blieben fühlbare Defizite: Kälte und zurückweisender Stolz der Lehrerin Beck, mangelnder Zuspruch aus der nächsten Umgebung und, so schrieb sie später selbst, *„für meine Geistesausbildung geschah auch weiterhin nichts, ich lernte Musik und Singen; in das wirkliche Leben wurde ich von niemandem eingeführt".*

Dieses wirkliche Leben stellte sich bald als Verwicklung der Stadt Mannheim in den Reichskrieg gegen Frankreich dar. Die Stadt wurde belagert, beschossen, erobert und zurückerobert; das Theater wurde geschlossen, wieder eröffnet und löste sich dann mehr oder weniger auf; fremde Truppen bestimmten das Straßen- und Gesellschaftsleben. Für die heranwachsende, gefeierte Schauspielerin bedeutete dieses wirkliche Leben Angst, Schwermut und Heimweh, Einschränkung, Sehnsucht, aber auch erste Verwicklung in Liebe und Liebesbeziehungen. *„Der angehenden Priesterin der Thalia",* so ihre eigenen Worte, *„erwächst … noch der andere mehr oder weniger zweifelhafte Gewinn, daß ihr die jungen Männer ihre Verehrung zu Füßen legen."*

Solche Verehrer traten jetzt auf, und zwar zahlreich. Die Lehrerin und sozusagen Erziehungsberechtigte, Frau Beck, reagierte darauf mit einem rigorosen Ausgehverbot und einem strengen Kontrollsystem. Ein junger ungarischer Husarenoffizier der kaiserlichen Truppen hatte sichtlich Eindruck auf Caroline gemacht; das Schlimmste aber war, dass sich der Ehemann Beck, den Caroline nicht ausstehen konnte, rasend in die Pflegebefohlene verliebte, was beträchtliche Unruhe ins Haus brachte und erhebliche Unordnung stiftete. Als schließlich in diesen Kriegs- und Liebeswirren ein hübscher Graf Veterani, ein Freund Becks und Ifflands, auftauchte, ein leidenschaftlicher Musikliebhaber aus *„nicht glänzenden, aber ausreichenden Verhältnissen"*, und um ihr Herz und ihre Hand anhielt, sagte Caroline einfach *„ja"*, *„obgleich"*, so ihre spätere Sicht, *„ich das nicht empfand, was, wie ich glaube, nur einmal im Leben das Herz im tiefsten bewegt"*. Eine förmliche Verlobung wurde eilig geschlossen, *„der Graf ging nach Weimar, um sich meinen Eltern und der Herzogin Anna Amalia vorzustellen, ich sollte meine Beziehungen zum Theater aufgeben, was durch die Umstände sehr erleichtert wurde"*. Das Theater in Mannheim befand sich ja ohnehin in der Auflösung, neue Kriegshandlungen drohten, Caroline folgte dem Verlobten wenig später mit den aus Mannheim flüchtenden Becks. Über Gotha, wo sie den Vater und ihre Schwester wiedertraf, kehrte sie in die Heimat zurück. Die vierjährige Lehr- und Ausbildungszeit als Sängerin und Schauspielerin war damit recht abrupt beendet.

Noch in Mannheim war schon, wenn auch nur vage, ein mögliches Engagement am Weimarer Theater zur Sprache gekommen, und zwar durch den Herzog Carl August selber. *„Einst sah ich in schwermütiger Stimmung ... in unsere, düstere, feuchte Straße herab"*, so erzählt es Caroline selbst wiederum im etwas stilisiertem Märchenton. *„Da schlug Pferdegetrappel an mein Ohr, und wie eine Geistererscheinung erblickte ich unseren Herzog ... den geliebten Landesherrn, den ich als Kind oft gesehen und gesprochen hatte! Wir kleinen Leute in Weimar standen unserem Fürsten nicht so fern wie die großen in prächtigen Residenzen"*, wir *„sahen ihn oft und liebten ihn mit der Ehrfurcht"*, die *„von den Eltern überkommen"* war.

Man feierte an diesem Tag in Mannheim – das war der Grund für die Anwesenheit des Weimarer Herzogs – die Genesung der Frau Kurfürstin von schwerer Krankheit mit einer Abendmusik. Caroline hatte die Gesangspartie übernommen, Herzog Carl August wurde dabei auf sein begabtes Landeskind aufmerksam gemacht, und *„in der Pause trat er zu mir"*, so Caroline weiter, *„und sagte mir viel Freundliches. Der Herzog lud mich ein, nach Weimar zu kommen, sobald es die Zeitumstände erlaubten, damit sich auch die Landsleute meiner Fortschritte erfreuen könnten."*

Jetzt, zurück in Weimar, galt es zunächst, die üblichen Antrittsbesuche zu machen. Zuerst natürlich bei der Herzogin Anna Amalia. Caroline und ihr Vater machten sich gemeinsam auf nach Tiefurt. *„Nach einem huldvollen Empfang, wie ich ihn nach der letzten Entrevue in Belvedere kaum erhofft hatte, und vielen Fragen nach Herrn von Dalberg, meiner Lehrerin und dem Grafen Veterani … entließ die Frau Herzogin mich mit der Zusicherung ihrer Gnade.“* Und *„am folgenden Tag … traf ein Billett an meinen Vater ein, in dem sie erklärte, daß sie mit Erstaunen die glückliche Veränderung meines Wesens wahrgenommen habe und sich darauf freue, mich in ihrem Kreise öfter zu sehen.“*

Das klang vielversprechend und musste als besonderer Gunstbeweis angesehen werden. Caroline Jagemann, die Verlobte eines Grafen, war in den Zirkel um die Herzoginwitwe aufgenommen und freundete sich dort mit Prinzessin Karoline, der Tochter des Herzogs Carl August, sowie anderen adligen Damen schnell an. *„Zwischen dem Adel und dem übrigen Teil der Gesellschaft befand sich damals eine große Kluft“*, so konstatierte Caroline die bestehenden Standesunterschiede in der Residenzstadt recht nüchtern, *„und ich hatte es nur der guten Aufnahme bei der Herzogin sowie meiner bevorstehenden Verbindung mit dem Grafen Veterani zuzuschreiben, … daß man mich auch in den vornehmen Zirkeln empfing.“*

Die gerade Neunzehnjährige fühlte sich in diesem höfischen Gesellschaftsleben, das sie sich nun in kurzer Zeit eroberte, äußerst wohl: *„Das Leben im Hause der Herzogin Anna Amalia war von einer … reizenden Originalität … Im Sommer bewohnte sie ein bescheidenes Gutshaus im Dorfe Tiefurt … Außer ihrem Hofstaat war sie täglich von allem umgeben, was Weimar Vorzügliches besaß, … denn Wieland, Herder, Goethe … überboten sich in geistreichen Betrachtungen, Scherzen und Satiren … Der Herzog war die Seele der Unterhaltung … und seine Mutter fühlte sich glücklich, wenn sie den geliebten Sohn in der Nähe wußte … Ein kleines, angenehm eingerichtetes Logis in einem reinlichen Bauernhause nahm die Fremden auf, welche die Fürstin länger in ihrer Nähe zu haben wünschte, auch ich brachte dort zuweilen eine geruhsame Nacht zu.“*

Caroline war überaus glücklich; nur der Vater Jagemann schüttete immer wieder Wermutstropfen in ihre Freude. Mit der Erfahrung des langjährigen Hofmannes ließ er sich von der augenblicklichen Situation nicht blenden. Fürstengunst sei veränderlich, warnte er unaufhörlich, nur ein kleiner Umstand – und alles Glück könne ebenso leicht wieder dahin sein.

Er sollte schnell recht behalten. Die Situation änderte sich bald merklich, als Caroline die Verlobung mit ihrem Grafen löste. Veterani wurde der Abschied aus der Armee versagt, er musste an einem Feldzug nach Italien teilnehmen, seine Familie war gegen die Verbindung mit einer Schauspielerin. Er beschwor Caroline zwar, auf ihn zu warten, doch sie las anderes aus seinen Briefen, vor allem *„sein Bild war"*, so ihre Worte, längst *„in meiner Seele verblaßt"*.

„Die Einladungen wurden seltener und verloren sich endlich ganz; zuweilen ließ die Frau Herzogin mich rufen, um mir Verweise über Dinge zu geben, ... und bei solcher Gelegenheit sagte sie mir auch, daß sie mich nicht auf dem Weimarer Theater zu sehen hoffe. Das geschah aus Verbitterung gegen Kirms."

Der Hofkammerrat Kirms, der das Weimarer Theater verwaltete, hatte sich ganz plötzlich die Gunst seiner Herzogin verscherzt. Und dieser kleine Umstand veränderte auch für Caroline vieles: Kirms trat nämlich zum Gegenzug an und unterbreitete jetzt aus Rache gegen die Herzogin gerade Caroline Jagemann ein Anstellungsangebot am Weimarer Theater: ein Engagement als Hofsängerin mit 600 Talern Gehalt jährlich und der Auflage, alle acht Tage ein Konzert am Hof zu singen sowie als erste Sängerin in der Oper aufzutreten, wobei man mit ihrem Mitspiel und der Übernahme von Gastrollen auch im Schauspiel rechnete.

Obwohl sie das Engagement trotz weiterer Fürsprache eigentlich nur einer Hofintrige verdankte, in die sie mit hineingezogen wurde, und obwohl es keineswegs glänzend war, griff Caroline zu, nicht zuletzt wegen der dringenden Zureden ihres Vaters, von dem sie als Unverheiratete rechtlich abhängig war. Ausschlaggebend aber war, so stellte sie es später dar, ihre Liebe und Anhänglichkeit an die Stadt Weimar und das Fürstenhaus. Sie, wie auch ihr Vater, zog ein Engagement in der Heimat mit eher bescheidenem Gehalt vor, statt auf noch so glänzende, aber unsichere Aussichten im Ausland zu setzen.

Gesellschaftlich bedeutete diese Anstellung als Künstlerin für die Entlobte eines Grafen allerdings einen deklassierenden Seitenwechsel: Die Etikette verwies Caroline Jagemann jetzt wieder aus der Hofgesellschaft, in der sie sich bisher in Weimar bewegt hatte, in die niederen Ränge, und zwar ins Orchester, das heißt in den Stand der am Hof Dienenden und Arbeitenden. Ihr, der talentierten und bewunderten Künstlerin, blieben jedoch zu ihrer Genugtuung die meisten Bekannten aus der Hofgesellschaft treu: Prinzessin Karoline, der Erbprinz und viele andere besuchten sie auch jetzt noch an ihrem Orchesterplatz.

Die Ungnade der Herzogin Anna Amalia jedoch bekamen Tochter wie Vater deutlich zu spüren. Bei jedem Konzert, bei dem die neue Hofsängerin mitwirkte, begab sich die Herzogin demonstrativ an den Spieltisch und klapperte dort mit Spielmarken, den Auftritt Carolines gezielt störend. Der Vater bekam die fürstliche Ungnade sogar handfest zu spüren, und die Herzogin vollzog sie eigenhändig: Als Herr Jagemann ihr die Nachricht von der Anstellung seiner Tochter überbrachte, verpasste ihm, so muss man es Carolines Erzählung glauben, die eher schmächtige und zierliche Herzogin Anna Amalia *„eine veritable Ohrfeige"*.

Fürstengunst war veränderlich! Vater Jagemann kam an diesem Tag vor der gewöhnlichen Zeit aus dem Palais nach Hause zurück, und zornig verschloss er sich dort, bis nach Tagen ein Billett der Fürstin das gute Einvernehmen zu ihrem Bibliothekar wiederherstellte.

„Meine theatralische Laufbahn wurde am 18. Februar 1797 mit Oberon eröffnet", so Carolines Memoiren. *„Das Haus war zum Erdrücken voll, Wieland"* – der Autor dieser von Wranitzky vertonten Oper – *„saß in der ersten Reihe des Parterres und war entzückt ... Ein über das andere Mal rief er aus: ‚Das ist mein Oberon, so habe ich ihn mir gedacht'."* Carolines Debüt in Weimar erregte

wie das Mannheimer enthusiastischen Beifall. *„Die Herzogin"* – Luise, nicht Anna Amalia – *„ließ mich zu sich kommen, um mich mit dem Ausdruck ihres Beifalls und dem Geschenke eines Kolliers … zu erfreuen."*

So ein Theaterspiel und so eine ausgebildete Gesangsstimme war das Weimarer Publikum nicht gewöhnt; der Erfolg der jungen Jagemann war um so glänzender, als sie sich vom übrigen Ensemble abhob, das sich, wie überhaupt das ganze Theaterwesen hier, in einem recht desolaten Zustand befand, auch wenn die Intendanz keinem anderen als Goethe unterstand.

Das einzig einigermaßen Annehmbare waren die Lustspielaufführungen. *„Weniger vorteilhaft"*, so das Urteil des neuen Ensemble-Mitglieds Caroline, *„war das Trauerspiel ausgestattet, so daß Goethes und Schillers ältere Werke recht unvollkommen zur Erscheinung kamen … Madame Malcolini sprach die Königin im Don Carlos in estländischem Dialekt, kam betrunken auf die Bühne und improvisierte Dinge, die sich nicht niederschreiben lassen; … eine Demoiselle Matiegzeck bellte die Donna Anna …, die schwangere Königin der Nacht (sang) ihre Arie in der Kulisse … und eine stumme Stellvertreterin auf der Bühne (machte) die Bewegungen"*, während Papageno eine Arie aus einer ganz anderen Oper schmetterte, *„die zu Mozart paßt wie die Faust aufs Auge. Solche von Goethe ausgehenden Ideen belachte das harmlos gütige Publikum"*, so schrieb Caroline, *„es lachte auch, wenn Goethe von seinem Stuhl inmitten des Parterres sich erhob und mit donnernder Stimme rief: ‚Man lache nicht!'"*

Die am Mannheimer Nationaltheater Ausgebildete fand vieles in Weimar allzu dilettantisch und unter dem Niveau. Das galt auch für ihren Chef und Theaterleiter Goethe und dessen gerade erst öffentlich etabliertes Verhältnis.

„Daß die Vulpius bei Goethe wohnte, war für die kleine Stadt etwas Unerhörtes … In meiner Kindheit wohnte sie neben uns und war ein sehr hübsches, freundliches, fleißiges Mädchen …" Jetzt war sie *„stets umgeben von dem obskuren Teil"* des weiblichen Theaterensembles, *„aus denen auch Goethe vorzugsweise seine Lieblinge erwählte … Goethe dachte nicht daran"*, empörte sie sich, *„ein We-*

sen, das er sich so nahe gestellt hatte, als es noch bildungsfähig war, zum Hohen zu erheben, sondern überließ es seinen niederen Neigungen."

„Als ich ihm durch das Theater näher kam, fanden sich neue Gründe zur Unzufriedenheit", fährt Caroline fort. *„In Mannheim war alles einfach, aber anmutig arrangiert, die Versöhnungsszene Oberons und Titanias malerisch geordnet; hier legte Goethe der Wiedervereinigung Schwierigkeiten in den Weg, indem er hinter dem Wolkenwagen, in dem sich Oberon der Erde nähert, um mit der Gattin in die Lüfte zu entschweben, eine durch eine Wolke schlecht versteckte Leiter anbringen ließ, auf der zwei Genien – ... hausbackene Seminaristen – über den Häuptern der neu Versöhnten einen Kranz halten mußten. Durch die Leiter aber blieben die Gatten getrennt, konnten nur die Arme sehnsüchtig ausstrecken ... Daß meine Titania ein gestreiftes Musselinkleid anhatte, hoch frisiert war und statt fleischfarbener Sandalen schwarze rauhlederne Schuhe mit Schnallen trug, indignierte mich ebenfalls, und die kleinen steifen Röschen, die hier und da auf Kleid und Frisur angebracht waren, konnten mich mit dem lächerlichen Ganzen nicht versöhnen. Ich kam von einer Bühne, die nach Regeln geleitet wurde"*, hier regierten *„Willkür und Despotismus ... Das Personal war mit geringer Ausnahme von unglaublicher Rohheit ... Diese Mängel schrieb ich dem Lenker des Theaters zu und war böse, daß er geschehen ließ, was so leicht besser gemacht werden konnte."*

Hier waren künftige, größere Konflikte für die ehrgeizige Schauspielerin geradezu vorprogrammiert. Doch nicht nur hier. Mit dem Tag ihres Theaterengagements datierte auch ein immer intensiveres, ja überschwängliches Engagement des Herzogs Carl August für das begabte, schöne und so erfolgreiche neue Talent an seinem Theater. Caroline verkehrte weiterhin in den früheren Gesellschaftskreisen, vor allem im Haus Löwenstern. Und es blieb nicht bei Überreichung von Blumensträußen durch den Landesvater. Seine Werbungen und Huldigungen nahmen bald den Charakter regelrechter Nachstellungen an. Dem Herzog ging es dabei deutlich um mehr als bloßen Ausdruck der Bewunderung von Gesang und Schauspiel, ihm ging es um die Person oder, wie man damals sagte, um das Herz der jungen Schauspielerin.

Das war nichts Ungewöhnliches und Überraschendes, jeder in Weimar hätte das vorhersagen und voraussehen können. Das Privatleben des Herzogs, besser: seine Nicht-Enthaltung in sexualibus, war allzu bekannt: Gerade wieder war er Vater eines Kindes namens Carl Wilhelm geworden, und die junge Luise Rudorf, Sängerin und Gesellschafterin im Hofstaat seiner Mutter, war die glückliche Mutter. Keine halbwegs attraktive Dame am Theater, am Hof oder auch außerhalb war bisher vor herzoglichen Nachstellungen sicher gewesen: weder die Schauspielerin Corona Schröter, Emilie Gore oder die Gräfin von Werthern noch die ebenso von einem Kind genesene Kammerrätin Crayen – um nur einige wenige Namen zu nennen. Allzu viele Damen hatten schon auf sein so empfängliches Herz gewirkt, wie höfliche Zeitgenossen sich auszudrücken beliebten. Und von diesem fürstlichen Herzensbrecher und seiner Liebe zu schönen Landestöchtern sah sich nun auch die zwanzigjährige Caroline Jagemann immer heftiger bedrängt. Was sollte und konnte sie dem entgegensetzen?

„Ich war“, so schreibt sie dazu in ihren Memoiren, *„von Jugend auf die Würde dieses Standes mit einer Art Religiosität zu empfinden gewohnt … Die guten Fürsten, von denen es nach meiner Kindervorstellung drei gab, nämlich Friedrich den Großen, Joseph den Zweiten und unseren Herzog, kamen in meinen Augen gleich nach dem lieben Gott und die bösen betrachtete ich als Gottesgeißeln.“* An warnenden Stimmen vor bösen Absichten des guten Herzogs fehlte es von Anfang an nicht, doch noch machte sich Caroline keine Sorgen: *„Wie ich so manche kleine Eindrücke auf die Phantasie des Fürsten hatte entstehen und verlöschen sehen, dachte ich, würde auch diese Bewegung vorübergehen.“*

Sie sollte sich täuschen. In der Theatersaison 1798 gab Iffland wieder ein Gastspiel in Weimar und sah und erlebte die Erfolge der Jagemann, deren Anfänge er schon in Mannheim verfolgt hatte. Der inzwischen in Berlin Engagierte lud die junge Künstlerin für den Herbst zu Gastrollen dorthin ein.

Auch hier nichts als glänzende Erfolge: Die Jagemann wurde in der vornehmsten Berliner Gesellschaft herumgereicht, von der Königin Luise empfangen, die sie ja schon als junge Prinzessin in Mannheim kennengelernt hatte. Und plötzlich war auch der Weimarer Herzog Carl August in Berlin und bemühte sich wieder sichtlich um sein talentiertes Landeskind. Daheim in Weimar hatte man das schon befürchtet, und Iffland, der auch die Blumenstrauß-Übergabe auf Schloss Ettersberg schon miterlebt hatte, schrieb deswegen beruhigend an den Hofkammerrat Kirms: *„Die Jagemann hat alles zum Entzücken hingerissen; sie ist herausgerufen und der Gott des Tages, alles ist für sie laut erklärt, aber dem Herzog ist sie – auf Ehre! – in jeder Art aus dem Weg gegangen, so daß er empfindlich schien. Er kam in ihre Loge!“*

Zurück in Weimar schien zunächst alles wieder wie vorher, doch das Verhältnis oder Nicht-Verhältnis des Herzogs zur talentierten und gefeierten Schauspielerin blieb Stadtgespräch und Gegenstand eifrigster Beobachtung. Das, was schon ihre früheste Jugend bestimmt hatte, eigenes Talent und adlige Protektion, drohte sich für Caroline ins Negative zu verkehren. Die Werbungen des Herzogs und seine Bemühungen um sie hörten nicht auf; es wurde immer schwieriger, ihnen auszuweichen. Caroline wurde vor eine Entscheidung gestellt, die sie so nicht gewollt hatte.

Die Soireen im Haus Löwenstern fanden noch immer statt. Auch der Herzog erschien wieder in diesem Kreis, nur fiel auf, dass seine Aufmerksamkeiten gegen die Hausfrau Löwenstern jetzt einen immer schwärmerischen Charakter annahmen. Die Folge war, wenn man Carolines Darstellung folgt, dass sich Frau von Löwenstern leidenschaftlich in den Herzog verliebte. Gleichzeitig musste aber auch Caroline überzeugt sein, dass dieser in erster Linie nur ihretwegen in dieses Haus kam. Carl August hatte, nachdem er ihr zu ihrem Geburtstag im Januar bei der Gratulation eine Liebeserklärung gemacht hatte, ihr am 8. Februar 1799 einen regelrechten Werbebrief zukommen lassen, den sie jedoch sofort zurücksandte mit der Bitte um

Unterlassung ähnlicher Versuche. Jetzt spielte der Zurückgewiesene wohl bewusst die beiden Damen im Haus Löwenstern gegeneinander aus, um Eifersucht zu provozieren. Das blieb nicht ohne Wirkung. *„Soll ich offen sein"*, so fährt Caroline in ihren Erinnerungen fort, *„so wurde ich von dem Benehmen des Herzogs nach zwei Seiten hin stark erregt. Meinem mächtigen Ehrgeiz gefiel es wohl, mich von ihm auf eine Weise ausgezeichnet zu sehen, die seine Achtung und vielleicht ein wärmeres Gefühl ausdrückte, auch fühlte ich mich geschmeichelt ... und zu dieser Schwäche kam die Verehrung des Fürsten"* und die Besorgnis um seinen Gesundheitszustand.

Denn der mit solchen Situationen nicht unerfahrene Herzog Carl August hatte noch etwas anderes ausgespielt: Er heischte Mitleid, klagte über Unpässlichkeit und Lebensüberdruss und befürchtete, obwohl erst einundvierzig, einen Schlaganfall. In beiden Damen erweckte dies nun den Wunsch und Ehrgeiz – und sollte das wohl auch – gerade diejenige zu sein, die dem Geliebten oder zumindest dem geliebten Landesfürsten aus der ihm drohenden Gefahr die Rettung brachte.

Die Lage spitzte sich in jeder Hinsicht zu: Als einziger Ausweg erschien bald nur noch die Flucht, die Entfernung aus Weimar für einige Zeit. Der Herzog unterstützte schließlich den Reisewunsch der beiden Damen nach Dresden und lud zu einem Abschiedsfrühstück im Park. Hier nun kam bei einer erneuten Liebeserklärung des Herzogs an Caroline zum Ausbruch, was lange geschwelt hatte – allerdings bei der falschen: Frau von Löwenstern verlor die Contenance und vergoss heftige Tränen vor Ärger, Wut und Eifersucht. Der Herzog versuchte zu retten, was zu retten war: Er bat beide Damen, ihm aus Dresden zu schreiben; die Frau von Löwenstern *„ersuchte"* er darum, seiner Theaterschauspielerin *„befahl"* er es.

Trotzdem wurde die Flucht nach Dresden ein Fiasko und blieb ergebnislos: Der Herzog kam schon ein paar Tage später nach, Frau von Löwenstern blieb verstimmt, und die Sängerin Jagemann zog sich eine langwierige Halsentzündung zu.

Wieder zurück in Weimar blieb Caroline dann dem Haus Löwenstern bewusst fern. Aber gerade das weckte, da der Herzog ebenso fernblieb, wiederum Verstimmung und neuen Verdacht bei all denen, die in der Kleinstadt alles sahen und alles zu wissen glaubten. *„Die Maßregel hatte … nur bewiesen“*, so Caroline, *„wie weit mein Einfluß auf die Stimmung des Herzogs gediehen war.“* Also kehrte man äußerlich zum alten Zustand zurück, und Caroline spielte mit. Doch jede neue Zusammenkunft mit dem Herzog im Löwensternschen Kreis *„verließ ich“*, so schrieb sie später, *„mit mir entzweit und unzufrieden“*, nur, *„um mich zu Hause mit Vorwürfen und Sorgen zu quälen“*.

Auf einer Gastspielreise nach Rudolfstadt erkrankte Caroline erneut. Inzwischen hatte der Herzog Frau von Löwenstern eingeladen, ihren Sommeraufenthalt auf Schloss Ettersberg zu nehmen. Diese forderte nun Caroline auf, zur Genesung *„ebenfalls eine Zeit dort … in dem balsamischen Hauch des Waldes“* zu verbringen. Der gemeinsame Aufenthalt zog sich bis in den Herbst hin und bedeutete quasi die Fortsetzung des Status quo, dem man Anfang des Jahres mit der Flucht nach Dresden gerade hatte entfliehen wollen: Er bedeutete vor allem für Caroline den weiteren gesellschaftlichen Kontakt mit dem Herzog. Zu Weihnachten und zum Geburtstag im Januar des nächsten Jahres drückte Carl August seine Zuneigung mit neuen Erklärungen und kostbaren Geschenken aus. *„Ich hätte sie von keinem Manne annehmen dürfen“*, beschreibt Caroline im Rückblick ihre Lage und ihr Dilemma, *„aber meinem Landesherrn gegenüber konnte ich sie nicht zurückweisen.“*

Guter Rat schien teuer. Inzwischen war im Löwensternschen Kreis ein neues Mitglied aufgetaucht, ein Doktor Zwingli aus Zürich, und Frau von Löwenstern hatte plötzlich die Idee, den *„obwaltenden Verwicklungen“* durch eine Heirat von Zwingli und Caroline ein schnelles Ende zu bereiten. Zwar fand diese den Doktor eitel und taktlos, vielleicht auch gutmütig und solide, doch sonst geistlos und leer, trotzdem ging sie eine Zeit lang darauf ein. Das Ganze zerschlug sich dann wieder auf ebenso schnelle und lächerliche Weise, wie es eingefädelt war, und war keineswegs der so dringend gesuchte Ausweg aus der Situation. Diese verschärfte sich, als der Herzog wieder die Initiative ergriff: Er schrieb erneut einen Brief an die Umworbene. Er sei *„nach langer Prüfung zu der Überzeugung gekommen … nur ich könne das Glück seiner älteren Tage machen“*, so referiert Caroline den Inhalt in ihren Memoiren. *„Daß er seine Gemahlin verehre, aber wegen Verschiedenheit der Charaktere von jeher ein liebeleeres Leben mit ihr geführt habe, daß er sich endlich nach häuslichem Glück sehne und nach einem Wesen verlange, an das er sich gemütvoll anlehnen könne. Ich möge nun über sein Schicksal entscheiden … Schrecken und Schmerz überwältigten mich“*, fährt Caroline fort, *„als das lange Gefürchtete, was sich bislang hinter gefälligen Formen versteckt … vor mir stand.“*

Die junge bürgerliche Schauspielerin, die sich gerade in die Rolle der liebenden Thekla für die Erstaufführung von Schillers *„Wallenstein“* hineingearbeitet und hineinversetzt hatte, sah sich jetzt gezwungen, in der Realität ihrem hohen Landesherrn, um die eigene Ehre zu wahren, eine sehr reale Liebesabsage zu erteilen. Denn das war die Entscheidung, die sie treffen musste, wenn der Landesherr sie in dieser Weise begehrte: ein Leben als seine Mätresse oder bürgerliche Reputation.

Hilfe war in diesem Fall nirgends zu erwarten, weder bei den Eltern, deren Entscheidung ihr ohnehin klar war, noch bei Freundinnen oder sonst jemand. *„So suchte ich mein Schicksal selbst zu bestimmen. In meiner Antwort ließ ich mich von den Eingebungen des Verstandes leiten, … ich stellte dem Herzog also vor, daß ich es nicht ertragen würde, in den Augen der Welt erniedrigt dazustehen … während er sich Vorwürfe machen müßte, mein Lebensglück zerstört zu haben, daß ich für ihn zu sterben bereit sei, aber nie mich zur Preisgabe von Ruf und Ehre verstehen würde.“*

Das war deutlich. Und die Darstellung dieser Entscheidung im Nachhinein charakterisiert die bürgerliche Schauspielerin Jagemann ebenso wie diese Entscheidung selbst: Sie war getragen von Selbstbestimmung, Verstandesschärfe, rationaler Argumentation, ja berechnender Kalkulation. Alle Hindernisse, die aufgeführt wurden, lagen allein im Äußeren der gesellschaftlichen Umstände. Und da über das eigene innere Gefühl nichts ausgesagt wird, wurde der abgewiesene Landesherr, bei aller Bestimmtheit der Absage, ziemlich direkt auf den Ausweg verwiesen, diese äußeren Umstände, soweit sie in seiner Macht lagen, zu verändern. Innerlich, vom Gefühl her, würde, das lässt sich zwischen den Zeilen immerhin indirekt herauslesen, dem von ihm Vorgeschlagenen wenig oder nichts entgegenstehen.

Auffällig wenig, ja gar nicht ist hier wie in den gesamten Memoiren Carolines von einer Liebe zu Carl August die Rede. Wenn das Wort *„Liebe“* überhaupt vorkommt, wird es sofort wieder eingeschränkt. *„Ich brauche dieses Wort, obwohl es die komplizierte Empfindung nicht wiedergibt“,* schreibt sie einmal in diesem Zusammenhang, ein andermal spricht sie von ihrer *„Liebe, die ganz verschieden von dem (war), was man Leidenschaft nennt“*. Meistens ist von Liebe als Liebe zum Landesfürsten oder Theaterherrn die Rede: *„Ich hatte den Herzog lieb, hätte mir ewig Vorwürfe gemacht, wenn ich ihn gekränkt und sein Theater plötzlich verlassen hätte.“* Wenn sie überhaupt ein Gefühl für den Herzog beschreibt, ist es in erster Linie Mitleid, und sie stellt sich dabei in einer Theater- oder Opferrolle dar: *„Seine Unpäßlichkeit hatte den Anschein von Lebensüberdruß angenommen, und im Stillen sah ich mich als Ursache dieser trüben Stimmung an; die Worte des schwedischen Hauptmanns: ‚Man sagt, er wolle sterben‘, die mich in Theklas Seele so tief erschütterten, steigerten meine Exaltation derart, daß mir oft war, als müßte ich zu seinen Füßen stürzen und ihn bitten, mein Lebensglück als Opfer für das seine anzunehmen.“*

Mit ihrer Absage konnte Caroline allerdings nicht die Gerüchte aufhalten, die durch das kleine Weimar schwirrten. Ihre widersprüchliche Lage zwischen Gefühl und äußeren Umständen, zwischen Zuneigung und moralischen Grundsätzen, zwischen Liebe und Ehre war längst das Gesprächsthema der ganzen Stadt. Widersprüchlich und wenig hilfreich, soweit sie ihr zugetragen wurden, waren auch die Meinungsäußerungen anderer. *„Damen, die der Herzogin nahestanden, überbrachten mir die Äußerung“*, dass sie nichts gegen ein solches festes Verhältnis ihres Gemahls habe, *„Männer von Ehre und Gewicht versicherten mich ihres Dankes, wenn ich es über mich bringen könnte, … ein anderer warnte, da der Herzog in puncto Weiber kein Gewissen habe und* *mich wie eine ausgepreßte Zitrone beiseitewerfen könnte, ein dritter sah mich am Abgrunde, ein vierter einsam und verlassen ... nach Verlust meines guten Rufes ... Der Hofkammerrat und seine Damen ermahnten mich zum Widerstand ... Am allerlebhaftesten besprachen aber die jungen Mädchen meiner Bekanntschaft die Situation ... bald sollte ich mich entführen, bald dem Herzog an die linke Hand trauen lassen, bald durchgehen, bald mit dem Fürsten Gutes wirken, am Ende blieb ich so hilflos wie zuvor."*

Erst Wochen später sah Caroline den Herzog wieder; im Hofkonzert ließ er seinen *„düsteren Blick auf mir ruhen"*. Bei einem der nächsten Konzerte trat er auf sie zu mit der Bemerkung, *„es könne so nicht weitergehen"*. Caroline willigte schließlich in eine weitere klärende Unterredung ein.

Diese fand in ihrer Wohnung statt. Caroline wiederholte sofort und entschieden ihre Absage und beschwor den Herzog, *„er möge doch einsehen, daß seine Empfindung für mich größtenteils in seiner Imagination bestehe; ... wenn er sie überwinde, werde er tausendmal zufriedener sein, als wenn er mich durch seine Schuld unglücklich sehen müßte"*. Es gehe aber für ihn um Leben und Tod, setzte der Herzog dagegen. Und dann begann er, die von ihr brieflich angeführten Gründe einen nach dem anderen zu entkräften: *„Übrigens wäre es eine Rechtfertigung vor der Welt, daß seine Gemahlin aufrichtig wünsche, meine Neigung möchte mich ihm zuführen."* Und: *„ob es meine Begriffe von Ehre befriedigen würde, wenn ich mich ihm an die linke Hand trauen ließe?"* Als Caroline immer noch an ihrer Absage festhielt, holte er in seiner Argumentation gleichsam zu einem letzten Schlag aus: er werde in russische Dienste treten und seiner Frau die Regentschaft über das Herzogtum Weimar überlassen, er werde sich ein neues Betätigungsfeld suchen *„oder das Ende eines reizlosen Lebens"*.

Doch gerade dieses letzte Argument des Landesherrn bewirkte in der emotional aufgeladenen Situation genau das Gegenteil von dem, was es sollte. Der gefühlvolle Appell an die Liebe des Landeskindes, dass das ganze Wohl des Landes allein von ihr abhängen sollte, erweckte in Caroline plötzlich Ernüchterng, Misstrauen und kühle Überlegung. *„Diese Nuance* *von Mißtrauen"*, so sie selber, *„bewahrte mich vor einem Versprechen, das sich schon auf meinen Lippen drängen wollte."* Stattdessen wiederholte sie ihre Absage und blieb dabei. *„Der Herzog verließ mich mit großer Niedergeschlagenheit"*, fährt sie in ihrer Schilderung fort. Sie sah jetzt keinen Ausweg mehr als die endgültige Flucht aus Weimar.

Ruhm und Anerkennung der Schauspielerin und Sängerin Jagemann waren unterdessen in und außerhalb Weimars nur gestiegen. Ein besonderes künstlerisches wie menschlich-privates Verhältnis hatte sich zum Dichter Friedrich Schiller und seiner Familie entwickelt. Als Thekla im *„Wallenstein"* hatte sie inzwischen, neben vielen anderen Rollen, große Triumphe gefeiert, Schiller sah wie auch schon Wieland in ihrem Spiel die ideale Verkörperung seiner Theaterfigur. Caroline Jagemann war nicht mehr nur irgendeine Schauspielerin, der Dichter schätzte sie auch persönlich. *„Nach der ersten Vorstellung wohnte ich"*, so Caroline selbst, *„an seiner Seite einem vergnügten Abendessen im Kreise mehrerer Freunde bei Frau von Wolzogen bei."* Als Ende Juni 1799 der König und die Königin von Preußen Weimar besuchten, gehörte *„unter die Feste dieser Tage … auch die Aufführung von ‚Wallensteins Tod', der damals außer in Weimar noch nirgends gegeben war; während eines Zwischenaktes kam Goethe in seidenem Galakleid mit Degen und Chapeaubas in strengster Haltung auf die Bühne, um mir zu verkünden, daß mich die Königin morgen früh zu sehen wünsche"*. Am 11. Mai 1800 las Schiller den Weimarer Schauspielern die vier ersten Akte der *„Maria Stuart"* vor in der Absicht, die Besetzung der beiden Frauenrollen zu regeln. Er entschied sich für die Jagemann als Königin Elisabeth in der Uraufführung, für diese bedeutete das eine weitere Glanzrolle.

Neben ihrer Theaterarbeit nahm Caroline weiterhin wie früher am übrigen kulturellen und gesellschaftlichen Leben der Stadt teil – trotz oder auch gerade wegen des über sie kursierenden Stadtklatsches. Dabei gehörte es offenbar zur Taktik und Werbungsstrategie des Herzogs, dass er dafür sorgte, dass die von ihm Umworbene gesellschaftlich nicht isoliert wurde, im Gegenteil: zwei Einladungen im April 1800 in Goethes Haus – einmal zusammen mit den Familien Schiller und Herder, das andere mal mit Prinzessin Karoline, Frau von Stein, der Familie Löwenstern und jeweils noch weiteren Mitgliedern der Weimarer Gesellschaft – gingen sicher auf ausdrückliche Anregungen des Herzogs zurück.

Auch im übrigen deutschsprachigen Raum war Caroline Jagemann längst ein bekannter und geschätzter Name, um nicht zu sagen, ein Star. *„Alle Bühnen Deutschlands standen mir offen"*, schrieb sie selbst und übertrieb damit nicht. *„Riga bot mir 2600 Taler"* – gut das Vierfache wie Weimar – *„Iffland hätte mich sofort aufgenommen, und anderswo würden sich mir rasch Chancen eröffnet haben"* – also, was lag näher als eine Flucht aus Weimar, um allen Nachstellungen, hartnäckigen Umwerbungen und Bedrängungen, allem bösen Klatsch und der ganzen verfahrenen Lage zu entkommen? Andererseits: Alles, was Carolines Leben ausmachte, beruflich, privat, gesellschaftlich, lag in Weimar und war fest mit dieser Stadt verbunden.

Ein Theaterkollege, der Tenor Schulz, hatte ein Engagement in Wien erhalten. Caroline entschloss sich nun kurzfristig, ihn über Prag dorthin zu begleiten. Der Herzog bewilligte die Reise, offiziell wurde sie als eine Art Weiterbildung deklariert. Außerdem galt sie auch einem Besuch des Bruders, der in Wien Malerei studierte. In Wirklichkeit jedoch war sie für Caroline nichts anderes als ein erster ernstgemeinter Fluchtversuch aus Weimar.

In Wien bot man der bekannten Sängerin sofort Gastrollen an. Zweimal sang sie die Susanne in Mozarts *„Figaro"*, viermal die Roxane in den *„Drei Sultaninnen"*, alles mit außerordentlichem Erfolg. Sie wurde in der Wiener Gesellschaft herumgereicht, besuchte mit ihrem Bruder den Komponisten Salieri, schloss Bekanntschaft mit dem Arnsteinschen Haus, in dem man täglich Fremde aus allen Ländern sah, so auch den berühmten Lord Nelson mit seiner für ihre Darstellung von lebenden Bildern berühmten Lady Hamilton, *„eine hohe stattliche*

Gestalt mit dem Kopfe einer Pallas, hinter ihm drein, seinen Hut unter dem Arm tragend".

Es war nicht das einzige Mal, dass Caroline in Wien dem begegnete, was sie für sich selbst in Weimar fürchtete und floh: einer Frau mit dem Status der Mätresse. Eine merkwürdige, unschöne Szene, gleichsam eine Schreckens- und Zukunftsvision, erlebte sie, als sie mit einer früheren Kollegin aus Mannheim, jetzige Frau Roose, ein Chambre garni betrat und eine vor Eifersucht keifende, in bitteren Anzüglichkeiten schimpfende, ältliche Dame ihnen entgegenfuhr: Es war die Gräfin Lichtenau, vormals Wilhelmine Encke, Mätresse Friedrich Wilhelms II. von Preußen, *„die ehemalige Beherrscherin eines Königlichen Herzens"*, so Carolines Worte, *„und jetzige Geliebte eines jungen Troubadours, der sich Fontano nannte und die hübsche Madame Roose ihr vorzog".*

Sonst aber malte sich die Zukunft für die Flüchtende eher rosig: Der Wiener Intendant Baron Braun machte der gefeierten Jagemann *„Anerbietungen ..., die das Weimarer Gehalt fünfmal überstiegen".* Eine glänzende Karriere schien sich vor ihr zu öffnen. Doch nach Beendigung ihres Besuches sahen Gegenwart und Zukunft schon wieder anders aus: *„Baron Braun, dem ich volle Häuser gemacht hatte"*, übersandte, weil kein schriftlicher Kontrakt vorlag, nur *„ein mittelmäßiges Honorar".*

Hin- und hergerissen, überwältigt von Heimatgefühl, bestürmt von Illusionen, Träumen und harten Realitäten kam Caroline nach Weimar zurück. Frau von Löwenstern, die *„mit ihren Gefühlen ins Reine gekommen schien oder sich mit großer Kraft beherrschte"*, befand sich auf der Abreise in ihre Heimat, Caroline bezog deren bisherige Wohnung. Sie versuchte, dem Herzog wieder möglichst aus dem Weg zu gehen und konnte dennoch ein erneutes Zusammentreffen nicht vermeiden. Neue Fluchtpläne und Fluchtmöglichkeiten wurden von ihrer Seite erwogen, der Herzog versuchte alles, sie zumindest weiter an Weimar zu binden. *„Nach der Löwensternschen Abreise, sagte er, habe er noch deutlicher sich überzeugt, wie notwendig ich zu seiner Zufriedenheit sei; als ich aber meine Einwände wiederholte, begann er* *dieselben mit einer Gereiztheit und Bitterkeit zu widerlegen, wie ich sie nie an ihm bemerkt hatte.“*

Wieder spielte Carl August seinen Gesundheitszustand aus und war dabei ein ebenso begabter Schauspieler wie die Umworbene. *„Das dunkle Rot, das sich durch die Erregung über Stirn und Wangen verbreitet hatte, wechselte mit Todesblässe“*, so beschreibt Caroline ihre nächste Zusammenkunft, auf der er theatralisch seine Werbung wiederholte, *„mitten im Satz sank das Haupt mit geschlossenen Augen in die Kissen des Sofas zurück. Ich ergriff in namenloser Angst die kalten Hände und drückte sie weinend an meine Lippen … In mir war aber inzwichen ein Entschluß zur Reife gediehen, ehe er noch ein Wort an mich richtete, rief ich aus: ‚Was ist an meinem Glück gelegen, … wenn von dem Ihrigen die Rede ist! Ich verspreche, hier zu bleiben!‘ Den innigen Ausdruck seiner Freude vermag ich nicht wiederzugeben.“* Herzog Carl August hatte Erfolg gehabt.

Das konkrete Ergebnis dieser leidenschaftlichen Unterredung war aber seltsamerweise eine neue Flucht der Versprochenen. Um von *„Jugend und Glück“*, ja vom Leben vor ihrem *„moralischen Tode“* Abschied zu nehmen, so ihre Formulierung in den Memoiren, erbat sich Caroline jetzt eine Reise nach Mannheim über Göttingen, um ein anderes, älteres Versprechen einzulösen, und dort bei Freunden ein Konzert zu geben. *„Verstand mich der Herzog, oder wollte er mir in der frohen Stimmung … keine Unlust erregen, genug, er stimmte zu. Schon am dritten Tag konnte ich meine Reise antreten.“*

Caroline hatte ihr Versprechen dem Herzog gegenüber deutlich als ein Opfer ihrerseits, für das der Herzog dankbar zu sein hatte, dargestellt, ja stilisiert. Das war vielleicht durchaus überlegt und zweckrational gezielt, denn es brachte sie in eine äußerst vorteilhafte, weil zur Erlangung weiterer, auch materieller Gunstbeweise ausnutzbare Position. Sie selbst mag sich in diesem Augenblick dessen kaum bewusst gewesen sein; zu welchen Konflikten und Konsequenzen das jedoch führen konnte, wurde ihr erst durch die Einmischung Dritter klar.

Vor ihrer erneuten plötzlichen Abreise nahm sie Abschied von nahen Bekannten, so auch von Frau von Wolzogen, Schillers Schwägerin. Diese hatte sich immer als sehr verständnisvoll und tolerant gegeben, was Carolines Situation betraf, und so vertraute sie ihr auch das dem Herzog inzwischen gegebene Versprechen an. Doch da schlug deren Meinung unvermutet um, Frau von Wolzogen bedauerte Caroline jetzt und beschwor sie, das Ganze wieder rückgängig zu machen. Auch bei anderen Bekannten traf Caroline auf gleiche Bestürzung über den von ihr getanen Schritt. *„Die Menschen hatten wohl geglaubt, der Herzog werde ewig schmachten, und ich wie eine Marmorstatue kalt und fühllos bleiben“*, verteidigte sie sich zwar. Doch die überall gleiche Reaktion machte sie in ihrem Entschluss schnell wieder wankend. Ihr letztes Wort an Frau von Wolzogen war: *„Retten Sie mich, wenn Sie können.“*

Frau von Wolzogen fiel nun nichts Besseres ein, als in Carolines Namen dem Herzog eine unglaublich hohe Geldsumme für die Einlösung des gegebenen Versprechens abzufordern in der sicherlich gut gemeinten Hoffnung, dass sie für ihn unakzeptabel sei und ihn dazu bringen würde, Caroline davon wieder zu entbinden.

Diese hielt sich inzwischen in Göttingen auf, als ein Eilkurier aus Weimar sie erreichte. Es war der Leibarzt des Herzogs mit schlechten Gesundheitsnachrichten und einem persönlichen Brief. *„Der Herzog schrieb mir, Frau von Wolzogen habe ihm für die Erfüllung seiner Bitte die Bedingung gestellt, mir vierzigtausend Taler zu übergeben; und aus seinem veränderten Tone ging hervor, welch befremdlichen Eindruck dies auf ihn gemacht hatte. Er wäre immer ein Bewunderer meiner vielseitigen schönen Eigenschaften gewesen, bemerke aber jetzt mit Staunen eine respektable Kalkulationsgabe, die seiner Neigung eine andere Richtung gäbe; trotzdem sei er nicht stark genug, ihrer Gewalt zu widerstehen, und wolle mir die Summe überweisen, wenn … auch nicht sofort.“*

Entrüstet schrieb Caroline sofort zurück: Frau von Wolzogen sei entschieden zu weit gegangen, von Geld könne hier niemals die Rede sein, selbst *„mit seinem ganzen Lande“* könne der Herzog sie nicht für die *„Verleugnung ihrer Grundsätze“* und den *„Verlust der allgemeinen Achtung“* entschädigen!

Verstimmt und deprimiert kam sie dann nach Weimar zurück. Was sie dort in Zukunft erwarten würde, hatte sie bei einem Zwischenaufenthalt in Frankfurt erfahren, wo ihr der neueste Weimarer Stadtklatsch zugetragen wurde, unter anderem, dass Fräulein von Knebel, Hofmeisterin bei der Prinzessin Karoline, gesagt haben solle, sie werde eher ihre Stelle niederlegen, als weiteren Umgang mit einer wie der Jagemann zu pflegen – doch es sollte noch schlimmer und auch dramatischer kommen.

Der Herzog begegnete Caroline sofort mit der Frage, ob sie ihren Entschluss etwa bereue. *„Ich konnte das mit gutem Gewissen verneinen, verschwieg aber ebenso wenig, daß ich mit Angst einer traurigen Zukunft entgegensähe. Nach kurzem Schweigen erwiderte er: ‚So müßte ich einer der schlechtesten Menschen auf Erden sein, wenn ich ein solches Opfer annehmen wollte. Geben Sie mir meine Briefe.'*

Diese plötzliche Entscheidung traf mich wie ein Donnerschlag, ich hatte kaum die Kraft, die Papiere herbeizuholen ... In der Küche brannte helles Feuer, der Herzog hielt jeden Brief einzeln darüber, bis er verkohlte ... Als endlich der letzte Brief zu Asche geworden war, sagte er: ‚Leben Sie wohl, wir haben jetzt auf Lebenszeit Abschied genommen.'

Ich stand eine Weile unbeweglich, während mein Auge ihm die Treppe hinab folgte."

Jetzt blieb nur noch die endgültige Flucht aus Weimar. Schon am nächsten Tag kündigte Caroline beim Hofkammerrat Kirms ihr Theaterengagement, nahm hastig Abschied von der Familie und riss sich, wie sie glaubte und schmerzlich fühlte, für immer von der Heimatstadt los.

Am 14. August 1801 traf sie in Berlin ein und eilte sofort zu Iffland. Der war über den Grund ihrer plötzlichen Abreise aus Weimar keineswegs verwundert, hatte er doch seit dem Blumenbukett auf Schloss Ettersberg alles vorhergesehen und eifrig verfolgt. Seine Meinung zum Geschehenen war jedoch geteilt: einerseits Beifall über das Festhalten an ihren Grundsätzen, andererseits Bedauern über die damit verbundene Kränkung des Herzogs. Auch die preußische Königin Luise, die Caroline bald nach ihrer Ankunft empfing, war, von Iffland über alles unterrichtet, in etwa gleicher Meinung: Sie billigte Carolines Verhalten durchaus, begriff aber auch *„manche Motive des Herzogs und verdammte sie nicht“*.

Letztlich ratlos und mit dem Gefühl des Alleingelassenseins stürzte sich Caroline in Berlin sofort in künstlerische Aktivitäten und fand darin *„Trost und Glück“*: Vom 21. August bis zum 16. Oktober trat sie an neunzehn Abenden in elf Rollen vor übervollen Häusern auf. *„Der Erfolg meiner Leistungen war noch glänzender als bei meinen früheren Gastspielen.“* In Berlin winkte, wie schon in Wien, der gefeierten Jagemann, *„Weimars, des höheren Deutschlands beliebteste Schauspielerin“*, wie die Berliner Kritik begeistert schrieb, eine steile Karriere: Königin Luise selbst bot ihr ein Engagement als Kammersängerin an mit erhöhter Besoldung und lebenslanger Pension. Trotzdem riet sie, wie auch Iffland, vorerst zu einer vorübergehenden Rückkehr nach Weimar, um die dortigen Theaterverhältnisse und auch die Sympathien des Herzogs nicht allzu sehr und dauernd zu gefährden.

Schließlich folgte sie diesen Ratschlägen der Vernunft: sie kehrte mit dem *„unwiderruflichen Entschluß, Ostern ein Engagement in Berlin anzunehmen“*, noch einmal nach Weimar zurück – nicht ohne auch in Berlin von einem dortigen Prinzen die Offerte einer Heirat zur linken Hand erhalten zu haben, die sie allerdings, so ihre eigene Formulierung, *„bei meiner Ansicht von linken Händen schmerzlos“* ausschlug.

Der Empfang in Weimar war mehr als kühl, kühler noch als beim letzten Mal. Als erstes erhielt sie ein Billett von Frau von Wolzogen, die sich ihren Besuch für immer verbat und allen Verkehr aufkündigte, und mit ihr wandten sich auch Schillers von ihr ab. Von früheren Freundinnen und fast allen Bekannten wurde sie bis auf wenige Ausnahmen ostentativ gemieden. Sie nahm ihre unterbrochene Theaterarbeit wieder auf, gesellschaftlich und privat aber igelte sich die Gemiedene und Verfemte ein. Zu den Proben ließ sie sich in einer verhangenen Portechaise tragen.

Wieder war es der Herzog, der die Stille, die sich so um sie zu legen begann, durchbrach. Unerwartet kündigte er seinen Besuch an. Um *„mich nicht neuerdings einem Gerede auszusetzen"*, zögerte Caroline und bat um ein Treffen *„bei lichtem Tage"* und auf gleichsam neutralem Boden, *„damit niemand auf ein Geheimnis schlösse. Weil ich diesem Besuche eine entscheidende Wichtigkeit beilegte und einen Ausbruch des Unwillens befürchtete, zitterten meine Knie, als ich auf dem Saale seine Schritte hörte."*

Doch was sie erwartete, war nur das endgültige Happy-End, zu dem auch sie dann beitrug. *„Sein erstes Wort ‚O Karoline' zeigte keine Spur von Zorn und Bitterkeit, sondern nur Schmerz und Erschütterung; er schritt auf mich zu und drückte mich an seine Brust, als er aber seinen mageren Arm mit den Fingern umspannend ausrief: ‚Sieh, das hast du aus mir gemacht!' konnte ich nur mit Tränen antworten. Jedes Bedenken und jede Rücksicht auf mein künftiges Glück verschwand vor dem Entschlusse, dem Teuren Zufriedenheit und Gemütsruhe wiederzugeben, und ich gelobte ihm aufs neue, mein Geschick nicht wieder von ihm zu trennen."*

Mit der Schilderung dieser Szene gegen Ende des Jahres 1801, der nur noch der Satz folgt: *„Nun sah ich den Herzog alle Tage"*, brechen Caroline Jagemanns autobiographische Aufzeichnungen ab.

Wer war nun Sieger in diesem Spiel? Und um eine Art Spiel hatte es sich doch wohl auf beiden Seiten gehandelt: Versprechen, Flucht, Rückkehr, Trennung und neues Versprechen. Der Herzog jedenfalls sah es so, wenn er im Nachhinein von Carolines *„Gewissensspiel von Ende Juni bis Mitte Dezember"* sprach, und er selber wusste auch, wie jeder Spieler, was er tat, wenn er darin seine Trümpfe wie etwa seinen schlechten Gesundheitszustand ausspielte. Caroline Jagemann hat es sich und dem Herzog mit ihrem Mätresse-Werden nicht leicht gemacht, sie, deren *„Kalkulationsgabe"* nicht nur der Herzog bemerkte, taktierte in diesem Spiel – unbewusst oder sehr bewusst oder auch beides – auf jeden Fall keineswegs unklug. Schließlich und endlich akzeptierte und bejahte sie wohl nur das Gesetz, das seit frühester Jugend über ihrem Leben zu stehen schien und es bestimmte: eigenes Talent und Protektion des hohen Adels mit ihren negativen wie positiven Auswirkungen. Am Ende hatte sie, die schon mehrmals sozial deklassierte Außenseiterin, alles erreicht, was sie erreichen konnte, oder es lag in greifbarer Nähe: materielle Sicherheit und Versorgung auf höchstem Niveau, auch für eventuelle Kinder, Aufnahme in den Adelsstand, und das alles ohne Störung des herzoglichen Familienfriedens, eine zwar immer noch fragwürdige und angefeindete, aber zumindest äußerlich respektable Stellung in der Weimarer Gesellschaft, unbeschränkte Freiheit zur Ausübung ihres Berufes und – nicht zuletzt – mit der Gunst des Herzogs im Rücken: Macht und mögliche Herrschaft über sämtliche Weimarer Verhältnisse. Caroline hätte sich als Schauspielerin lebenslang allein ernähren können. So aber kam noch etwas hinzu, was sie für das Ausschlagen besser bezahlter Engagements außerhalb Weimars mehr als entschädigte. Was konnte eine junge, schöne und begabte Schauspielerin und Sängerin sich anderes wünschen?

Und der Herzog? Er bekam nicht nur einen jungen, hübschen und begehrten Schatz ins Bett, sondern auch eine bekannte und erfolgreiche Künstlerin, ein Aushängeschild für seine Kunststadt Weimar, und dazu noch ein allem Anschein nach auf Dauer angelegtes eheähnliches Verhältnis, das ruhige, häusliche Leben, die *„Erholung bei einer Gattin oder Geliebten"* nach *„wilden Genüssen"*, *„die stille, reine Zuneigung"*, wie er sie sich immer gewünscht hatte als *„Mann, der fleißig den harten Acker der Pflichten baut"*, wie er es im ersten Werbungsbrief an Caroline formuliert hatte. Also gab es nur Sieger in diesem Spiel?

Zu berücksichtigen bleibt allerdings, dass die Darstellung und Wiedergabe dieses Spiels bisher nur der Darstellung Carolines in ihren dreißig bis vierzig Jahren später verfassten Erinnerungen gefolgt ist. Sie muss nicht immer richtig sein und vor allen Dingen nicht die einzige Wahrheit, sondern sie ist mit Sicherheit gefärbt, einseitig perspektiviert, stilisiert und pro domo geschrieben: nach ihrer eigenen Aussage zuerst für ihre Kinder zur Darlegung und Rechtfertigung ihres Lebens.

Dass sie schließlich dem Werben des kränkelnden Herzogs aus Mitleid nachgab und seiner Zufriedenheit und Gemütsruhe Ruf und Ehre opferte, das ist eben ihre – und spätere! – Version der Dinge. Der Herzog hätte, schon aus seiner Perspektive als Mann, sicher vieles ganz anders erzählt, hätte hinzugefügt und weggelassen. In Weimar gab es überdies viele, die alles ganz anders sahen, es gab manche oder manchen, der zu wissen glaubte oder der sicheren Überzeugung war, dass beispielsweise das „Opfer", das Caroline brachte, vor Jahren längst stattgefunden hatte und dass sie sich nur dessen Veröffentlichung oder offizielle Bestätigung durch langes Zieren und Zögern möglichst teuer abkaufen ließ. Wie es um die Moral junger Schauspielerinnen stand, glaubte man ohnehin zu wissen: Die Grenze zur Dirne galt nicht nur im Volksmund als fließend, auch Vater Jagemann war nicht ohne Grund gegen den Schauspielberuf seiner Tochter gewesen. Und dass gerade dieser Herzog jahrelang um die Schöne unerfüllt-schmachtend geworben haben sollte, glaubte im Grunde niemand.

Caroline Jagemann war nicht unbedingt beliebt in der Stadt, ihre Erfolge brachten ihr nicht nur Sympathie ein, sie galt als ehrgeizig und berechnend zielstrebig. Das jetzt erreichte *„Etablissement"* mit dem Herzog sah man eher als das Ergebnis eines von ihr lange geplanten, geschickt eingefädelten Manövers, taktisch klug, eine gekonnte nach Jahren endlich erfolgreich aufgegangene Strategie. Wilde Leidenschaft und ungestümes Gefühl der jungen Schauspielerin für den kränkelnden, sehr viel älteren Landesvater vermochte keiner zu entdecken, allenfalls eine gewisse Zuneigung, sonst aber nackter, berechnender Eigennutz und Vorteilsannahme, gieriger Griff nach gebotenen Privilegien! Was man sah, machte neidisch und wohl auch ungerecht.

Der Jagemann wurde im stattlichen Deutschherrenhaus eine große Wohnung eingerichtet, durchaus luxuriös mit Tafelsilber, teuren Gemälden und altem Porzellan. Hier verbrachte der Herzog fortan in der Regel seine Abende im gewünschten häuslichen Kreis. Hier wurde sozusagen ein zweiter Hof eingerichtet, an dem sich nun auch ein wesentlicher Teil des gesellschaftlichen Weimarer Lebens abspielte, hierhin flossen bald ein Viertel der Gesamtausgaben der herzoglichen Privatschatulle. Und die illegitime Nebenehe, die der Herzog und Caroline, aus welchen Motiven auch immer, hier führten, wurde zur Enttäuschung vieler Neider und allen üblen Nachreden zum Trotz eine augenscheinlich überaus glückliche!

Nachdem die Herzogin Luise zu Weihnachten 1801 offiziell ihre Zustimmung signalisiert hatte – kein Geringerer als Goethe überbrachte ein Schreiben, in dem sie Carolines Befürchtungen zu zerstreuen suchte, nebst einem kostbaren Armband als Weihnachtsgeschenk – wurde mit dem Jahr 1802 das Verhältnis von der breiten Öffentlichkeit anerkannt, beziehungsweise Weimar hatte sich daran zu gewöhnen. Auch die Herzoginmutter Anna Amalia, Carolines alte Feindin, nahm das *fait accompli* stillschweigend hin. Anfeindungen besonders von Volk und Klerus, verfolgten Caroline aber noch lange und immer wieder, wie sie das befürchtet und vorhergesehen hatte. Der Herzog tat zwar alles, sie das Opfer, das sie ihm gebracht hatte – den Ruf einer Mätresse und die Schmach eines Lebens *„in Sünde“* – vergessen zu lassen, doch seine Macht war begrenzt. Frau von Wolzogen, der Kreis um Herder, der alte Adel wie die Frau von Stein, selbst Frau von Löwenstern waren, wie viele andere auch, nicht wieder zu versöhnen, und die Weimarer Erbprinzessin Maria Pawlowna etwa besuchte keine Theatervorstellung mehr, an der Caroline mitwirkte. Dagegen nützte es wenig, dass die Herzogin Luise auf einer offiziellen Gesellschaftsveranstaltung zu Silvester 1802 gegenzusteuern versuchte und Caroline demonstrativ durch ihre Ansprache auszeichnete; die Wirkung war nur momentan. Nachher lobten zwar alle den Großmut der Herzogin, Caroline aber wurde weiterhin geschnitten. Die Erhebung in den Adelsstand – ab 1809 als Frau von Heygendorf nach Verleihung des frei gewordenen gleichnamigen Gutes bei Allstedt – machte die Lage nicht besser: die Adligen, zu denen sie *„erhoben“* wurde, fühlten sich noch mehr beleidigt, bei denen, über die sie emporstieg, erweckte es nur Neid. Neuer hässlicher Klatsch auch, als Caroline sich im Jahr 1804 auf eine mehrwöchige Reise begab und auf dieser mit einem Knaben niederkam, der bald darauf verstarb. Der hämische Klatsch legte sich auch nicht, als sie 1806 einen zweiten Sohn gebar und Goethe dessen Taufpate wurde, nicht einmal, als sie zwei Jahre später einen dritten Sohn und schließlich noch eine Tocher bekam. Der Herzog, der alle Kinder anerkannte und versuchte, durch seine Autorität und Initiative das bisherige Gesellschaftsleben für Caroline nicht abreißen bzw. wieder aufleben zu lassen, beklagte sich gleichwohl brieflich bitter bei seinem Freund Goethe, dass *„unsere Gesellschaft fortfahre, ... sich so inhuman gegen sie zu betragen"*, und versicherte, dass er dafür Sorge trage, *„daß sie das Mark des Landes nicht aussaugt"*.

Tatsächlich befürchteten das wohl nicht wenige, schließlich war es die gängige und populäre zeitgenössische Erwartung von einer Mätressenwirtschaft. Karoline Schlegel bemerkte schon im Jahr 1801 brieflich, die Jagemann werde jetzt herrschsüchtig, und Vulpius, der Bruder Christianes, spricht ein Jahr später davon, Caroline *„tue, was sie will"*. Man sah offenbar, was man sehen wollte. Die Jagemann war jedoch, das hatte sie gar nicht nötig, keine sich schnell und schamlos bereichernde Fürstenmätresse auf Zeit, sie strebte auch nicht nach politischer Macht, wie andere Mätressen das versuchten und das Klischee es wollte. Sie blieb vielmehr zeit ihres Zusammenlebens mit Carl August eine ausübende Bühnenkünstlerin, Star des Weimarer Theaters, und nur als Künstlerin und im Rahmen ihrer Künste strebte sie nach Herrschaft, und zwar am, im und über das Theater. Dieses war in Weimar höchstens mittelmäßig, das wusste sie und wollte es ändern. Im Theaterensemble gab es nur wenige ihr ebenbürtige Künstler. Sie war die einzige künstlerische Kapazität, die auch außerhalb Weimars anerkannt und berühmt war. *„In der Verbindung von Gesang und Spiel"*, schrieb zu dieser Zeit die angesehene *„Allgemeine musikalische Zeitung"* in Leipzig, *„wird sie schwerlich von einer deutschen Sängerin übertroffen."* Um diesen Ruf zu halten und zu vermehren, unternahm Caroline weiterhin Gastspielreisen ins Ausland, so schon im Jahr 1802 wieder nach Wien. Triumphale Auftritte auf internationalen Bühnen sicherten und stärkten ihre Position auch daheim. Kein Wunder, dass sie hier besonders, was die Oper betraf, bald eine dominierende Rolle spielte – und das wollte sie auch! Der Weimarer Theaterdirektor Goethe hatte ohnehin wenig Verständnis, Lust und Kompetenz für dieses Fach. So entwand sich das Opernrepertoire schon bald seinen Händen und geriet ganz in die Regie von Caroline Jagemann.

Seit Ostern 1806 blieb die Oper in Repertoireauswahl und Spielleitung im Wesentlichen ihr – mit den Korrekturen des Herzogs – überlassen. 1808 schließlich gab Goethe nach einigen Querelen die Operndirektion ganz ab und beschränkte sich auf die Schauspielintendanz. Doch Carolines Ehrgeiz ging noch weiter. Bei jeder Auseinandersetzung in Theaterfragen hatte sie – das wusste sie und das wusste jeder in Weimar – stets die Macht und Autorität des Herzogs auf ihrer Seite, obwohl sie im Theater weiterhin – bis ans Ende ihrer Karriere – bewusst den Namen *„Madame Jagemann"* beibehielt und als Theaterpraktikerin mit ihrer Fachkompetenz zu argumentieren versuchte. Die Leute wussten es aber auch hier besser. Insider verfolgten mit Interesse jahrelang Madame Jagemanns, wie sie meinten, Machtkampf gegen den großen Altmeister Goethe um die Herrschaft über das Weimarer Theater.

Die Wirklichkeit war jedoch komplexer und ist differenzierter zu sehen. Es ging nicht nur um Macht, Intrigen und Rivalitäten. Jeder der Beteiligten wusste, wen er vor sich hatte, und versuchte, dem anderen gerecht zu werden. Es ging eher um ein vernünftiges Arrangement divergierender Kräfte von Ökonomie, künstlerischer Freiheit, pragmatischer Praxis und geistigem Niveau.

Von Anfang an hatte sich Caroline Jagemann von Goethes praktischer Theaterarbeit mehr abgestoßen als angezogen gefühlt. *„Meine Stellung, mein Talent und meine Neigungen entzogen mich der sklavischen Unterwürfigkeit, in der er die Theaterdamen sich gegenüber zu sehen wünschte … Seine Hand lastete schwer auf den Theaterleuten"*, schrieb sie in ihren Erinnerungen. Entsprechend hielt Goethe die junge Schauspielerin für eine Person *„ohne alle Konsequenzen und Plan"*, die *„nur eine Rolle spielen, leben, genießen* *wolle*". Später änderte sich die gegenseitige Einschätzung. Caroline lernte den großen Dichter kennen und schätzen, von dem sie als junge Schauspielerin, auch wenn sie seine Figuren als Theaterrollen spielte, wenig wusste, und relativierte ihr aus der bloßen Theaterpraxis gewonnenes Urteil und Vorurteil. Goethe erkannte bald ihre Kompetenz und auch ihre Macht als Herzensfreundin seines Freundes, des Herzogs, vor allem: Er wusste spätestens seit der Zusammenarbeit mit Schiller um ihre künstlerische Größe und Begabung und ihre über Weimar hinausreichende überragende Bedeutung, so dass er in ihren Handlungen, auch wenn sie anscheinend gegen ihn gerichtet waren, nicht nur bösartige persönliche Intrigen und Schachzüge sehen konnte. *„Sie war auf den Brettern wie geboren und gleich in allem sicher und entschieden, gewandt und fertig ... Sie bedurfte meiner Lehre nicht, sie tat instinktmäßig das Rechte*", so sein späteres Urteil über sie zu Eckermann. Man achtete sich gegenseitig, begegnete sich mit ausgesuchter Höflichkeit und Respekt und verkehrte miteinander freundschaftlich-distanziert in verbindlichen Formen, wenn man nicht nur in großer Gesellschaft, sondern auch persönlich im kleinen Kreis im Haus des anderen zusammentraf. Man arrangierte sich in jeder Hinsicht und arbeitete, so gut es ging, zusammen.

Diese Zusammenarbeit in Weimar sah über Jahre, um ein Beispiel zu geben, etwa so aus: Jemand suchte für ein Projekt um finanzielle Unterstützung durch die Weimarer Regierung an. Riemer und Goethe rieten, sein Bittgesuch bloß nicht dem Herzog direkt vorzulegen, denn so gelange die Angelegenheit an die Jagemann, deren Ansicht von vornherein den Ausschlag gebe, was weitere Verhandlungen ausschließe. Stattdessen solle er sein Anliegen zum Vortrag beim Herzog dem Geheimrat von Voigt vorlegen, der dann von Goethe die nötigen Erkundigungen einziehen und alles in die richtigen Wege leiten würde. Ähnlich funktionierte auch die Zusammenarbeit am Theater: Was die Jagemann in die Hände bekam, besprach und regelte sie selbstständig mit dem Herzog, während die andere Seite oder Partei versuchte, das von Anfang an möglichst zu verhindern und zu umgehen. Die Mätresse gewann dadurch ungeheuren Einfluss in vielen Bereichen, jedoch nicht in allen, agierte aber, auch das ist vielfach bezeugt, ihrem Naturell gemäß meistens durchaus vernünftig, nüchtern und überlegt, eher wie ein reeller Geschäftsmann oder ausgleichender Makler.

Auslöser für ein Ende solcher jahrelangen friedlichen Zusammenarbeit und für den Ausbruch eines offenen Konflikts war im Jahre 1817 allerdings ein Hund – nicht als Ursache, aber als Anlass.

Goethes Interesse fürs Theater hatte zu dieser Zeit immer mehr abgenommen. Er überließ die Verteilung der Rollen und die Bestimmung des Repertoires mehr oder weniger anderen, kümmerte sich wenig um die Wünsche des Herzogs oder der Herzogin, erschien nur noch ausnahmsweise in Kommissionssitzungen und Proben. Auch wenn er anderer Meinung war, ließ er die Sachen laufen – so wenigstens die nachträgliche Darstellung seiner Theaterdirektion in Carolines Memoiren. Andererseits schrieb Goethe noch im Mai 1816 an Zelter, er wolle das Theater, das zwar *„aus zu vielerlei widerstrebenden Gesetzen"* zusammengesetzt sei, nicht ganz fallen lassen. Aber auch der Herzog bemerkte die Lustlosigkeit, mit der hier gearbeitet wurde, und beklagte, durch Caroline über alles informiert und beeinflusst, den allgemeinen Niedergang seines Theaters. Es widerstrebte ihm jedoch, den Freund Goethe durch einen anderen Leiter zu ersetzen, sondern er stellte dessen Sohn August gewissermaßen als Assistenz dem Vater zur Seite. Im Grunde aber war Goethe wohl längst entschlossen, seine Theatertätigkeit teilweise oder ganz niederzulegen, um alles, wie es vorauszusehen war, letztlich der Jagemann zu überlassen. In dieser Situation trat nun durch Zufall der Hund auf den Plan und wirbelte einiges auf, was vor sich hin geschlafen hatte. Es kam zum offenen Streit der Protagonisten. Ein Schauspieler Karsten aus Wien war schon an mehreren deutschen Hoftheatern in dem Schauspiel *„Der Hund des Aubry"* mit seinem gelehrigen, dressierten Pudel in der Titelrolle aufgetreten und wollte das auch in Weimar tun. Goethe aber, ein ausgesprochener Hundefeind, der sich die Hundeliebe des Menschen nur aus der gemeinen und servilen Natur dieses Tieres erklären konnte und in seinem Haus weder Hund noch Katze litt, lehnte den Antrag rundweg ab. Nach bewährtem Muster der Weimarer Zusammenarbeit wandte sich Karsten daraufhin an Madame Jagemann, die die Angelegenheit mit dem Herzog besprach. Die Jagemann und mit ihr der Herzog, ein ausgesprochener Hundeliebhaber, hatten nun überhaupt nichts gegen den Hund auf dem Theater, im Gegenteil. In der nächsten Intendanzsitzung, der Goethes Sohn beiwohnte, wurde der allerhöchste herzogliche Befehl übermittelt, Karstens Gastspiel sei zu genehmigen. August von Goethe gab dann nur die Meinung seines Vaters wieder, der diesen Hundeauftritt auf den Weimarer Brettern sofort kritisch verurteilte und sich dem heftig widersetzte. Es fielen die Worte: *„Schon unsere Statuten bestätigen, daß kein Hund auf dem Theater erscheinen darf."*

Ein lange schwelender Grundsatzstreit um klassische Theaterkultur, Publikumsgunst und schlechten Geschmack brach damit offen aus. Man schickte nach Goethe, aber der Bote wurde, da der Geheimrat in seinem Garten gerade lustwandelte, nicht empfangen. Als man es am nächsten Tag wieder versuchte, war Goethe nach Jena entschwunden unter Hinterlassung eines Billetts an den Großherzog mit Gesuch um Urlaub. Ganz Weimar lachte. Goethe sei geflüchtet, *„solange der hündische Schauspieler sich hier aufhalten wird. Das nenne ich ästhetischen Sinn haben!"*, schrieb die Hofdame von Egloffstein. *„Hätte ich doch nie geglaubt, daß der große Goethe vor einem Hund die Flucht nehmen würde."* Und Karl von Stein sah es so: *„Goethe soll unter dem Theaterskandal schwer leiden, aber Karolinchen brüstet sich als wie ein Pfau und würde wohl radschlagen , wenn sie könnte. Es ist ein Skandal; verstehe den Großherzog, wer da kann." – „Ich habe nichts anderes getan, als was ich in solchen Fällen zu tun gewohnt war und den Großherzog benachrichtigt"*, verteidigte sich Caroline noch Jahre später für ihre Beteiligung an diesem Streit. *„Es ist mir nicht in den Sinn gekommen, den Pudel für einen denkenden Schauspieler zu erklären, noch sein Auftreten für eine Entweihung des weimarischen Theaters zu halten, das genug Stücke zur bloßen Unterhaltung gab."*

Das Ergebnis von allem war, dass der Hund am 12. April 1817 im Theater auftrat, und zwar mit Erfolg beim Publikum und donnerndem Applaus. – *„Das Stück war schlecht, nicht der Hund"*, schrieb Knebel an Frau von Schiller und fügte hinzu, dass der Herzog gleichzeitig Goethe angeboten habe, *„von denen Verdrießlichkeiten der Theaterintendanz entbunden zu werden."* Drei Tage später, am 15. April, antwortete Goethe seinem Herzog: *„Eure Königliche Hoheit kommen, wie schon so oft gnädigst geschehen, meinen Wünschen entgegen, ja zuvor"*, und trat von allen Theatergeschäften endgültig zurück.

Viele in Weimar, Eingeweihte wie Außenstehende, werteten das als Sieg und Triumph Carolines und ihrer Intrigen, sahen darin die nun endlich gelungene Rache der kleinen Schauspielerin und jetzt mächtig gewordenen Mätresse am großen Goethe. Man parodierte Schillers Verse vom Sieg der Natur über die Kunst und grinste nicht ohne Schadenfreude:

„Es soll die Bühne nie dem Hundestalle gleichen,
und kommt der Pudel, muß der Dichter weichen."

Caroline selber stellte es anders und wohl richtiger und gerechter dar: *„Der Abgang Goethes vom Theater war in seinem Alter, das den aufreibenden Anstrengungen nicht mehr gewachsen war, eine sehr natürliche Sache"* – Goethe stand im 68. Lebensjahr. *„Sobald der Vorhang gefallen war, hatte der Hund seine Sache ausgespielt, das unvergängliche Verdienst des Dichters um das Theater bleibt bestehen."*

Die *„natürliche Sache"* des Alters, die sie gegen die weitere Theaterarbeit Goethes ins Feld führte, holte bald auch Caroline Jagemann selber ein. Als Johanna Schopenhauer Anfang der zwanziger Jahre nach Weimar zog, berichtete sie vom dortigen Theater der Nach-Goethe-Ära, in der der Sänger Stromeyer jetzt die Intendanz innehatte: *„Ihm zur Seite steht Frau von Heygendorf, die mit fünfzig Jahren noch immer die erste Sängerin und die jugendliche Schauspielerin sein will, sie läßt nichts nur halb Erträgliches neben sich aufkommen, scheut bei ihrem wirklich großen Talent* *jede Anstrengung, spielt also so selten als möglich.*“ Caroline, das wurde ihr auch von anderen Seiten vorgeworfen, eignete sich selbst, mächtig wie sie war, die besten Rollen zu, auch wenn diese ihrem Alter längst nicht mehr entsprachen. Vielleicht versuchte sie so nur, was an Reichhaltigkeit und Qualität im Repertoire und Künstlerangebot fehlte, persönlich zu ersetzen. In den kleinen Rollen der meistgespielten und endlos wiederholten Unterhaltungsstücke trat sie nicht auf. Zu Gunsten der neuen Theaterleitung, an der sie maßgeblich beteiligt war, muss aber auch gesagt werden, dass daneben in Weimar jetzt Stücke aufgeführt wurden, die Goethe als *„Unnatur“* verdammt hatte, wie Kleists *„Prinz von Homburg“* und *„Käthchen von Heilbronn“*, dazu Neueinstudierungen zeitgenössischer Opern von Rossini oder der gerade aktuellen Schicksalsdramen von Werner, Houwald und Müllner, auch Grillparzer, d.h. die neue Intendanz versuchte bewusst Anschluss an die neuesten Entwicklungen auf dem deutschen Theater zu finden.

Zum 50. Dienstjubiläum Goethes, das am 7. November 1825 begangen wurde, blickte man allerdings zurück: Caroline gab noch einmal, achtundvierzigjährig, die *„Iphigenie“* in der Hauptrolle. *„Madame Jagemann war ganz die heilig-ernste Priesterin, die zartfühlende Schwester, die klarbesonnene, mild-edle Frau, die im Konflikt der Pflicht und Neigung der inneren Stimme folgt und jede klingende Berechnung des Erfolgs ablehnt“*, so Kanzler von Müllers Kritik dieser Aufführung, wobei in der Theaterrolle wohl auch die darstellende Schauspielerin charakterisiert ist. Von Animosität, gar Feindschaft gegenüber dem verdrängten Goethe war in dieser Atmosphäre nichts mehr zu spüren.

Als diese Vorstellung aber des großen Erfolges wegen am 4. März 1826 wiederholt wurde, hatte die bald Fünfzigjährige offenbar einen schlechten Tag und fand es nötig, sich dafür bei ihrem früheren Theaterleiter zu entschuldigen: *„Eure Exzellenz, höre ich, sind gestern im Theater gewesen, und so ängstiget mich die Wahrscheinlichkeit, Sie möchten Verdruß empfunden haben über mein Stocken im letzten Akt und besonders über den Unsinn, mit welchem ich sagte: ‚Gebietet eurem Volke Schweigen' statt ‚Stillstand'. Aber mein Geist und mein Körper wurden matt. Ich bin es mir schuldig, zu* *erwähnen, daß ich diese Rolle … in zehn Tagen lernen mußte … und nur zwei Tage zum Repetieren hatte.*" Und Goethe antwortete: *„Indessen Ihnen, meine teure Freundin, Lob und Dank gebührt, glauben Sie sich entschuldigen zu müssen und quälen sich selbst mit unbilligen Vorwürfen. Ich habe mich über die Art gefreut, wie mein Drama wieder einmal dem Publikum würdig zur Anschauung kam.*" Und dem folgen noch einige praktische Ratschläge.

Verbindlichkeit im Ton, Konzilianz und gegenseitiger Respekt bestimmten weiterhin, wie in Weimar üblich, das Verhältnis. Man verkehrte wie früher gesellschaftlich miteinander. Dass der Herzog illustre Gäste in Karolines Haus einlud, erregte zwar gelegentlich Goethes Eifersucht, besonders als sein enger Freund Zelter aus Berlin, der zudem ein besonderer Verehrer der Jagemann war, dort speiste, aber man arrangierte sich wie früher auch. Caroline führte mit dem Herzog jetzt das große Haus in Weimar, in das berühmte auswärtige Gäste gebeten wurden, in dem manche amüsante Abendunterhaltung stattfand, ohne oder auch mit Goethe. Als Wilhelm von Humboldt in dieser Zeit zu Gast war, fand er zwar die Hausherrin *„nicht mehr so hübsch*", sogar merklich gealtert, *„ihre Unterhaltung aber lebendig, sie deklamierte aus Schiller und erzählte hübsche Anekdoten.*"

Am 11. März 1827, kurz nach ihrem fünfzigsten Geburtstag, stellte Caroline ihre Tätigkeit als Sängerin ein – das Alter zwang sie dazu. Umso mehr widmete sie sich der Häuslichkeit und dem Familienleben, was Carl August ja von Anfang an gehofft und gewünscht hatte. Die gemeinsamen Kinder wurden erwachsen, die Söhne gingen aus dem Haus, der Vater hatte ihnen eine sorgfältige Erziehung und Berufsausbildung als Offiziere zukommen lassen, nur die Tochter war noch minderjährig. Einen Unterschied zwischen seinen Kindern im Haus Carolines, zu denen zeitweise noch Nichten und Neffen, die Kinder ihrer Schwester, kamen, und seinen legitimen aus der Hauptehe hatte Carl August nie gemacht, soweit nicht dynastische Fragen berührt waren. Alle seine Kinder gingen von Kindheit und Jugend miteinander um, spielten trotz Altersunterschieden gemeinsam und wurden gleich erzogen. An häuslichem Glück fehlte es nicht.

Am 11. Juni 1828 spielte Caroline auf dem Weimarer Theater wieder einmal eine ihrer besten Rollen, die Lady Macbeth. Sie konnte an diesem Tag nicht ahnen, denn nichts deutete darauf hin, dass dieser Auftritt das Ende ihrer so erfolgreichen über dreißigjährigen Theaterlaufbahn sein sollte. Drei Tage später verstarb auf einer Reise Herzog Carl August von Sachsen-Weimar-Eisenach plötzlich und gänzlich unerwartet im einundsiebzigsten Lebensjahr.

Caroline erhielt die Nachricht seines Todes und der Todesumstände vom Leibchirurgen Volgstädt. Der Herzog hatte sich in Graditz abends *„im Hofe noch heiter und scherzend"* unterhalten. *„Als es kühler wurde, ging er auf sein Zimmer, mußte aber auf der Treppe mehrmals ausruhen, und als er an das Fenster trat, sank er dem Herrn Major von Germar und mir in die Arme; ein Nervenschlag machte seinem teuren Leben ein Ende."*

Nach Carl Augusts Tod – das war ihre eigene, ganz bewusste und auch demonstrative Entscheidung – trat Caroline nicht mehr auf der Bühne auf.

Die Mätresse war Witwe geworden und wurde auch als solche anerkannt, vor allem – und das war in erster Linie wichtig – vom herzoglichen, inzwischen großherzoglichen Haus. Fast ist man versucht, von *„klassischer Harmonie"* zu sprechen, mit der hier in Weimar ein Interessenausgleich im Dreiecksverhältnis von Herzog, Herzogin und Mätrese gelebt worden war und auch testamentarisch besiegelt wurde. Es gab bei den Trauer- und Beerdigungsfeierlichkeiten keinerlei Missklänge, auch nicht bei den Erbangelegenheiten. Nur die Geistlichkeit konnte und wollte sich eines Hinweises auf die Unordnung gewisser herzoglicher Privatissima nicht ganz enthalten.

Nach dem Testament, das Carl August schon 1815 aufgesetzt hatte, erhielt Caroline 12000 Taler, auf dem Rittergut Heygendorf eingetragen, die Häuser in Weimar nebst Mobiliar, die der Herzog ihr schon zu Lebzeiten geschenkt hatte, sowie ein lebenslängliches Jahresgehalt von 2400 Talern. Der älteste Sohn Karl wurde unbeschränkter Besitzer des Rittergutes Heygendorf, der zweite Sohn bekam lebenslang 600 Taler und 1000 Taler Equipierungsgeld, die Tochter ein Jahresgehalt von 400 und eine Mitgift von 5000 Talern. Karl Friedrich, der legitime Erbprinz und dynastische Nachfolger, der schon das Testament mit unterzeichnet hatte, wurde als Testamentsvollstrecker und Obervormund für seine illegitimen Halbgeschwister eingesetzt, er sollte dafür sorgen, dass diese *„wohl erzogen, gut und schicklich, ihres Vaters und ihres Standes würdig, im In- und Ausland in Dienste gebracht"* würden und die Tochter anständig verheiratet werde.

Testamentarisch war alles geordnet und materiell alles geregelt, aber Caroline litt schwer unter dem plötzlichen Verlust ihres Lebenspartners, mit dem sie über 26 Jahre eine zwar ungewöhnliche, aber augenscheinlich sehr glückliche nicht-eheliche Verbindung oder eheähnliche Gemeinschaft gelebt hatte. Keiner der so zahlreichen feindlich-hämischen oder auch freundlich-wohlwollenden Beobachter in Weimar hat je Risse oder Brüche in dieser Partnerschaft feststellen können. Wenn es Unstimmigkeiten gab, so konnten sie von Caroline aufgrund ihres mehr rational als emotional bestimmten Temperaments im Keim erstickt oder ausgeglichen werden, nicht zuletzt wohl auch durch ihre berechnende Natur und *„respektable Kalkulationsgabe"*.

Darin lag, das wusste sie, ihre Aufgabe und Funktion als Mätresse oder Nebenfrau und zugleich ihre einzige Chance für die eigene Zukunft und die ihrer Kinder. Sie gab dem Herzog, was er sich gewünscht hatte, die ruhige Häuslichkeit. Aber auch Carl August hielt und erfüllte seine Versprechungen. Caroline konnte diese Partnerschaft außerdem mit einem aufreibenden und intensiven eigenen Berufs- und Arbeitsleben als Schauspielerin und Sängerin vereinbaren, den vielstündigen, harten Künstleralltag von Rollenstudium, Proben und abendlichen Aufführungen mit der familiären Häuslichkeit koordinieren. Beide Partner lebten ein öffentliches Leben mit getrennten Interessensphären – sie am Theater, er hatte seine Regierungs- und Repräsentationspflichten –, allein wichtig für die Partnerschaft war die Gemeinsamkeit des Rückzugs ins Private. Für solche Intimität, Zweisamkeit und Abgeschiedenheit war in der Figuration der höfischen Gesellschaft eigentlich kein Raum, hier, in seiner Nebenehe, fand der Herzog das, was er sich bisher nur gewünscht hatte. Bezeichnend dafür ist, was Frau von Stein erlebte, schilderte und auch ärgerte: *„Am 3. September war ich wegen des Herzogs Geburtstag am Hofe. Die Hauptperson war geschwind weg, ich auch. Ich ging nach dem Römischen Haus, und als ich mich bemühte, an den ausgeputzten Säulen noch etwas zu erkennen, sagte mir meine Jungfer, daß der Herzog mit der Demoiselle Jagemann unter den Säulen sitze … so machte sich unser Landesvater mit seinem Schätzchen lustig, indessen man bei Hof in Schweiß des Angesichts seinen Geburtstag feierte."*

Dass dieses geradezu skandalöse private Glück des Paares abseits des Hofes auch von Dauer war, war wohl Carolines großes Verdienst. Aber auch von seiner, des Herzogs, Seite war es nicht bloße Fürstenlaune, sondern echtes Bedürfnis. Carl August hatte gewusst, was er wollte. Caroline passte sich seinen Bedürfnissen an und wusste ihrerseits den Partner zu nehmen, wie er war. *„Ich wünsche Dir, mein Alter, alles mögliche Vergnügen"*, schrieb sie im Jahr 1807 nach Karlsbad, wo er zur Kur war. *„Auch lieben kannst Du – Du kannst lieben, doch verliebe Dich nur nicht."* Und: *„Mein guter Alter, wie ist es möglich, mich nun acht Tage ohne einen Brief von Dir zu lassen? … Wenn Du wüßtest, wie fest ich mich an Dich gebunden fühle … Schreibe mir auch, wie Du Dir die Zeit vertreibst und mit wem – und wem am liebsten, aufrichtig, wenns nicht gar zu arg ist, was Du zu gestehen hast."*

Sie zeigte ihm ihre Zuneigung, und auch, wenn etwas zu gestehen war, konnte sie über vieles hinwegsehen. So gelang ihr allen Vorurteilen und Verurteilungen zum Trotz fast drei Jahrzehnte eine harmonische Vernunft-*"Ehe"* mit einem sehr viel älteren, eher einer väterlichen Respektsfigur gleichenden und weiterhin standesungleichen Partner ohne äußeren weltlichen und kirchlichen Segen, aber aus freiem Willen und in freier

Selbstverpflichtung und buchstäblich, *„bis das der Tod Euch scheidet"*.

Was danach, nach dem Jahr 1828, für Caroline von Heygendorf blieb, war: Fürsorge der hinterbliebenen Mutter für die Kinder und das Leben einer verwitweten Dame von Stand.

Zuerst zog sie von Weimar fort. Zwar war sie dort unter dem neuen Herzog keineswegs eine Verfemte, doch der eigene Takt schien ihr das zu gebieten. Sie hatte Angst vor neuen Konfrontationen, Angst davor, von der guten Weimarer Gesellschaft erneut geschnitten zu werden, besonders bei einer eventuellen Heirat der Tochter oder der Söhne, die eben herzogliche Bastarde blieben, wie manche das immer noch oder wieder sahen und aussprachen.

Zunächst siedelte sie nach Berlin über, wo sie einst so große Triumphe gefeiert hatte. Aber es glückte ihr nicht, dort gesellschaftlich Fuß zu fassen, ebensowenig in München. Schließlich floh sie gleichsam noch weiter zurück in ihre Vergangenheit und zog nach Mannheim, wo ihr der Anschluss besser gelang. Doch auch dort fühlte sie sich schließlich fremd und allein, und so kehrte sie nach einem Jahrzehnt wieder in die alte Heimat nach Weimar zurück, nahm dort wieder ihren Wohnsitz, immer unterbrochen von längeren Reisen, Besuchen und Einladungen, Kuraufenthalten und Abwesenheiten bei ihren auswärtigen Kindern und anderen Bekannten.

Die immer noch attraktive und geistvolle, reiselustige und liebenswerte ältere Dame genoss die Sympathie und die Achtung vieler, war eine gesuchte und geschätzte Gesprächs- und Briefpartnerin in höchsten Kreisen, wobei sie dem Hochadel näher blieb als den ehemaligen Weimarer Künstlerkreisen. Überliefert und publiziert ist ihre Korrespondenz mit dem Herzog von Mecklenburg-Strelitz, dem Bruder der längst verstorbenen Königin Luise, ebenso der Briefwechsel mit König Ludwig I. von Bayern, dessen Einladungen zu Sommeraufenthalten in Bad Brückenau sie mehrmals folgte und an dessen Affäre mit der Mätresse Lola Montez sie noch von fern Anteil nahm. Auf seine Anregung schrieb sie ihre Erinnerungen auf, zögernd und mit größeren Arbeitspausen zwischen den Kapiteln: Weiter als bis 1802 kam sie nicht. Sie interessierte sich für Kunst und Politik, nahm teil am Wohlergehen ihrer Kinder und Bekannten – im Grunde lebte sie, die sich jetzt nur noch Frau von Heygendorf nannte und nennen ließ, das typische Leben einer alternden Angehörigen des Adelsstandes, herausgehoben allerdings durch das Besondere ihrer vormaligen Künstlerkarriere und ihres Lebensschicksals.

Am 13. Juni 1848 kam die Einundsiebzigjährige wieder einmal zu Besuch der Kinder nach Dresden. Drei Tage später wurde sie bettlägrig, blieb aber bei vollem Bewusstsein und wollte nach Weimar zurückkehren. Als ihr ältester Sohn sie am 10. Juli besuchte, versagten die Füße. Er trug sie auf einen Stuhl, und unter seinen Händen schlief sie schmerzlos ein. Am 13. Juli 1848 wurde sie auf dem Trinitatiskirchhof in Dresden bestattet.

Pauline Wiesel

Mätresse zwischen Romantik und Emanzipation

Alle waren von ihr begeistert, einfach hingerissen. Niemand, der ihr begegnete und sie erlebte, blieb gleichgültig. Um sie zu beschreiben, griff man zu Superlativen: *„Himmlisches Phänomen"*, *„nahe an allen Vollkommenheiten"*, *„verbannte Göttin"*, *„schöne Helena"*, *„Titanide"*. Selten blieb es unter dem Attribut *„göttlich"*, fast immer griff man zu Gestalten der Mythologie des klassischen Altertums. Das war zwar zu dieser Zeit Mode, aber es waren auch nicht irgendwelche, die so von ihr sprachen, und es geschah nicht irgendwo. Es waren die intelligentesten Männer und Frauen der Zeit, hohe Staatsmänner, Diplomaten, viele Prominente, Adlige, Prinzen und Prinzessinnen, die meisten berühmte Künstler und Gelehrte, und man vergötterte sie in Berlin zur Zeit des Klassizismus um die Wende vom 18. zum 19. Jahrhundert sowohl in Hofkreisen wie in bürgerlichen Salons, namentlich in dem von Rahel Levin, später verheiratete Varnhagen.

Sie war schön, außerordentlich schön: *„Dunkelbraunes Haar, das schwarz erschien und glatt fiel, wenn sie den Knoten löste"*, so eine Zeitgenossin, *„große, dunkle, weit voneinander stehende Augen, der Mund, voll und weich mit klar geschnittenen Lippen …"* Das kann man heute noch sehen und nachprüfen: Es gibt ein Bild von ihr, ein einziges. Ob sie auch so geistreich, gebildet, liebenswürdig, originell und einzigartig im Gespräch und Umgang war, wie man ihr allenthalben nachsagte, entzieht sich allerdings heutiger Kenntnisnahme und Nachprüfung. Vieles könnte auch bloße Projektion sein, was Bezauberte, Enthusiasmierte oder Verliebte in ihr sehen wollten. Denn von ihr selbst und über ihr Inneres wissen wir wenig. Überliefert ist ihre Person fast ausschließlich in Äußerungen anderer, nicht durch von ihr selbst Formuliertes und Geschaffenes. Einzig ein paar Briefe sind wohl mehr zufällig erhalten, recht banal-alltäglichen Inhalts, voller grammatischer Fehler und gewöhnlichster Berlinizismen, von einem Dativ in der deutschen Sprache soll sie zeitlebens nichts gewusst haben. Besser beherrsche sie offenbar das Französische. Fest steht aber auch, dass Briefe von ihr vernichtet wurden. Von Schulbildung, Wissen oder Esprit zeugt das auf dem Papier Erhaltene jedenfalls nur bedingt.

Doch in den Kreisen, in denen sie sich bewegte, Intellektuellenkreise zumeist, verehrte man sie auch nicht als Verkörperung von Intelligenz, Verstand und Geist, eher als das Gegenteil: als das unmittelbare Leben, das von allen geliebte, ersehnte und oft schmerzlich vermisste, als die ungekünstelte ursprüngliche Schönheit der Natur. Sie war ein Genie des Gesprächs, der Liebe und der naiven Lebenslust. Sie war den Zeitgenossen eine lebende *„Göttlichkeit"*, ein fleischgewordenes Ideal. Uns Heutigen erscheint sie allein in den aufgezeichneten Spiegelungen ihrer Gesprächs- und Lebenspartner. Ihnen war sie Angebetete und ferne Geliebte, Projektion von Sehnsucht, Abglanz eines epochalen Vollkommenheitsideals – und sie lebte als Mätresse des preußischen Prinzen Louis Ferdinand, der ein romantischer Künstler war.

„Es ist eine wahre Blasphemie, wenn Sie glauben, daß ich sie nicht anbetete", schrieb Wilhelm von Humboldt über sie. *„Nur das muß man und kann man sagen, daß, soweit es Frauen auf Erden gibt, keine so reizend und keine so amüsant ist … denn die kleine Wiesel sagt nur etwas mit Praetension, alles steht im Augenblick, und ist immer neu und originell."* Und sein Freund und Briefpartner Karl Gustav von Brinkmann schwärmte: *„Hier hörte ich sie beinah 2 Stunden lang sprechen, und saß wie versteinert vor Bewunderung. Geist, Wiz, Liebenswürdigkeit, die feinste Menschenkenntniß und eine Ansicht der Welt und ihrer Verhältnisse aus dem höchsten Standpunkt – dies alles aus dem liebsten Munde eines 24jährigen Weibchens sezte mich in ein Erstaunen, daß ich in Wahrheit nicht ein Wort hervorbringen konnte … Über dieses genialische Geschöpf könnte ich Ihnen noch Bogen schreiben … Ich habe unglaublich viel durch ihre filosofische Naivität gelernt."* Und in einem anderen Brief: *„Du magst es nun glauben oder nicht, mir ist noch kein gescheidteres und eigenthümlicheres Weib vorgekommen, und es ist mir unbegreiflich, wie dies*

alles sich aus ihrem Innern von selbst entwickelt, und emporgebildet hat. Hunderte haben mehr gelesen wie sie, und von positiven Kenntnissen ist die Rede nicht, aber sie weiß doch alles, und wie weiß sie es? Freilich haben wenig Frauen die Welt und alle Verhältnisse des Lebens so frei studirt wie sie."

Dabei sind es nicht nur Männer, die so begeistert sind. *„Ich finde sie ganz unendlich amüsant, naiv, geistreich und von der angenehmsten, lebendigsten, natürlichsten Coketterie"*, schrieb auch Henriette Mendelsson über sie, wenn auch – als Frau – mit einer Einschränkung: Frauen sahen stärker und zudem schon früh auch die moralische Kehrseite dieses freien Lebens und Liebens.

„Diese Luftschifferin des Lebens", so berichtete wiederum Brinkmann, *„hat übrigens eine so leichte Reputation, daß eine ganze Klasse von Weibern – nicht eben die schlechtesten, aber auch nicht ganz vorzüglichsten – gewaltig gegen sie in Harnisch sind."* Denn der irdische Lebenswandel dieses göttlichen Wesens war auch, dies der Stein des Anstoßes, ein Leben von antik-heidnischer Amoralität.

Als Pauline Cesar wurde sie 1779 als Tochter eines Geheim- oder Kommerzienrates und einer französischen Emigrantin mit Nachnamen Levaux in Berlin geboren. Da der früh verstorbene Vater in Hofdiensten des Prinzen Heinrich stand und ihre Mutter mit einer Schar von unverheirateten Töchtern auf Gesellschaften und gesellschaftlichen Umgang und Rang größten Wert legte, kam sie frühzeitig mit dem Berliner Hofleben in Berührung. Als sie die Mätresse des preußischen Prinzen Louis Ferdinand wurde, war sie längst verheiratet mit einem Kriegsrat namens Wiesel und Mutter einer Tochter.

Pauline hatte schon einiges hinter sich und führte mit dem Kriegsrat Wiesel eine eigenartige Ehe. Aber auch darüber weiß man kaum etwas Authentisches von ihr selbst, sondern nur von anderen: Man kennt auch diese Ehe nur in deren Spiegelungen, in Bemerkungen, Vermutungen und Gerüchten.

Angeblich, so wollten einige wissen, war Wiesel ein zynischer Aufklärer, ein kalter, wenn auch wohlwollender und fähiger Verstandesmensch – Fanny Mendelsson und Rahel Varnhagen wollten eine Ähnlichkeit mit Alexander von Humboldt festgestellt haben. Wiesels *„nihilistische Wirklichkeitssicht der irdischen Dinge"*, so wollte es ein Zeitgenosse wissen, *„ertötete"* in dieser Ehe die *„letzten Moral- und Idealbegriffe der jungen Frau"*.

Nach anderen Aussagen aber ging Pauline schon als unverheiratetem jungen Mädchen das Urteil einer gewissen moralischen Verdorbenheit voraus. Wiesel hatte Pauline nicht aus erster Hand bekommen, sie war kein unbeschriebenes Blatt mehr. Vorausgegangen war eine Liaison mit einem Grafen Hugo von Hatzfeld, einem Domherrn, der ihr zwar die Ehe versprach, seine Säkularisation und somit Heiratserlaubnis jedoch nicht erlangen konnte, weil er sie mit zu wenig Nachdruck betrieb oder auch gar nicht wollte. So wird er zur ersten großen Enttäuschung romantischer Mädchenhoffnungen. Was dann folgte, war offensichtlich noch weniger schön: Ein Graf Schuwalow, ein Russe, ein Sonderling, der als Kostgänger im Haus der Mutter wohnte und mit ihr, so das Gerücht, zuerst ein Verhältnis gehabt haben soll, zwang die Achtzehnjährige des Nachts zu sich ins Bett ohne deren vorherige Einwilligung und vielleicht auch nicht ohne Gewalt, eine Unrechtstat, die er, aber auch das ist nur ein vages Gerücht, dadurch sühnte, dass er dem jungen Mädchen anschließend eine Rente auf Lebenszeit aussetzte. Jedenfalls war diese Rente, die Pauline tatsächlich lebenslang bezog und die später, nach dem Tod des Grafen, von seiner Familie noch regelmäßig, wenn auch widerstrebend, überwiesen wurde und ihr ein Existenzminimum sicherte, für Außenstehende kaum nur als selbstlose Tat bloßer Menschenliebe eines sonst finsteren und bizarren Eigenbrötlers erklärbar, eher schon als eine Art Abfindung oder Schweigegeld.

„Ich schwöre, daß ich mit 20 Jahren keine Illusion mehr hatte, nur meine starke Natur, meine Kraft zu leben", schrieb Pauline Wiesel später an Rahel Varnhagen. Die Mutter drängte auf eine baldige ordentliche Verheiratung der Tochter, und zwar eben mit

dem nicht unbegüterten Kriegsrat Wiesel, trotz des Altersunterschiedes, wie ihr es schien, eine gutbürgerliche Partie. Wohl ihr zuliebe willigte Pauline ein. Die Hochzeit findet im Jahr 1800 statt. Die nächsten Jahre verbringt das Ehepaar, vom eigenen Vermögen zehrend, Wochen und Monate auf Reisen nach Paris, in die Schweiz oder nach Wien. Ein Kind wird geboren, ein Mädchen namens Pauline, „Pette" genannt.

Das Merkwürdige an dieser Ehe aber ist, dass der viel ältere und durch Blattern entstellte Kriegsrat keinerlei Anzeichen von Eifersucht erkennen lässt gegenüber seiner jungen, so ausnehmend schönen Frau und deren zahlreichen Verehrern. Im Gegenteil: Bald spricht sich herum, dass er solche sogar auf Reisen einlädt und es ihm Vergnügen bereitet, diese Verehrer seiner Frau um sich zu scharen und sich, den intellektuellen Voyeur spielend, an deren Verliebtheit oder auch an der seiner Frau zu weiden. Der aufgeklärte Wiesel huldigt offenbar dem seltsamen Ideal einer Sinnesemanzipation, das sich bewusst gegen die christliche Moral richtete. Dabei trieb er seiner jungen Frau, alle herrschenden Konventionen mißachtend, die Liebhaber geradezu in die Arme beziehungsweise er dirigierte sie wie Spielzeug. Schon bald stand er in dem Ruf, seiner schönen Frau wechselnde Liebhaber regelrecht zuzuführen.

Einer von diesen war ein Referendar mit Namen Vetter. Wiesel gehe *„jetzt nach der Schweiz mit Vetter und seiner Frau, die übrigens auch sehr intim mit Roux sein soll. Das sind Geschichten"*, berichtete Henriette Mendelsson an Rahel im August 1801 den neuesten Berliner Klatsch. Wie sie schüttelte mancher den Kopf darüber, man rätselte hin und her, vermutete eigentlich Undenkbares und etwas ganz Unerhörtes.

Dass Pauline die *„freie Liebe"* kennen lernen oder eine moralfreie *„Liebesschule"* durchmachen sollte, dass sie ihr Mann, aus welchen Motiven auch immer, dem Klischee der braven Haus- und Ehefrau entriss und zu einer, sprich seiner, unkonventionellen Auffassung von Liebe, Ehe und Glück erzog, dürfte nach allem, was erzählt wurde, feststehen. Ob Pauline das auch selbst wollte, es gern tat oder ob sie es nur mit sich geschehen ließ oder unfreiwillig erduldete, ob sie glücklich oder unglücklich dabei war, lässt sich allenfalls erschließen: Tatsache ist, dass sie nach vier Jahren mit ihrer Tochter zurückfloh. Sie wollte sich scheiden lassen, Wiesel willigte in eine Scheidung jedoch nicht ein. Die Eheleute lebten von da an getrennt, Pauline mit ihrer Tochter wie vor der Ehe bei der Mutter.

Später, längst eine Frau, die ihren zweifelhaften Ruf akzeptiert hatte und mit ihm zu leben wusste, sprach Pauline wiederholt von Wiesel als dem *„Urheber“* aller ihrer *„Leiden“*: *„Eine Hausfrau, eine Mutter hätte ich werden sollen, dazu war ich geboren, aber nicht zu einer Kokette.“* Und mit Blick auf ihre Vergangenheit fügte sie hinzu: *„Ich war weich, mein Herz liebend ... ein jeder machte seine Frau aus mir, wie er sie liebte und verlangte.“*

Als sie das schrieb, war sie schon Mitte vierzig und für damalige Zeiten längst eine ältere Frau. Im Jahr 1804 aber, nach der Trennung und befreit von Wiesel, fühlte sie sich jung und frisch wie das gerade angefangene neue Jahrhundert. Auf einem Ball der Frau von Grotthuß lernt sie den Mann ihres Lebens kennen – oder wohl ebenso richtig: dieser die Frau seines Lebens. *„Ihr Haar von dunklem Blond, sie selbst groß und voll, der schönste Nacken, die herrlichsten Arme“* – man hatte den Prinzen Louis Ferdinand von Preußen, den Ehrengast des Abends, schon vorbereitet auf Paulines Erscheinen und ihre Erscheinung.

Prinz Louis Ferdinand ist ein Neffe des unvergessenen großen Fredericus Rex, Sohn seines jüngsten Bruders. Er gilt als tollkühner Krieger, Reiter, Fechter, Frauenheld – und als romantischer Künstler, begabter Musiker, Klaviervirtuose, der selber komponiert. Ihm geht der Ruf des *„Genialischen“* voraus, man nennt ihn den *„Achill des preußischen Heeres“*, einen echten *„Musensohn“*, ebenso einen *„Titan“*, auch er entgeht nicht dem zeittypischen Vergleich mit Gestalten der klassischen Mythologie. Zwischen ihm und der *„Titanin“* Pauline ist es an diesem Abend Liebe auf den ersten Blick.

Doch der Prinz ist schon gebunden, nicht durch eine unlösbare dynastische Ehe, sondern – fast schlimmer noch! – durch Versprechen an eine andere Bürgerliche, die ihm der Hof zu heiraten verbietet. Henriette Fromm, die Tochter seines Amtsrates, hat ihm schon zwei Kinder geboren, mit ihr ist er im Geist der wahlverwandten Romantiker eine Gewissensehe eingegangen, aus freier Neigung und ohne juristische Legitimation, nur sich und seinem Gewissen verantwortlich. Gerade ist man dabei, für sich und die Kinder ein Stadtpalais an der Friedrichsstraße häuslich einzurichten.

Prinz Louis Ferdinand ist entflammt von der Wiesel und redet sich ein, nun beide Frauen zu lieben, die stille Henriette und die feurige Pauline. Es beginnt eine mehr als schwierige Liebe, und sie wird bis ans abrupte Ende eine solche bleiben, eine Liebe aber auch, die nicht mehr zu löschen ist. Szenen der Eifersucht, Kränkungen, Entsagungen lösen sich ab mit Versöhnungen, Liebesraserei und immer wieder neuen und selten gehaltenen Versprechungen und Vorsätzen. *„Sie haben gesehen“,* schreibt Louis Ferdinand an Rahel Levin, seine und auch Paulines Vertraute in Liebesdingen, *„wie heiß und heftig meine Liebe zu Pauline ist, mit welcher Innigkeit und Zärtlichkeit ich dabei zugleich an der himmlisch guten, lieben Henriette hänge. Dieses scheint rätselhaft, manchem unbegreiflich.“* Und zwei Jahre später: *„Wie es mit meiner Liebe zu Paulinen eigentlich ist, wäre schwer, Ihnen zu schreiben ... Ich sah sie wieder! Allein da war es, als wäre eine Mauer zwischen uns.“*

Nicht nur die Dreierkonstellation, auch Paulines Art zu lieben, schafft Probleme. Pauline Wiesel ist alles andere als eine hingebungsvolle Geliebte. Sie entzieht sich immer wieder und quält den Geliebten durch Launen, durch immer wieder neu angefachte andere Beziehungen oder alte, wieder aufgegriffene. Das lässt das Temperament des Prinzen aufbrausen: *„Wie gehässig Deine Klatschereien, Deine kleinen Intrigen mit diesen und jenen ... Liebe Pauline, verliere Dich nicht für mich“,* schreibt er ihr. Stets bleibt sie für ihn voller Widersprüche, und sie provoziert es wohl.

Es kommt wiederholt zum Bruch der Beziehung, dann wieder das Glück einer Liebesnacht und neue Versöhnung – ein unruhiges Hin und Her, ein hektisches Auf und Ab. *„Sie hat nicht den Mut zu zeigen, daß sie gut ist“*, beklagt er sich über die komplizierte Pauline bei der Vertrauten Rahel, *„nicht den Mut, Gefühle an den Tag zu legen. Trotz den Menschen, trotz mir, ja ihrer selbst"*, so ein anderer Brief des Prinzen, liebe er diese ihm rätselhafte Frau, *„rechnen Sie noch hinzu, den ans Magische grenzenden Liebreiz."* Der Prinz bleibt der Werbende, der Abhängige, der sich über ihre und seine Gefühle ständig im Unklaren ist, der leidet, weil ihm die Geliebte niemals sicherer Besitz wird: *„Tausend Küße bedecken den Mund, die himlische süße, meine Zunge ruht mit Wollust auf dem heimlichsten Wohnsitz des Vergnügens – Pauline einzige komm in meine Arme. Doch Pauline laße uns weiser seyn, quäle mich nicht ich beschwöre dich."*

Louis Ferdinand besitzt mehrere Landgüter, eines, das ihm liebste, ist Schricke. Für gewöhnlich wohnt dort Henriette mit den Kindern. Das Liebespaar Louis Ferdinand und Pauline trifft sich meist in der Hauptstadt Berlin auf Redouten, Bällen und in den bürgerlichen Salons der Intellektuellen. Henriette und Pauline befreunden sich, vermeiden offenbar bewusst die offene Rivalität und übliche Eifersucht in der Rollenverteilung von Ehefrau und Mätresse. Henriette, selber nur Mätresse, ist klug genug, die andere neben sich zu dulden. Zeitweise wohnen auch beide in Schricke, der Prinz und Hausherr ist öfters abwesend, auf Reisen oder dienstlich. Er bekleidet im preußischen Heer einen hohen militärischen Rang. Man lebt im Zeitalter der Napoleonischen Kriege, man schreibt das Jahr 1805, das Jahr der Schlacht bei Austerlitz. Prinz Louis Ferdinand hetzt zeitweise von Besprechung zu Besprechung, von Termin zu Termin, von Übung zu Übung: das preußische Militär rüstet zur Konfrontation mit dem französischen Sieger. Der Prinz hat es in dieser Situation nicht leicht. In Schricke geraten unterdessen Henriette und Pauline in Streit. Entscheidungen drängen im politisch-militärischen Bereich wie im privaten. Er wird abberufen ins Hauptquartier der preußischen Truppen nach Erfurt. Es ergeben sich rivalisierende Abschiedsszenen von Henriette und den Kindern einerseits und Pauline andererseits.

Jede der beiden Frauen ist beleidigt. Dann wieder Versöhnung, eine Zeitlang so etwas wie ein Waffenstillstand. Pauline ist inzwischen schwanger. Louis Ferdinand drängt auf eine Scheidung von Wiesel. Pauline erleidet eine Fehlgeburt. Im Sommer holt der Prinz sie und ihre Tochter nach Schricke, Henriette bleibt diesmal mit den Kindern in Berlin. Als Louis Ferdinand dann vom preußischen Hof nach Berlin gerufen wird, glaubt Pauline, er wolle nur Henriette und die Kinder sehen: heftige Eifersuchtsanfälle. In dem ganzen hektischen Hin und Her verkehren sich allmählich die Fronten: Pauline gerät mehr und mehr in die Rolle der Ehefrau. Prinz Louis Ferdinand hat ihr auch längst die Ehe versprochen: *„Ganz für Dich, meine Pauline, will ich leben und gewiß soll dieses Jahr nicht enden, ohne daß uns die engsten Bande verbinden"*, schreibt er ihr. Die andere soll abgefunden werden: Beide, der Prinz wie auch Pauline, sehen sich nach einem neuen Bewerber für die alte Mätresse Henriette um. Sie versuchen, sie quasi abzuschieben, und Henriette scheint auch gar nicht abgeneigt. Doch das wäre kaum die Lösung aller Probleme: auch Pauline könnte der Prinz wegen des Standesunterschieds niemals heiraten, und Pauline ist noch längst nicht geschieden.

Inzwischen bricht das Jahr 1806 an. Die Kriegsgefahr für Preußen wächst, Louis Ferdinand wird ins Hauptquartier der Schlesischen Armee nach Dresden gerufen, deren Avantgarde er befehligt. Wieder neue, schwierige Abschiedsszenen in Berlin: Henriette ist resigniert und halb schon dem neuen Bewerber zugewandt, Pauline wenigstens ohne Eifersucht. Die Kinder werden der Schwester des Prinzen in Obhut gegeben. Man weiß, was auf dem Spiel steht, der Krieg gegen die Franzosen, gegen Napoleon, ist unvermeidlich.

Pauline reist Louis Ferdinand nach. Sie will den Geliebten, bevor er in die Schlacht zieht, noch einmal treffen. Am 19. September 1806 kommt sie in Dresden an. Louis Ferdinand bringt sie in einem Hotel unter, dann verleben sie drei wunderbare Tage und Nächte. Sie haben das Gefühl, wie auf einer Hochzeitsreise zu sein: Kein Missverständnis trübt mehr die Stimmung. Nach so viel Unruhe und Kampf jetzt endlich

Frieden und Harmonie vor der drohenden Trennung und der Gewissheit eines vielleicht endgültigen Abschieds: zwischen Vergangenheit und Zukunft noch einmal ein fast unwirkliches Erlebnis reiner seliger Gegenwart. Auch Pauline entzieht sich dieser Liebe nicht mehr, fühlt nur die Gemeinsamkeit.

Dann bricht das preußische Hauptquartier in Dresden auf, dem Feind entgegen. Den Liebenden bleiben nur noch Briefe, Liebesbriefe. Und Pauline, wieder in Berlin, schreibt einen Brief, der ebenso charakteristisch für sie selbst ist wie für diese Liebe und die Lage der Liebenden:

„Der Krieg – Du Krieger, Du Jäger, Du Musikus. Soviel geht mich ab, Louis – und dann erst kömmt die Liebe. – Nein, Louis, erst die Liebe und dann das übrige – bei mich fällt keine Teilung vor, ich liebe nur Dich allein auf der Welt … Nein, Louis, es kann nun mal nicht anders sein. Vergiß mich nicht. Dein Versprechen mit dem Bilde auch nicht, schreibe mich viel, doch nur, wenn es Dich so zumute ist … – Ach, Louis, warum dies ewige Entsagen in diesem Leben, in diesem kurzen Leben, warum bin ich nicht mit Dir! Aus lauter Gründe, die alle tausendmal schwächer sind als meine Liebe zu Dir … Alles ist anders, als man glaubt, als man denkt, ich bin so schikaniert von tausend Erbärmlichkeiten, und doch kann ich es nicht ändern – Louis, eine, eine Stunde nur küssen.

Schicke Geld, ich habe keinen Sou und bin alles schuldig … – wo soll ich es hernehmen, ich habe nicht mal ein Stück zum Versetzen …Da hilft keine Klugheit, kein Entsagen, kein Witz, keine Güte, nichts als Geld …

Lebe wohl, Louis, ich bin so verstimmt, Dich das sagen zu müssen, ewig in solcher infamen Lage ist terribel, meine Schuld ist es nicht. Sei nicht böse an Deine arme Pauline.“

Und der Prinz schreibt zurück, am 2. Oktober aus Jena: *„Meine liebe seelenvolle Pauline … Du kennst ja die Wunder unserer Liebe und so wie wir im Kelche der Wollust ertranken, taten es wenige. – Meine Pauline … ich rechne ganz auf Deine Liebe, sie wird und soll mir Lohn sein, wenn ich wieder zurückkomme und Dich wieder an das Herz drücken werde … Ich wollte noch vieles über deinen Mann,* *über Deine Lage … Dir sagen. Ich halte es für Überflüssig … Bis zum 15. sind wir aneinander, lebewohl, bald schreibe ich Dir wieder. Louis.“*

Acht Tage später, am 10. Oktober 1806, fällt der preußische Prinz Louis Ferdinand in einem Gefecht gegen französische Truppen bei Saalfeld.

Das schon lange Drohende, aber gar nicht Denkbare und Vorstellbare war eingetreten. Pauline erfährt von dem Tod erst Tage später. Bald spricht sich in Berlin herum, dass man die zerfetzte Leiche mit Paulines Bildnis auf der Brust gefunden habe, an einer silbernen Kette neben einem Talisman. Schon bald setzt auch die Verehrung des Toten ein, des genialen, musikalisch begabten und romantisch draufgängerischen preußischen Kriegshelden.

Paulines erste Reaktion soll der Gedanke an Selbstmord gewesen sein, so berichtet es ihre Freundin Rahel. Nur schwer fasst sich die Hinterbliebene. Sie ist gegen so etwas wie eine Heroisierung des Krieges, des Kriegers und seines Todes immun, wie der zitierte Brief an den Geliebten zeigte. Neben maßloser Trauer um die geliebte Person geht es für sie nur um Realitäten, um die Realität ihrer finanziellen Lage, ums bloße gegenwärtige Überleben. Nichts im Leben dieses genialen Prinzen war geregelt, am wenigsten Fragen des Geldes oder Nachlass- und Erbschaftsangelegenheiten. Ein Testament sollte zwar existieren mit Schenkungen und Legaten an Pauline sowie Henriette und die Kinder, aber niemand weiß, wo es ist oder sein könnte. Außerdem wird nach der verheerenden Niederlage bei Jena und Auerstädt das gesamte, keineswegs schuldenfreie Vermögen des Prinzen auf Befehl Napoleons sofort beschlagnahmt. Pauline sieht sich plötzlich auch materiell völlig allein gelassen und auf sich gestellt; sie steht vor dem Nichts. Dazu das Gerede der Leute. Jeder in Berlin, so hat sie das Gefühl, beobachtet jeden Schritt von ihr. Trauert sie genug um ihren Geliebten? Oder zu viel oder etwa gar nicht? Was schickt sich überhaupt für eine Mätresse in Trauer? Öffentliche Tränen, schwarze Kleidung, kein Tanz, kein Theater, keine neue Bekanntschaft? – Jeder in Berlin kennt Paulines Schicksal und weiß auch um die andere hinterlassene Mätresse des Prinzen. Übelster Stadtklatsch verbreitet sich: unter anderem bezichtigt man sie des Verrats des Prinzen durch eine chiffrierte Korrespondenz.

Man muss sich darüber hinwegsetzen, und Pauline tut es. Trotzdem: Was geblieben ist von der Liebe zum Prinzen, ist nichts als ihr schlechter Ruf, sind bloße Erinnerungen, von denen sie nicht leben kann, nichts, von dem sich etwas kaufen lässt. Bitterste Armut droht. Wiesel entzieht sich, die Verwandtschaft hat in diesen Zeiten der Kriegsnot selber nichts. So ist die reale Lage im Herbst 1806.

Geblieben, wenn auch lückenhaft und zerstreut, sind allerdings auch die Freundes- und Bekanntschaftskreise, in denen sie den Prinzen kennen gelernt hatte und in denen sie weiterhin verkehrt. Dort gibt es so etwas wie Hilfe, echte Freundschaften, alles überdauernde und schließlich lebenslange wie die zu Rahel Levin, wie sie jetzt noch heißt, später heiratet sie Karl Varnhagen von Ense.

Pauline und Rahel verbindet seit Jahren etwas, was sie beide eine „Herzensfreundschaft“ nennen, was vielen seltsam anmutet, weil sie völlig verschiedene Temperamente und Charaktere sind: Intellektuelle, die eine, in ihrem Salon das Zentrum und die Seele eines Kreises von Schöngeistern, die andere, Pauline, die pure sinnliche Lebenslust und Verkörperung eines unmittelbaren, naiven Daseins. Ein sehr ungleiches Frauenpaar, offensichtlich Gegensätze, die sich anziehen: Die eine denkt, und die andere lebt; die eine hat nur Unglück und Pech in der Liebe, die andere lebt und liebt immer glücklich; die eine empfindet sich als hässlich, die andere ist eine allseits bewunderte Schönheit; die eine hat den idealischen Beinamen einer schönen Seele, die andere den lasterhaften Ruf der Libertinen. Geist und Leben stehen sich in diesen beiden Frauengestalten gegenüber, Idealität und Realität, das Sentimentalische und das Naive – die gleichen Polaritäten, mit denen Dichter und Denker auch dieses Zeitalter des Idealismus und der Romantik zu fassen suchen.

In Rahels Salon, ihrem Treffpunkt, verkehren bald auch, im Winter 1806/07, geistreiche, attraktive Franzosen, Besatzungsoffiziere im von Frankreich besetzten Preußen. Paulines unbefangener Umgang mit solchen Salonbesuchern stößt jedoch bei einigen auf Missfallen, ja moralisch-patriotische Empörung. Die frühere, aus dem Toleranzgedanken der Aufklärung gespeiste geistige Freiheit des Salongesprächs und des kosmopolitischen Umgangs weicht jetzt mehr und mehr einer nationalistisch-konservativen Gesinnung: Für Erscheinungen wie eine geistreiche Jüdin oder die amoralisch-schöne Pauline ist in diesen national aufgeheizten Kriegs- und Nachkriegszeiten kein rechter Platz mehr. Sie werden rasch zu etwas Verruchtem. Im neuen Zeitalter der sich bildenden deutschtümelnden Männerbünde wird der Umgang mit Frauen, Franzosen und Juden zunehmend diskriminiert. Eine neue Liebschaft der früheren Geliebten eines gefallenen preußischen Kriegshelden mit einem französischen Besatzer wird als geradezu skandalös empfunden, als Beleidigung, Sünde und Affront gegen das Vaterland.

Seit ungefähr Anfang 1807 lebt Pauline mit dem französischen Offizier Jean Joseph Lafond de Caix zusammen, der im Herbst desselben Jahres nach Frankreich zurückbeordert wird. Danach ist in den Briefen an Rahel von einem Rogin die Rede, über den nichts Näheres bekannt ist. Er verließ Berlin im Januar 1808; sein Nachfolger als Liebhaber der schönen Pauline war ein gewisser Blanc, durch ihn lernt sie einen Joinville kennen. Diese wechselnden Liebesverhältnisse sind schnell Gesprächsthema in Berlin und erregen Anstoß. *„Die Wiesel gebe ich preis"*, schreibt, als er davon hört, ihr vormals glühender Verehrer, der schwedische Legationsrat von Brinkmann.

Pauline muss sich eben in der Realitäüt dieser Berliner Nachkriegszeit behaupten und durchschlagen. Ihre stets gegenwärtige Sorge ist Geldnot. Von Mutter und Familie ist nichts zu erwarten, Wiesel lässt sie völlig im Stich. Die Schuwalowsche Pension reicht hinten und vorne nicht und scheint obendrein in diesen wirren Zeiten gefährdet. Vom Haus Preußen erfährt sie nur indirekt, Prinz Louis Ferdinand habe über eine Million Taler Schulden hinterlassen. Auch Pauline hat längst hohe Schulden und ist bei dem Lebensstandard, der ihr angemessen erscheint, auf Versorgung und Bezahlung durch ihre meist reichen männlichen Bekannten angewiesen. Dass sie käuflich ist, wie böse Zungen ihr nachsagen, dürfte auf das Konto allgemeiner Verleumdung gehen, doch den Charakter des Abenteuerlichen und des Vagabundierens hat ihre Existenz inzwischen angenommen.

Ihr Leben ist das einer *„freien"* Frau: einerseits wegen der genommenen Freiheiten verachtet, andererseits auch bewundert. Nur die, die sie wirklich zu kennen glauben, beobachten leicht amüsiert ihren souveränen Umgang mit ihrem Ruf. Die bald Dreißigjährige hat eben nichts gelernt als Freundschaft, Liebe und Mätresse-Sein, und so akzeptiert und praktiziert sie diese Rolle auch weiterhin mit Geist und Geschick an der Seite einiger, durch Vermögen und Ansehen mehr oder weniger attraktiver Freunde, so lebt oder liebt sie sich als *„freie"* Frau durchs Leben – und überlebt.

In Berlin wird das Pflaster dafür jedoch offensichtlich bald zu heiß, oder es langweilt auch. Im Kreis der Besatzungsoffiziere ist immer nur von Paris die Rede, und so folgt sie schließlich Joinville dorthin. Sie findet schnell Bekannte dort, ab 1808 lebt sie mit ihrer Tochter in einer Wohnung auf dem Montmartre. Die Freundin Rahel, deren Salon bald zu existieren aufhört, bleibt einsam in der preußischen Hauptstadt zurück. Die Freundschaft aber bleibt bestehen, sie wird nun zur intensiven Brieffreundschaft. Während Rahel in Berlin, wie sie schreibt, *„vom Nichtleben ganz vernichtet"* ist, führt Pauline die nächsten Jahre in der Seine-Metropole ein ungebundenes Leben nach ihrem Geschmack, von der Hand in den Mund zwar, immer am Rand der totalen Verschuldung, aber in Saus und Braus und mondänem Luxus. Sie verkehrt in den gleichen Kreisen und zum Teil mit denselben Personen wie in Berlin, mit Adligen, Diplomaten, Künstlern und Gelehrten in den Salons, kennt alle und jeden, befreundet sich mit Leuten von Einfluss und Macht, wird weitergereicht von alten und neuen Bekannten, erntet überall Bewunderung und wird mit Einladungen überhäuft, trifft auf Berliner Bekannte wie Alexander von Humboldt und schafft es, bis in den illustren Zirkel um Madame de Staël vorzudringen.

Eine Art Nachfolge von Prinz Louis Ferdinand tritt in dieser Pariser Zeit Friedrich von Gentz an. Gentz ist ein Diplomat von europäischer Geltung, pendelt zwischen Berlin, Wien, Prag und Paris, ein Weltmann comme il faut, elegant, liebenswürdig, gescheit, Rahel nennt ihn einmal einen *„Wetzstein des Verstandes“*. Gentz spinnt überall seine Fäden, sieht und gibt sich als Frauenheld, als Genießer und Lebemann. Er ist verheiratet, aber immer wieder liiert mit Schauspielerinnen, Tänzerinnen und dergleichen. Schon lange war Gentz einer ihrer Bewunderer, von der *„Genialität ihres Körpers“* schwärmt er jetzt in Liebesbriefen an sie, von ihrem *„Habitus des schönen Tieres“* und preist sie gegenüber anderen als *„eines der liebenswürdigsten Wesen, die je erschaffen wurden; ihre Fehler, die eine nichtsnutzige Welt ihr so hoch anrechnet, verschwinden in meinen Augen … Sie gehört unter die äußerst seltenen Personen, mit denen es (auch wenn man nicht verliebt in sie ist) gar keine Langeweile gibt.“*

Die Liaison mit Gentz zieht sich über Jahre hin, mit großen Unterbrechungen, bedingt teils durch sein unruhiges Leben, teils durch Paulines Reisen und sonstigen Lebenswandel. Man hat selten Zeit füreinander, aber immer wieder gibt es ein Aufflackern von Leidenschaft wie während der Friedensverhandlungen von 1815, als sich Gentz längere Zeit in Paris aufhält, auch Unterstützung durch Geld sowie Bemühungen von Gentz um eine Fortzahlung der Schuwalowschen Pension. Einladungen zu Besuchen, wenn Gentz in anderen Städten und Ländern zu tun hat, einmal trifft man sich mit Rahel in Karlsruhe, dann wieder heimlich in Heidelberg. Verabredungen und Entschuldigungen für angesagte und verpasste Treffen, Liebesbriefe hin und her. *„Was ich an Ihnen liebte und liebe“*, schreibt Gentz, *„steht hoch über allem Wechsel der Dinge.“* Noch 1826 gesteht er ihr: *„Ich wollte, ich besäße nur die Hälfte ihrer Kraft, wie gerne würde ich Ihnen die größere Hälfte meiner Mittel* *(selbst die des Kopfes) überlassen."* Aber auch Gentz ist nur einer unter vielen, das weiß er und will es wohl auch so. Wer die anderen sind und wie sie heißen, weiß nicht einmal die Herzensfreundin in Berlin.

Ab 1810 reist Pauline wiederholt in die Schweiz und lebt monatelang dort. Der Grund liegt in der Krankheit ihrer Tochter, die dort in einem Internat untergebracht ist. Trotz aufopfernder Sorge und Pflege stirbt sie im 15. Lebensjahr. Danach reist Pauline mehrmals nach Italien, Rom, Mailand, besucht die Meerbäder in Genua. Einmal bricht sie auch in die entgegengesetzte Richtung auf, nach London, dieser *„immensen Stadt, wo alles mit Extremen zugeht"*, mit ihren *„superben Plätzen"* und *„herrlichem Park"*, wie sie der immer noch in Berlin sich langweilenden Freundin Rahel schreibt. Doch im Ganzen enttäuscht das kalte, neblige Land.

Solche Reisen kann sich Pauline eigentlich weder leisten noch kann sie sie bezahlen. In ihrem Portemonnaie herrscht beständig Ebbe. Sie reist mit Bekannten, männlichen zumeist, oder auch – sie ist die geborene Gesellschafterin – auf Einladung von reichen Freundinnen. So reist sie nie unter ihrem Niveau, das heißt dem der höheren und höchsten Kreise und Stände. Und sie reist mit und zum Genuss. Immer wieder zieht sie *„das Götterwetter"* hinaus, die *„Weinernte"*, *„Frankreichs milde Lüfte"*, *„Luft, Grünes und womöglich gutes Essen"*, so schwärmt sie der Freundin vor, *„grüne Gedanken: in Rom Orangen stehlen und betteln gehen"*.

Und auch das schreibt sie: Madame de Staël habe ihr gesagt, sie würde ihren *„ganzen literarischen Ruhm dahingeben für eines meiner Liebesabenteuer"*. Dabei muss es keineswegs so sein, dass Madame de Staël das tatsächlich gesagt hat, der Ausspruch zeigt Paulines Lebenseinstellung: Es geht ihr um Lebensgenuss, auch den sexuellen, es geht um das Leben und weniger um eine intellektuelle Tätigkeit, und sei sie noch so geistvoll, es geht um Freiheit von Moral und allem, was Leben, Liebe und Genuss beschränkt.

Rahel in Berlin hat inzwischen geheiratet, einen siebzehn Jahre jüngeren Mann. Karl August Varnhagen von Ense kennt

Pauline von früher und weiß viel von ihr. In seiner Tätigkeit als Diplomat kommt er im Jahr 1815 nach Paris und trifft dort auch die Herzensfreundin seiner Frau. Er weiß, in welchem Ruf sie steht und dass diese Frau nach einhelliger Meinung aller Intellektuellen nur mit *„antiken Maßen"* gemessen werden kann. Trotzdem oder gerade deswegen erlebt er etwas, was ihn verunsichert und befremdet. Er berichtet nach Berlin, und im Spiegel seines Briefwechsels mit Rahel zeichnet sich, wohl nicht unabsichtlich, ein anderes, etwas gebrochenes Bild der sonst allseits Bewunderten ab. Nicht alle und nicht immer konnte sie bezaubern.

Varnhagens Verhältnis zu Pauline und sein Bild von ihr bleiben gebrochen. *„Ich unterdrücke mein widriges Gefühl, und um Rahel zu erfreuen, ging ich freundschaftlich mit Paulinen um"*, schreibt er sehr viel später, nach Rahels Tod.

Das *„freie"* Leben indes blieb nicht ohne Spuren, auch die schöne Pauline spürte das Älterwerden, sah es täglich im Spiegel. *„Das nicht Wissen ist das Leben, das schöne goldene Rosenleben"*, hatte sie früher einmal geschrieben und: *„Nur Schönheit und Jugend allein bringen uns glückliche Augenblicke ... und ist nicht die große Leidenschaft das einzige auf Erden ...?"* Jetzt spürte auch sie Grenzen alles Vergänglichen. Immer mehr und zusehends schwinden die Gelegenheiten und die Chancen, die Endlichkeit aller Dinge im bloßen Genuss des Augenblicks zu vergessen, auch wenn Pauline dem mit philosophischen Reflexionen zu begegnen versucht. Manchmal scheint sie vor der Freiheit, die sie früher lebte und jetzt noch leben muss, selber zu erschrecken. *„Mich deucht, ich bin tausend Jahre alt, wenn ich an die Vergangenheit denke ... Bereuen hilft nichts, Opfer bringen auch nichts, man muß so fortschwindeln, man kann nichts ändern"*, schreibt sie im Jahr 1822 an Rahel.

1826 stirbt der Kriegsrat Wiesel in Berlin, ihr Immer-noch-Ehemann, ohne ihr ein Auskommen zu hinterlassen. Sie versucht verzweifelt, Varnhagen für ihre Erbschaftsangelegenheit betreffs Louis Ferdinand von Preußen einzuschalten. Es hat sich ein undatiertes Schreiben des Prinzen gefunden, das man als Schenkung an sie auslegen könnte, und Varnhagen soll sich an den Bruder des Prinzen wenden. Doch das Ganze zerschlägt sich schnell wieder und endgültig.

Angesichts einer völlig ungewissen und mittellosen Zukunft entschließt sich die inzwischen 49-Jährige am 1. Oktober 1828 zu einem für sie ungewöhnlichen und lange hinausgezögerten Schritt: Sie heiratet zum zweiten Mal in ihrem Leben oder vielleicht richtiger: Die ehemalige Mätresse findet einen neuen adligen Herrn, der sie durch Heirat versorgt. Es ist eine überlegte und durchdachte Handlung, eine Ehe aus Vernunftgründen und auf solider materieller Grundlage. Der Ehemann, der französische Baron von Vincent, bringt zwei halbwüchsige Töchter mit in die Ehe, eine stattliche Pension als Hauptmann der königlichen Garde Karls X. und Immobilien und Grundbesitz, idyllich gelegen auf dem Land, nicht allzu weit von Paris.

„Es ist mir selbst ein Rätsel", schreibt Pauline an Rahel, *„den Mann gefunden zu haben; er ist fünfundvierzig Jahr, schön, groß und im Übrigen unbedeutend, keine Fehler, keinen großen Verstand, nichts, aber gutmütig, und ich führe ihn wie ein Kind. Drei und ein halb Jahr kenne ich ihn, er war immer, immer derselbe, heute wie den ersten Tag; er konveniert mir in allem, ich habe einen Freund, einen Begleiter, einen Mann, der mir jeden Tag beweist, daß er ohne mich nicht glücklich wäre. Dabei liebt er die Ruhe im höchsten Sinn. Ich gehe viel spazieren, und reite viel, sitze vor der Türe ganze Tage, und sinne und sinne."*

Das neue Leben der Madame Vincent verläuft zwar ruhiger und gesicherter als das der früheren Pauline Wiesel, doch keineswegs ereignislos. Es ist das Leben eines begüterten älteren Ehepaares des niederen französischen Landadels, und außer dem Status des Verheiratetseins und der neuen Rolle als Stiefmutter ändert sich wenig Grundsätzliches. Man genießt im Sommer das Landleben, man reist im Herbst nach Baden-Baden, kauft dort ein Haus und siedelt sich zeitweise auch dort an, man macht Reisen in die Schweiz nach Bern und Neufchatel, wie früher schon, dann verbringt man wieder die Wintersaison in der Stadt, in der Pariser Gesellschaft mit Theater, Ballett und den üblichen Zerstreuungen.

Weitere Reisen gelten in erster Linie Besuchen bei alten Bekannten, Freundinnen und Freunden. Rahel und Varnhagen, die inzwischen in Karlsruhe leben – Varnhagen ist dort am badischen Hof Minister – werden öfter besucht. Mal trifft man sich in Frankfurt, mehrmals ist man zu Gast in Karlsruhe oder Rahel bei Pauline in Baden-Baden, wo man dann wieder das gleiche Gesellschaftsleben wie in Paris führt.

Ein letztes Mal treffen sich die Freundinnen Pauline und Rahel in Berlin im Sommer 1832. Pauline ist zum ersten Mal wieder in ihrer Heimat und wohnt bei der Freundin. Varnhagen bleibt weiterhin der skeptische und wohl auch eifersüchtige Beobachter der, wie er immer noch findet, allzu *„freien"* Seelenfreundin seiner Frau. So ist es ihm ganz recht, als sich Risse in dieser Freundschaft zeigen oder wohl besser er solche zu erkennen glaubt.

„Pauline entwickelt sich fürchterlich", so sein Bericht über dieses Wiedertreffen, *„ihre Langeweile, durch Rahel's öfteres Kranksein und die Stille unseres Hauses vermehrt, ihre Mißstellung gegen die Welt, in der sie nicht schön, jung, reich, geehrt und geachtet genug sein konnte … machte sie Luft in Bitterkeit, in dem bösesten Spiel ihrer widrigsten Eigenschaften. Sie klatschte und verhetzte alles im Hause … Sie beging tausend kleine Unarten und Listen, die einen gemeinen Kreis von Gewöhnung verrieten … Ich faßte mich in Geduld, Rahel's Genesung und Paulines Abreise still zu erwarten."*

Trotzdem blieb auch dann noch, ärgerlich für Varnhagen, Rahels Freundschaft zur Seelen- und Herzensfreundin erhalten. Ihren letzten, im Nachlass erhaltenen Brief an Pauline Wiesel schrieb Rahel am 25.2.1833, wenige Tage vor ihrem Tod.

Pauline überlebte die Freundin mehr als fünfzehn Jahre. Sie überlebte auch den Baron Vincent. Am 9. September 1848 starb sie fast siebzigjährig in St. Germaine en Laye, auf dem Land bei Paris, wohl an der gerade grassierenden Cholera. In den letzten Jahren hatte eine ihrer Pflegetöchter sie und den Haushalt versorgt. Ihr einziger Nachlass waren zwei Bilder, die sie einer Nichte vermachte. Das eine war ein Bildnis des Grafen Hugo von Hatzfeld, des Domherrn, den sie als ersten geliebt und der sie nicht geheiratet hatte, das andere, größere und schönere, war das des Prinzen Louis Ferdinand von Preußen.

Das ganze Leben der schönen Mätresse Pauline Wiesel war eigentlich ein Skandal, neben aller Bewunderung erregte es Anstoß. Ihr Leben wäre heute zu vergessen, wäre es nur moralischer Anstoß gewesen. Doch die Mätresse Pauline erregte eben Bewunderung und Anstoß nicht allein in konservativen, traditionsorientierten und reaktionären Hofkreisen, sondern auch in den sich neu bildenden modernen Intellektuellen-Zirkeln: Viele der klügsten, intelligentesten und fortschrittlichsten Männer und Frauen ihrer Zeit zählten im Salon der Rahel Levin zu ihren Bekannten. Und bei denen wurden die Person und die Lebensart dieser *„freien"* Frau Anstoß für noch etwas anderes: für ein Nachdenken über die Rolle der Frau in den Zeiten eines politischen Umbruchs, Anstoß für ein Nachdenken über die Stellung der Frau zum Mann und zur Gesellschaft überhaupt, über das, was die Frau gegenwärtig ist und zukünftig sein könnte und sollte. Pauline Wiesels Leben und Lieben wurde hier zum Denkanstoß, Diskussionsgegenstand und Verständigungsmedium für Anliegen und Fragen des großen neuen Zeitthemas der Emanzipation.

Insbesondere Rahels Briefe, von Varnhagen nach ihrem Tod herausgegeben, spiegeln und reflektieren für uns Heutige, trotz Lücken und Auslassungen die Existenz der *„Herzensfreundin"* Pauline im Licht solcher Überlegungen – denn Rahel dachte, was Pauline lebte.

Der Skandal von Paulines unordentlichem Leben und Lieben wird der Brieffreundin immer wieder zum Anlass für ein Nachdenken und Analysieren ihrer Existenz als Frau. Rahel sah Paulines Leben als ein exemplarisches Frauenleben in Unabhängigkeit und Freiheit, wie es die zeitgenössische Gesellschaft einer Frau eigentlich nicht erlaubte, auch wenn es, wie sie wusste, nicht immer eine selbstgewählte Freiheit war. Es war jedoch ein Leben gegen die Zwänge und Konventionen der jetzigen Gesellschaft – so wie ihr, Rahels, Denken auch eines war und sich als solches verstand. Und wie das eigene Denken so schien Rahel Paulines Leben als utopische Vorwegnahme einer möglichen weiblichen Emanzipation von zeitgebundenen moralischen und sozialen Beschränkungen. Oder anders gesagt: Was Rahel und andere Frauen zu dieser Zeit nur erträumten und in unerfüllter Sehnsucht erdachten, das hatte Pauline Wiesel jetzt schon gewagt zu realisieren und zu praktizieren, und zwar ohne Rücksicht auf die gesellschaftliche Reputation.

Pauline lebte das, was Rahel selber nicht leben konnte und wovor sie immer zurückgeschreckt war. Pauline nahm es auch auf sich, für diese Freiheit, die sie sich herausgenommen hatte, den Preis zu zahlen und für solche Unabhängigkeit die Strafe: in Gestalt einer vagabundierenden Abenteuerexistenz, eines ständig improvisierten Lebens von der Hand in den Mund, mit sozialer Unsicherheit und Verlust des guten Rufes – wozu sie, Rahel, nicht willens und auch nicht fähig war. *„Mut fehlte mir von je, mich in unselige Lagen zu stürzen"*, so schreibt sie der Freundin, *„darum duldete ich, was ich nicht mochte und verabscheute, davon bin ich krank, das ist der ganze Unterschied zwischen uns beiden."*

Und aus der Analyse von Paulines Leben und ihrer eigenen, davon so verschiedenen Existenz entwickelt Rahel nun ein Frauenideal, gleichsam als utopische Möglichkeit gegenüber der zeitgenössischen Wirklichkeit. Es ist ein Ideal von Freiheit, das weit über das hinausgeht, was die damals gerade entstehende bürgerliche Gesellschaft der Frau als Rolle zuwies. *„Man ist nicht frei"*, so schrieb sie an Pauline, *„wenn man in der bürgerlichen Gesellschaft etwas vorstellen soll; eine Gattin, eine Beamtenfrau etc."* Ihr unbürgerliches Ideal einer wahren Freiheit der Frau bleibt ein zukünftiges und ist als Utopie letztlich wohl unrealisierbar, aber, so sah es Rahel, etwas davon, sogar die Hälfte dieses Ideals, erfüllte und verkörperte jetzt schon ihre Freundin Pauline Wiesel mit ihrem Leben und Lieben als Mätresse: den Bereich der Sinnlichkeit, der Schönheit und der Lust. Den anderen, auch wichtigen Bereich für eine Emanzipation der Frau, den der Vernünftigkeit, des Gedankens und des

Kampfes für politische und gesellschaftliche Rechte, vertrat eher Rahel selbst und vertraten auch andere. Doch beide Bereiche können eben nur Teilbereiche sein. Darum: Pauline *plus* Rahel – das wäre die Formel, das wäre das vollkommene, ungeteilte Idealbild der modernen emanzipierten Frau.

Solche Briefgedanken ihrer Freundin Rahel lassen das Leben der schönen Pauline Wiesel auch von heute her noch interessant und aktuell erscheinen. In einer Reihe von Mätressen des 17. bis 19. Jahrhunderts in Deutschland stellt sie schon einen Grenzfall dar.

In ihrer romantischen Liebe zum Prinzen Louis Ferdinand fehlte das übliche skandalöse Dreieck der Mätressenbeziehung – dynastisch verheirateter adliger Herr, ungeliebte Ehefau und Geliebte – oder richtiger es hatte sich verschoben: Der Prinz war unverheiratet, und die Tatsache, dass er neben ihr schon eine andere bürgerliche Mätresse mit gemeinsamen Kindern hatte, war in anderer als der herkömmlichen Weise skandalös und kompliziert. Diese Verwicklungen hatten ihre Wurzeln eigentlich nicht mehr im Hofleben und in der Heiratspolitik der feudalen Ständegesellschaft, sondern weisen eher in die Richtung moderner Beziehungsprobleme der spätbürgerlichen Gesellschaft unserer Tage. Sie tragen längst den Charakter von freiwilligen und frei gewählten nicht-ehelichen Partnerschaften ohne staatliche oder kirchliche Legitimation.

Einzig die finanzielle Abhängigkeit und der Glanz gesellschaftlichen Prestiges, das von dem Geliebten aus fürstlichem Stand auf die Unebenbürtige fiel, erinnern in Paulines Schicksal noch an das übliche Mätressendasein. Nach Prinz Louis Ferdinands Tod bestimmte Freiheit als soziale Unsicherheit das Leben der hinterbliebenen Partnerin. Pauline Wiesel löste dieses materielle Problem gezwungenermaßen durch das Eingehen neuer, ähnlicher Verhältnisse, modern ausgedrückt: sie lebte konsequent ein Leben mit wechselnden „Lebensabschnittspartnern" und in vorerst nicht-ehelichen Lebensgemeinschaften – nicht nur, aber auch um ihrer finanziellen Versorgung wegen. Das war zu ihrer Zeit moralisch anstößig, ja galt als verrucht. Aus heutiger Sicht sind, jenseits moralischer

Verurteilung, die objektiven Gründe dafür erkennbar: mangelnde materielle Selbstständigkeit der Frauenexistenz aufgrund fehlender Ausbildung oder nicht vorhandener adäquater Erwerbsmöglichkeiten in der damaligen Gesellschaft. Pauline Wiesel hatte den Mut und die Größe, trotzdem auch schon damals mit den damaligen Möglich- und Unmöglichkeiten ein Frauenleben ganz auf sich gestellt und auf eigene Rechnung zu wagen – und das auch noch skandalös glücklich zu führen.

Insofern ist die Biographie dieser Mätresse in der ersten Hälfte des 19. Jahrhunderts auch als Vorstufe oder Vorwegnahme einer modernen Frauenexistenz lesbar, als, wie Rahel es sah, Wegmarke in Richtung Emanzipation.

Die Woodcock-Affäre

Eine männliche Mätresse am Stuttgarter Hof

Der Zeitungsartikel auf der ersten Seite in den *„Münchner Neuesten Nachrichten“* am 23. Oktober 1888 hatte es in sich: stilistisch vorsichtig und eher umständlich, ja langweilig formuliert, enthielt er doch Explosivstoff: *„Der leidende hohe Herr“*, konnte man dort über den Monarchen eines, so hieß es, *„benachbarten Landes“* lesen, *„faßte für den hübschen und intelligenten Ausländer ein lebhaftes Interesse, ernannte ihn zum Vorleser und überhäufte ihn mit Orden, Titeln und Geschenken.“* Mit anderen Worten: Dieser König hatte einen Geliebten, keine Mätresse, sondern sozusagen einen *„Maitre“*. Zwischen den Zeilen stand da aber auch nichts anderes als: Dieser König war *„abartig“*, *„andersherum“* oder *„pervers“*, wie man das damals ausdrückte. Das Verhalten dieses Monarchen war somit nicht nur höfische Verschwendung und Begünstigung, sondern es fiel auch unter einen gewöhnlich nur durch die Ziffern des betreffenden Paragraphen bezeichneten Straftatbestand. Der Artikel trug die Überschrift *„Unliebsame Erörterungen“*, und sein Schreiber wagte es erst nach einer einleitenden grundsätzlichen Vorrede über Aufgaben und Grenzen der Presse in einem Königreich überhaupt zur Sache zu kommen – und dann auch nur indirekt und unter Vermeidung jeglicher Namen oder genauer Benennungen. Zu heikel und skandalträchtig war offenbar das, was er aufgriff; zu ähnlich diese Geschichte auch dem, was sich gerade zwei Jahre zuvor in München mit der Absetzung König Ludwigs II. und um seinen spektakulär-rätselhaften Tod zugetragen hatte. Doch nicht zuletzt deswegen wohl erregte der Artikel so großes Aufsehen, nicht nur in Bayern, mehr noch im benachbarten Württemberg, ja er sollte lawinenartig eine Pressekampagne lostreten weit über die beiden Landesgrenzen hinaus ins europäische Ausland, sogar bis nach Amerika.

„Es gibt Dinge, welche in der Presse außerordentlich schwierig zu besprechen sind“, so hatte, weit ausholend, der Artikelschreiber

begonnen. *„Mißliche Verhältnisse am Hof des Landesfürsten zu erörtern, heißt allerdings für die Zeitungen ein heißes Eisen anfassen …“* Von einem Fürsten war dann die Rede, dessen *„zunehmendes Alter und wachsende Kränklichkeit“* ihn *„seinem Volke … fremder werden“* ließ.

„Indessen diese (Verhältnisse) würde man zu tragen wissen“, fährt der Schreiber fort, *„wenn sie allein in der Kränklichkeit des Fürsten ihre Ursache hätten.“* Und nun erst wird er konkreter: *„Daß es Menschen geben kann und tatsächlich gibt, welche sich nicht scheuen, die durch die Krankheit des Landesherrn bedingten Zustände … auszubeuten, das erregt die Mißbilligung und die Entrüstung weiter Kreise. Daß diese Leute Ausländer sind, macht die Sache noch ärger. Zuerst war es nur eine solche Persönlichkeit, welche vor etwa 7 Jahren in die Nähe des Fürsten gelangte … Bald war der Emporkömmling der unzertrennliche Begleiter des Fürsten, dessen langjähriger, treuester persönlicher Freund, ein wirklicher Edelmann … beiseite geschoben war. Indessen muß man doch anerkennen, daß jener Ausländer den so plötzlich erhaltenen Einfluß eigentlich nicht in schlimmem Sinne geltend gemacht hat; er wies im Gegenteil Jeden, der seine Fürsprache in Personalangelegenheiten wünschte, ab und enthielt sich jeder Einmischung in die Staatsgeschäfte.*

Aber das sollte anders werden. Plötzlich erschienen zwei neue Gestalten am Hofe, Landsleute des bisherigen Günstlings … Diese Herren waren wenig zurückhaltend mit ihrem Verlangen; sie erbaten und erhielten nicht unbeträchtliche Geldsummen, die rasch verthan waren; auch suchten sie für ihre Anhänger zu sorgen. Der Monarch schenkte ihnen in der Residenz ein Haus … In dieser, mit üppigster Pracht ausgestatteten Wohnung verkehrt ihr hoher Gönner fast beständig, wenn er in seiner Hauptstadt weilt. Geschäftige Zungen wissen von den Mysterien dieses Hauses Mancherlei zu erzählen; wir erwähnen davon nur, daß dort spiritistische Seáncen abgehalten werden sollen … Jedenfalls ist die Einwirkung des Umgangs mit den beiden Ausländern eine derart nachtheilige, daß ein berühmter Arzt der Landesuniversität, der zur Konsultation zugezogen war, die sofortige Entfernung der beiden Abenteurer aus der Nähe des leidenden Monarchen verlangte. Diese erklärten auch gehen zu wollen, ließen sich eine bedeutende Abfindung baar auszah-

len und verschwanden thatsächlich, waren aber gleich wieder zur Stelle ...

Seit diesem Vorfall, der sich vor etwa einem Jahre zutrug, haben die beiden Ausländer das gütige Vertrauen eines Leidenden immer mehr zu erschleichen gewußt. Sie spielten mit dem Gelde ihres hohen Gönners an öffentlichen Spielbanken und führen einen so luxuriösen Train, daß der fürstliche Hofhalt zu ernstlichen Einschränkungen genöthigt ist ... Die Bevölkerung der Residenzstadt sieht für diese Verlegenheiten moralischer und finanzieller Art die Schuldigen in den Ausländern ... Begreiflicherweise wird die ... Versetzung des einen dieser Günstlinge in den Adel auf das Lebhafteste besprochen, wenn auch die Presse davon keine Notiz nimmt, mit Ausnahme eines demokratischen Blattes ...

Wo soll dies Alles hinaus?" fragt der Schreiber. Und nochmals, wie am Anfang schon, rechtfertigt er sein journalistisches Vorgehen: um Ähnliches wie in Bayern auch *„in jenem Nachbarlande"* zu verhüten, aus *„diesem Grunde allein, den wir für einen patriotischen halten, haben wir dem vielfachen Andrängen nachgegeben und obige Darstellung gebracht"*.

Was lag diesem Zeitungsartikel zu Grunde? Was verbarg sich hinter den geschilderten und angedeuteten Ereignissen? Was spielte sich in den achtziger Jahren des 19. Jahrhunderts wirklich und im Einzelnen am Stuttgarter Hof oder hinter seinen Kulissen ab, denn kein anderer konnte hier gemeint sein und sollte vom Leser erkannt werden.

In Stuttgart, im Land Württemberg, regierte seit 1864 König Karl I., ein Monarch, wie der Staatsrechtler von Mohl befand, *„ohne Saft und Kraft"*. Anderen, insbesondere großbürgerlich-fortschrittlichen Kreisen erschien er sogar als *„personifizierte Majestätsbeleidigung"*, selbst Royalisten sprachen von seiner Regierung als einer Art *„Selbstaufgabe der Monarchie"*. Er war in kinderloser Ehe verheiratet mit Olga, einer russischen Prinzessin, Tochter von Zar Nikolaus I. und der Schwester des späteren deutschen Kaisers Wilhelm I. König Karl von Württemberg war ein verschlossener Sonderling, der mit zunehmendem

Alter immer sonderlicher wurde. Politischen Neuerungen zwar anfangs keineswegs abgeneigt und unzugänglich, war er abrupten Stimmungswechseln unterworfen und entzog er sich, Kränklichkeiten vorschiebend, im Laufe seiner Regierungszeit zunehmend seinen Regierungs- und Repräsentationspflichten. Er verbrachte schließlich den größten Teil des Jahres außerhalb der Regierungs- und Landeshauptstadt am Bodensee quasi privat oder auf Kuraufenthalten im südlichen Ausland. Wenn er sich einmal längere Zeit in Stuttgart aufhielt, dann sah man ihn beinahe täglich durch die Straßen der Stadt spazierengehen oder auf den Gehwegen der königlichen Anlagen in einfacher bürgerlicher Kleidung und immer in Begleitung desselben Freundes, seines Generaladjutanten Freiherr von Spitzemberg, der als Ehrenmann von Adel galt, als tüchtiger Soldat und kluger politischer Berater seines Monarchen. Keinem Stuttgarter Bürger und keinem württembergischen Landeskind wäre auch nur die Idee gekommen, hinter dieser jahrzehntelangen Herzensfreundschaft zweier hoch- und höchstgestellter Männer etwas anderes zu sehen als die Erörterung, Erfüllung und Ausübung von Staatspflichten zum Wohle aller.

Etwas Ungewöhnliches, plötzlich Anrüchiges und Skandalträchtiges zeichnete sich erst ab, als diese Männerfreundschaft zerbrach, und zwar sichtlich ab dem Jahr 1881. Der König war seines Freundes offenbar überdrüssig geworden, überraschend traten andere Freundschaften und Bekanntschaften mit anderen Männern dazwischen: Die lange, innige Gemeinschaft mit Spitzemberg ging abrupt und mit Missstimmungen zu Ende oder musste weichen, sie wurde von neuen Beziehungen zu jüngeren, auffallend hübschen Ausländern geradezu verdrängt.

Anscheinend kränkelte der König seit 1880 wiederholt und zunehmend, ein Blasenleiden wurde diagnostiziert und behandelt; seit 1881 erschien auch die Königin ihrer Umgebung und den engsten Angehörigen nicht gesund, sie wirkte *„nervös"* überspannt und sichtlich angegriffen. Die Ärzte rieten beiden Majestäten zu einem Erholungsaufenthalt im Winter in Cannes an der französischen Riviera. Wenige Eingeweihte nur wussten, was sich bei den Majestäten eigentlich hinter diesen recht diffusen Krankheitssymptomen verbarg: Es waren König Karls homosexuelle Neigungen, die die kinderlose Ehe wohl schon von Anfang an belastet hatten. Sie traten jetzt immer offener zu Tage, der König verfiel geradezu, dem ganzen Hof sichtbar, jungen, gut aussehenden, zwielichtigen Glücksrittern, warf sich ihnen an den Hals und in die Arme und versuchte, sie an sich und den Hof zu binden. Für die Königin und den Hof eine mehr als peinliche, unerträgliche und in ihren Folgen unausdenkbare Situation: Der König hatte einen Geliebten oder auch mehrere.

Eine Geliebte des hohen Herrn, eine Mätresse oder eine ungeordnete Mätressenwirtschaft wäre wohl auch kaum erwünscht und willkommen gewesen, aber es wäre angesichts dessen, was früher und an anderen Höfen der Zeit üblich war, immerhin noch tolerabel und letztlich akzeptierbar erschienen. Doch ein Geliebter, ein *„Maitre“* des Königs, rührte in Zeiten, in denen männliche Homosexualität nicht nur verpönt, sondern strafbar war, an ganz andere Tabuzonen im höfischen Bereich, im ganzen biederen Schwabenland wie im Reich und im angrenzenden Ausland!

Solange sich so etwas, wie bisher, als hilfreiche Freundschaft und langjähriges Vertrauensverhältnis unter Ehren- und Edelmännern dargestellt hatte und so in seinem wahren Charakter selbst Nahestehenden und der engsten Umgebung diskret verborgen blieb, störte und durchkreuzte es weder den inneren Ablauf des Hofes noch seinen Ruf und das äußere Prestige. Was sich aber jetzt am Stuttgarter Hof, ab 1881, an internen Kämpfen und Rangeleien zwischen männlichen Bewerbern und Umworbenen um die Gunst des Königs abspielte, ließ sich kaum noch verbergen und vertuschen und war vor einer aufmerksamen, auch politisch interessierten und motivierten Öffentlichkeit nur schwer zu verheimlichen und gegen sie abzuschirmen. Die am Hof sich ausbreitende Günstlingswirtschaft, die Verteilung großzügiger, auch materieller königlicher Gunstbeweise an abenteuerliche, landfremde Gestalten, die als Glücksritter, Spieler, Betrüger und Hochstapler erschienen, drohte die festen Mauern nach außen zu durchdringen und schürte eine längst unüberseh- und hörbare, kaum noch steuerbare Gerüchteküche. Es war zu fürchten, dass das Unerhörte kurz über lang auch die Presse, vor allem die dem Hof feindlich gesinnte, erreichen würde, für alle, die Einblick in diese Mechanismen und Machenschaften hatten, nur noch eine Frage der Zeit.

Nicht jeder am Hof, auch der König selbst nicht, besaß die Selbstdisziplin, die die Königin Olga an den Tag legte und mit der sie die ehelichen Krisen und persönlichen seelischen Verletzungen still ertrug und innerlich meisterte. Vor allem wurde die Regierung des Landes Württemberg mit diesem Monarchen auf eine harte Geduldsund Belastungsprobe gestellt: Zu dessen Desinteresse an allem *„Regieren"*, das kaum noch zu tolerierende Formen angenommen hatte, kam jetzt auch noch dieses höfische Leben und Treiben, das keinesfalls in die Öffentlichkeit dringen durfte. Hinter offensichtlich vorgeschobenen Gesundheitsproblemen, die ihm angeblich ein *„normales"* Regieren unmöglich machten, lebte der Landesherr nur noch persönliche Vorlieben und Bequemlichkeiten aus – und das am liebsten und immer länger außerhalb und fern seines Landes. Auf Cannes an der Riviera folgten im Winter 1882 erneute Erholungsaufenthalte in Florenz und Rom, im Jahre 1883 war es wieder die Riviera mit San Remo, im Winter 1884 Nizza. Auf diesen jeweils mehrmonatigen bis halbjährlichen *„Ausflügen"* im Sonderzug und mit *„kleinem Hofstaat"* von 16 bis 20 Personen in kostspieligen Luxushotels gab König Karl sich nur noch dem Leben eines begüterten, verwöhnten und müßiggängerischen Privatmannes und großzügigen Liebhabers hin.

Das, was sich um die Person des Königs am Württembergischen Hof in den Jahren seit 1881 abspielte, war für die verantwortliche Landesregierung weder hinnehmbar noch vor Öffentlichkeit und Presse, sollte es ans Tageslicht dringen, zu decken oder zu rechtfertigen. Alle Beteiligten und Betroffenen wussten sehr genau, um was es letztlich ging: um das Ansehen der Monarchie, die Stellung Karls als König von Württemberg, den Verlust oder den Erhalt der Krone.

Was in Bayern geschehen war: die skandalträchtige Entmachtung und Absetzung eines sich seiner angestammten Pflichten entziehenden Königs von Thron und Regierung – solche erzwungene Abdankung, die keiner eigentlich wollte, drohte jetzt auch in Württemberg. König Karl machte es seinen Regierungsverantwortlichen und Ministern nicht leicht: Männerfreundschaften, wechselnde obskure und rivalisierende Männergruppen und -gemeinschaften, prägten fast ausschließlich seinen persönlichen Umgang und Lebensbereich. Mit ihnen und durch sie schirmte sich der König von allem ab, was Regierungsalltag hieß, und von dem, was Regierung, Volk und Öffentlichkeit von einem Monarchen erwarteten und forderten.

Seine Männerfreunde suchte er durch großzügige Geschenke, Privilegien und Vertrauensstellungen an sich zu binden, und die so Beschenkten genossen offenbar das königliche Vertrauen mehr als die offiziellen Regierungsvertreter. Sie genossen auch die gewährte Bevorzugung und das höfisch-exklusive Wohlleben: Sie griffen begierig zu den gebotenen leiblichen Genüssen wie nach verliehenen Ehrenzeichen und Orden, um ihre neue, herausgehobene Stellung stolz zu dokumentieren und zu nutzen. In exklusiven Gesprächszirkeln, im täglichen Umgang und Gedankenausausch mit dem hohen Herrn, versehen mit Luxus und Insignien der Macht, bildete sich so am Stuttgarter Hof um den Monarchen, unübersehbar und von allen sich für das Land verantwortlich Fühlenden kaum noch zu ignorieren, eine männliche Hofclique heraus mit dem Zusammenhalt einer – nach ihrem eigenen Zeugnis – *„idealen Geisteshaltung"*. So jedenfalls, das heißt mit dem Streben nach einer *„wahren Idealität"*, die nur im Bündnis gleichgesinnter und -gestimmter Männer zu erstreben und zu erreichen sei, suchte König Karl ganz offensichtlich seine homophilen Neigungen vor der Hofgesellschaft und auch vor seiner Ehefrau, der Königin, zu begründen, zu rechtfertigen und zu kaschieren. Das *„hohe Ideal"*, das er, wie er wiederholt äußerte, in familiären und anderen Beziehungen am Hof nicht fand, könne allein von ihm im engsten Umgang mit männlichen Gleichgesinnten gefunden und gelebt werden.

Seit 1881 war, worauf der Artikel in den *„Münchner Neuesten Nachrichten"* anspielte, der *„hübsche"* Amerikaner Richard Jakson sein erklärter Favorit, ein 23-jähriger Musikstudent am Stuttgarter Konservatorium und offiziell als Vorleser des Königs engagiert. Er machte zunehmend dem *„wirklichen Edelmann"* und Generaladjutanten von Spitzemberg die bisherige Stellung streitig und untergrub sie. Doch der inzwischen zum Hofrat ernannte Jakson stellte wohl weniger das dar, was seinem Gönner als *„ideale Geisteshaltung"* vorschwebte, er wurde ab 1883 mit dem Argument, er sei *„zu materiell"*, durch einen anderen jungen Mann, wiederum einen Amerikaner, ersetzt und verdrängt, der, wie der König glaubte und gehört hatte, seinem *„geistigen Ideal"* besser entsprechen sollte.

Sein Name war Charles Woodcock, er lebte schon einige Jahre in Stuttgart und gab sich dort als *„Literat"* aus. In Amerika hatte er gute Schulen besucht, als Prediger bei einer Sekte in St. Johns, Kanada, gewirkt und angeblich war er von vornehmer Herkunft: Über seine Mutter, eine geborene Savage, so hieß es, sei er mit englischen Herzogshäusern verwandt. Nach eigenen Angaben hatte er zuvor in Heidelberg studiert und sogar, so behauptete er, auch einen Doktortitel dort erworben. Auf welche Weise er dem König bekannt wurde, durch welche Verbindungen und Kanäle er schließlich in Stuttgarter Hofkreise geriet, wusste eigentlich niemand genau und blieb einigermaßen unklar und obskur. Er wurde wohl, wie der Freiherr von Spitzemberg im November und Dezember 1883 dem damaligen württembergischen Ministerpräsidenten Mittnacht brieflich mitteilte, dem König durch die französische Kaiserin Eugenie und durch den englischen Gesandten Gould empfohlen. Außerdem spielten dabei im Zusammenhang mit einer sehr ernst erscheinenden Erkrankung der Königin wohl auch spiritistische Kreise in Württemberg um die Wahrsagerin Vaihinger eine nicht unerhebliche Rolle. König Karl stand in dieser Zeit nämlich mit einem Medium, eben dieser Vaihinger, in schriftlichem Verkehr und, vermittelt durch einen Kammerdiener, in täglicher brieflicher Verbindung. Er empfing so wahrsagende Botschaften mystischen Inhalts, die sich um die Erkrankung seiner Frau, aber eben auch um die Person und Eigenschaften Woodcocks drehten.

Es ist anzunehmen, dass Woodcock sich gezielt solcher Mittel und solcher Leute, bei denen Berichte über Wunderheilungen und Geistererscheinungen ein offenes Ohr fanden, bediente, um in Hofkreisen Fuß zu fassen. *„Das ist der Freund, den Gott Dir sendet"*, soll laut Mitteilung von Spitzemberg die Vaihinger an den König über Woodcock geschrieben haben, und zwar im Zusammenhang mit detaillierten Berichten über eine angebliche Wunderheilung, die dieser *„samaritisch"* an einem schwerkranken Fräulein Zoller vollbracht haben soll. Über solche *„medialen"* Verbindungen bot sich Woodcock offenbar dem König an mit dem Ziel, *„ihm sein Leben ganz zu weihen"*, sich als idealgesinnten *„edlen Menschen"* anpreisend, der gar nichts will als für die Majestät *„zu leben und zu sterben"*. So berichtete es Spitzemberg ebenfalls an Mittnacht. Was allerdings in Wahrheit hinter solchem *„idealen Schwulst"* stand, wusste und durchschaute niemand besser als gerade er. Der König sei *„in die Schlingen einer Tischrückerin gekommen"*, fuhr Spitzemberg in seinen privaten Mitteilungen fort. Und: *„Das wird eine schöne Geschichte geben, wenn 2 so Kerle hier im intimen Umgang mit Seiner Majestät sind. Der König hat noch nicht den Mut gehabt, Hofrat v. Jakson etwas von seiner neuen Flamme zu erzählen."*

Noch waren sich Woodcock und der König nicht persönlich begegnet, ein erstes Treffen wurde Ende November 1883 im Ausland, im Winteraufenthalt in San Remo, verabredet und arrangiert. Zeitgenossen beschrieben Woodcock als einen sehr gut aussehenden, brünetten, schlank und groß gewachsenen Mann mit auffallend schönen, aber auch unruhig-suchenden Augen. Er trug einen schwarzen, ausrasierten Backenbart und gab sich gewandt mit auffällig schlangenartigen Bewegungen, dabei hatte er sehr gute Umgangsformen und machte auf jeden den Eindruck eines anständig und vornehm denkenden jungen Mannes. Allerdings trat er nur ganz selten allein auf, sondern war stets umgeben von einem cliquenartigen Anhang; von einem offenbar von ihm unzertrennlichen Landsmann, seinem angeblichen Sach- und Vermögensverwalter namens Hendry, sowie einer Haushälterin Fräulein Schmid, einer Angehörigen der mit ihm sehr gut stehenden und ihm durch seine Lebensrettung der Tochter dankbar verbundenen Familie Zoller. Nur über diesen Anhang verkehrte er sozusagen mit den alltäglichen Dingen der Außenwelt. Alles Schriftliche zum Beispiel regelte sein Vertrauter Hendry für ihn, nirgends hinterließ Woodcock eine eigene Unterschrift – ob das nun vorsichtige Klugkeit war oder abgefeimte Taktik, ob es gesellschaftliche Gewandtheit und Geschick bewies oder auf die windige Existenz eines Hochstaplers hindeutete, darüber gingen die Meinungen auseinander.

Jedenfalls verstand es Woodcock, sich beim König überraschend schnell in Gunst zu setzen, und zwar vom ersten Augenblick an. Anfangs gewann er wohl gerade durch eine zur Schau getragene Zurückhaltung, erst nach und nach spürte und erkannte die engste Umgebung des Monarchen seinen steigenden unheilvollen Einfluss zum Beispiel in allen Personalfragen des Hofes.

Der König verfiel sehr bald und zusehends dem neuen Freund, und zwar bis zur völligen, fast willenlosen Abhängigkeit. Woodcock gelang es in kürzester Zeit, alle seine Mitbewerber um die Gunst des Monarchen auszuschalten, kaltzustellen oder abzuschütteln, er wusste sich aller seiner Gegner und Krtiker am Hof zu entledigen oder sie zum Schweigen zu bringen. Bald drehte sich alles nur noch um Woodcock, nichts ging mehr ohne ihn.

Seit Anfang 1884 sah das tägliche Leben des Königs so aus: Neben der Erfüllung der exakt geregelten Hofetikette widmete er sich allenfalls eine halbe Stunde am Tag den Regierungsgeschäften. Jeden Vormittag von 10.30 bis 12.00 Uhr erging er sich mit seinem Freund Woodcock zu Fuß oder im Wagen im Freien, und jeden Nachmittag wieder ab 14.30 Uhr. Erheblich mehr Zeit als für Regierungsangelegenheiten oder andere ernsthafte Beschäftigungen wie etwa Zeitung lesen verwendete Seine Majestät auf die Toilette, denn beide Freunde legten großen Wert auf ihre Kleidung. Mehrmals am Tag zog man sich um und beanspruchte den Friseur, auf Ausfahrten und Spaziergängen trugen sie gleiche Kleidung als Zeichen ihrer gleichen Gesinnung und Ausdruck ihrer *„idealischen“* Gemeinsamkeit. Wo der König war, war auch Woodcock – und umgekehrt. Selbst die Königin, für deren Umgang mit dem Ehemann zumindest eine Viertelstunde des Tages einberechnet war, brauchte, wenn sie von ihrem Gatten, der sich von seinem Freund zärtlich *„Tully“* nennen ließ, etwas erreichen wollte, Woodcocks Vermittlung. Vor allen Dingen durfte niemand etwas gegen Woodcock sagen, wenn er den König nicht tagelang verstimmen oder seine Gunst ganz verlieren wollte.

Was andere Höfe mit dem Auftreten einer neuen, den Fürsten beherrschenden Mätresse oder Favoritin erlebt hatten, ereignete sich nun am Württembergischen Hof wegen oder mit einem männlichen Liebling und Günstling: Ihr Wille – oder in diesem Fall sein Wille – geschah. Er, Woodcock, war der wahre Herrscher, lenkte und bestimmte alle Geschehnisse, der Günstling erlangte Macht, Einfluss und Reichtum.

Ein reges Protektionswesen etablierte sich bald am Hof. Bei Woodcock antichambrierte jeder, der hier etwas erreichen wollte: Theaterkünstler, Politiker, Beamte, bis zu Spitzen der Staatsverwaltung und Ministern. Wichtigste Stellenbesetzungen liefen über Woodcock, selbst die Königin bemühte sich um seine Gunst. Er polarisierte die Hofgesellschaft und trieb – seit jeher die bewährte Taktik jeder nach machtpolitischer Einwirkung strebenden Mätresse – einen Keil zwischen den Monarchen und seine Umgebung sowie die übrige Regierung. Das heißt: Er versuchte, den auf ihn fixierten Regenten bewusst zu isolieren, um so seine eigenen Wünsche direkt um- und durchgesetzt zu bekommen. Was Woodcock forderte, erfüllte der König gutmütig und bereitwillig. Lief es einmal nicht nach dem Wunsch des Günstlings, war oder spielte dieser den Enttäuschten und Verärgerten, was dem König emotional zusetzte und die Wunscherfüllung schließlich nur beschleunigte.

Im täglichen Umgang mit seinem Gönner verfolgte Woodcock zielstrebig und zielsicher, indem er bald alle Fäden zwischen dem Monarchen, dem Hof und der Regierung in seiner

Hand hielt, von Anfang an ein einziges Endziel: seine eigene Bereicherung, das heißt den Erwerb von Geld und Immobilien. Erst als er in dieser Hinsicht Widerstand spürte – nicht vom König selbst, aber von dessen zuständigen Beamten und Ministern – mischte er sich auch in Personal- und Regierungsangelegenheiten ein, versuchte er, das Erstrebte schließlich über Personalwechsel, Entlassungen, Neueinsetzungen willfähriger Regierungsmitglieder zu erreichen, wobei er dann, wie sich zeigen sollte, selbst nicht vor der Inszenierung von Regierungskrisen zurückschreckte. Spätestens damit aber wurde er für einen größeren Kreis, ja für das Land zur Gefahr.

Der Erste, der das und damit die Ungunst seines bisherigen Gönners zu spüren bekam, war eben der langjährige Freund und Vertraute des Königs, der Generaladjutant von Spitzemberg. Weil dieser integre, sich an die traditionellen Spielregeln des Hofes haltende Mann der neuen amerikanischen Hofclique und deren Habitus und ihren Zielen in jeder Hinsicht im Weg stand, musste er weichen. Im Herbst 1885 trat er einen dringend angeratenen *„Erholungsurlaub“* an, der nichts als ein erzwungener Rückzug war: Alle wussten, dass er aus diesem Urlaub nicht an den Hof zurückkehren würde. Ungeduldig wartete König Karl nur auf sein Pensionsgesuch. Als es dann endlich eintraf, wurde der alte Freund im April des Jahres 1886 schnellstens offiziell und formell verabschiedet. Der engsten königlichen Umgebung erschien das wie das Ende einer Epoche. *„Mit Spitzemberg entläßt der König seinen ältesten Freund, einen erfahrenen, treuen und ihm aufrichtig zugetanen Diener, einen“* – und das war jetzt ausdrücklich gegen die neue amerikanische Hofclique gerichtet – *„repräsentationsfähigen Kavalier“*, so notierte der Leibarzt des Königs, Dr. Fetzer, in sein Tagebuch. Und vorausblickend fügte er hinzu: *„Er wird eine nicht zu schließende Lücke hinterlassen“*, in Württemberg werde sich nämlich *„nie eine Sympathie für die ausländischen Eindringlinge entwickeln.“*

Im Herbst 1885 geriet als zweites Opfer nach Spitzemberg der Kabinettschef Griesinger in die Schusslinie der Woodcockschen Personalpolitik. Offenbar stand er dem Günstling im Weg als entschiedener Gegner seiner persönlichen Bereicherungspolitik – ein anderer Grund jedenfalls war für die plötzliche Missgestimmtheit und Ablehnung des Königs gegen den Staatsrat, der sich bisher nie etwas hatte zuschulden kommen lassen, nicht auszumachen. In der Umgebung des Hofes rechnete man schon täglich mit Griesingers Sturz, doch in diesem Fall hatte die Königin auch noch ein Wörtchen mitzureden. Es gelang ihr offenbar, ihrem Gatten klarzumachen, dass die weitere Entlassung eines verdienten Mannes aus seiner engsten Umgebung nur das eigene königliche Ansehen schädigen würde. Aber auch Griesinger selbst verstand sich zu wehren: Er verlangte vom König eine genaue Erklärung und Präzisierung des ihm vorgeworfenen Fehlverhaltens und sagte Seiner Majestät ins Gesicht, er habe den Eindruck, er sei angeschwärzt worden. Darauf soll König Karl erblasst sein, und tags darauf entschuldigte sich dann niemand anderer als Woodcock bei Griesinger für alles, was vorgefallen war.

Dann erkrankte Woodcock plötzlich. Man diagnostizierte zuerst eine Art typhöses Fieber, aber es stellte sich heraus, dass es eine ernste und auch von der Umgebung ernstzunehmende Pockenerkrankung war. Der König war außer sich. Inzwischen sah er in Woodcock zu allem anderen auch noch seinen Lebensretter, denn dieser hatte ihn überredet, wegen seines quälenden Blasenleidens den Spezialisten Dr. Marc aus Bad Wildungen hinzuzuziehen und dessen Therapie hatte sofort Erfolg gehabt. Nur schwer war Seine Majestät von Besuchen bei dem Schwerkranken abzuhalten, jeweils mehrmals am Tag forderte er genauen Bericht über den Gesundheitszustand des Geliebten. Die Königin und der gesamte Hof fürchteten eine Ansteckung, doch zu Anfang des neuen Jahres besserte sich das Befinden des Kranken, nicht zuletzt dank Behandlung und Fürsorge durch den königlichen Leibarzt Fetzer. Nach völliger Genesung des Patienten wurde der Arzt vom König dafür mit einer hohen Ordensauszeichnung bedacht. Doch nicht nur der Ausgezeichnete selbst hatte den Verdacht, dass hier mehr die Freude über die Errettung und Wiederherstellung des Freundes zum Ausdruck kam als die Anerkennung des fähigen Mediziners.

Danach hörte man zunehmend von einer Kränklichkeit des Königs selbst, ohne dass ihm Nahestehende das besonders bemerkten. Zeitungsartikeln zufolge sollte er an einem unheilbaren Rückenmarksleiden, an Schlagfluss, Lähmungen, Gehirnerweichung oder Ähnlichem erkrankt sein. Dem Hof und der Regierung kam der Verdacht, niemand anderer als Woodcock lanciere womöglich diese Pressemeldungen, und man erwog darum, durch ein offizielles Gesundheitsbulletin diese Gerüchte aus der Welt zu schaffen. Offenbar gehörte es zur Woodcockschen Taktik, durch solche Vorspiegelung ernster Erkrankungen den König von seiner Umgebung, von der Regierung und vom Volk zu isolieren, denn auch der König selbst bestand plötzlich auf diesen Leiden und widersetzte sich heftig den öffentlichen Dementis. Freund und Gönner schienen sich einig, wenn auch wohl aus unterschiedlichen Motiven: Während König Karl den Abstand vom Hof als Erfüllung seiner persönlichen Freundschaft erlebte, sah Woodcock darin seine Chance zur intensiveren und ungestörten Einflussnahme auf ihn.

Im Winter 1885/86 war König Karl 197 Tage nicht in seiner Landeshauptstadt, und als er am 21. Mai endlich aus dem Süden zurückkam, verließ er sie nach vier Wochen schon wieder am 20. Juni, um in Friedrichshafen am Bodensee seinen Sommeraufenthalt zu nehmen, wo er für Woodcock und dessen Anhang die Villa Taubenheim hatte herrichten lassen. Noch befanden sich die Herren zur angeblichen Erholung auf der Insel Norderney, auf der es eine bekannte Spielbank gab, und sie wurden sehnlichst zurückerwartet. Nur mit Mühe konnte der König bewogen werden, dass er am 18. September in Stuttgart die Kaisermanöver besuchte. Er empfing dort zwar den deutschen Kaiser am Hauptbahnhof, nahm auch mit ihm an einem Gottesdienst in der Schlosskirche teil, aber bei der eigentlichen Kaiserparade in Ludwigsburg-Pfugfelden ließ er sich schon wieder entschuldigen und vertreten – aus gesundheitlichen Rücksichten, wie er verlauten ließ und was ihm niemand abnahm, der ihn näher kannte und in die Verhältnisse eingeweiht war, schon gar nicht angesichts der zur Schau getragenen Vitalität des greisen, immerhin 26 Jahre älteren Kaisers. Vielleicht äußerte sich ja so ein königliches Unbehagen vor der ungeliebten, übergeordneten preußisch-kaiserlichen Autorität, wie einige mutmaßten, wahrscheinlicher aber war es einfach die Scheu, aus dem Nichtstun und der Trägheit seines gewohnten Daseins im Verkehr mit dem geliebten Freund aufgestört und herausgerissen zu werden. Oder auch die Scheu und Angst, dass andere in sein Leben und seinen zweifelhaften Umgang Einblick erhielten und in wohl gehütete Geheimnisse eindringen konnten.

Jedenfalls speiste er an diesem Tag allein und quasi privat mit dem Freund. Des Königs Benehmen wurde so unter dem Einfluss Woodcocks immer seltsamer und auffallender, ja ungehöriger. *„Der König ist nicht geisteskrank. Er ist sich der Tragweite seiner Entscheidungen bewußt, ja, er ist sogar sehr schlau und zäh in der Verfolgung seiner Pläne"*, äußerte sich der Ministerpräsident Mittnacht privat und setzte hinzu: *„Nur darin ist er abnorm, daß er seiner Leidenschaft für den schlimmen Freund keinerlei Zügel anzulegen vermag."*

Dieser unkontrollierten und unbeherrschten Leidenschaft, die das Verhalten des Königs wie das eines Alkoholikers oder Morphinisten erscheinen ließ, galt es, am Hof und durch die Regierung gegenzusteuern, es galt vor allem, sie der Öffentlichkeit weiter zu verheimlichen und sie in ihren eventuell fatalen Auswirkungen zu begrenzen. Dabei bewegte sich die Regierung oft auf einer Gratwanderung, bei der es entweder um die Erhaltung des jetzigen *„Normal"*-Zustandes ging oder um den völligen, auch den eigenen Absturz. Woodcocks persönliche Bereicherungspolitik, verbunden mit seinen Eingriffen in die Personalpolitik des Hofes, beschwor immer neue Krisen und unvorherzusehende Konsequenzen herauf. So etwa beim Erwerb eines teuren und prächtigen Hauses in der Neckarstraße in Stuttgart, das dem Günstling ins Auge stach. Der König hatte dem Kauf schon zugestimmt, das heißt er hatte die Hofkammer angewiesen, das Haus auf seine Kosten zu kaufen, um es dem Geliebten als Geschenk zu vermachen. Doch da legte sich der Hofkammerpräsident von Tscherning plötzlich quer, und zwar mit dem Argument, das königliche Privatvermögen, aus dem ja schon erhebliche Summen an Woodcock geflossen waren – Tscherning nannte den Betrag von einer halben Million – werde damit zu sehr und in unverantwortlicher Weise belastet. Tscherning drohte sogar mit seinem Abschied. Dem König blieb in dieser Situation nichts anderes übrig, als die Regierungsspitze, den Ministerpräsidenten Mittnacht, einzuschalten. Doch dieser stellte sich sofort auf Tschernings Seite und unterstützte lebhaft dessen Argumentation. Da aber der König selbst von der Unsinnigkeit, ja politischen Gefährlichkeit seines Vorhabens auch durch Mittnacht nicht zu überzeugen war, sah sich dieser schließlich gezwungen, direkt mit Woodcock zu verhandeln. Er führte dem Günstling die möglichen verheerenden Folgen vor Augen: einen drohenden Rücktritt der gesamten Regierung, was unter Umständen die Abdankung auch des Königs bedeuten könnte. Und Woodcock, der ja nicht dumm war und der durchaus rational vorging und handelte, gab, als er diesen entschlossenen Druck der Gegenseite spürte, schließlich nach, zähneknirschend zwar und äußerst verärgert. Das Objekt seiner Begierde jedoch blieb ungekauft und die Sache damit gleichsam unter Verschluss.

Nicht unter Verschluss zu halten war allerdings die Adelserhebung. Im Oktober 1888 erhob König Karl seinen Freund und angeblichen Lebensretter als Freiherrn von Savage – also unter dem Familiennamen von Woodcocks Mutter, die angeblich von vornehmer Herkunft war – in den Adelsstand und ernannte ihn gleichzeitig zum Kammerherrn. Die Angelegenheit war seit 1885 schon mehrfach im Gespräch gewesen, doch hatte man von Regierungsseite diesen Wunsch des hohen Gönners immer wieder zurückstellen oder ignorieren können. Jeder – auch der König – wusste, was für einen Affront und welche Beleidigung gegen den alten wie auch den neuen Adel das darstellte: Der Ministerpräsident von Mittnacht war gerade selbst erst vor kurzem geadelt worden und stand nun als zweitjüngster Freiherr im Land in gleicher Reihe und auf gleicher Ebene mit so einem wie Woodcock!

Doch der Fall Woodcock-Savage verlief fast zwangsläufig nach dem alten Muster höfischer Mätressenwirtschaft: Der Geliebte des Fürsten sollte durch Erhebung in den Adelsstand in die Hierarchie und Exklusivität der Hofwelt, in der er ja ein störender Eindringling war, aufgenommen werden. Wie immer ging es für Gönner wie Günstling um die Legalisierung und Anerkennung einer de facto längst errungenen und eingenommenen Position am Hof, es ging für den Gönner aber auch noch um die Durchsetzung seiner Macht als angestammter Herrschaft, als höfischer Autorität und Zentralgewalt.

„Ich will es, ich befehle es!“, schrie der Monarch beim Vortrag seinen Ministerpräsidenten an, als dieser vorsichtig und im Kreis altadliger Höflinge versuchte, die Standeserhebung des Amerikaners Charles Woodcock zum Freiherrn von Savage und württembergischen Kammerherrn zu verhindern. Fast mutet es symbolisch an, dass nach dieser *„Audienz“* der alte Oberstallmeister Graf von Taubenheim einen Schwächeanfall erlitt. Mittnacht aber sah keine andere Möglichkeit mehr, als darauf seinen Abschied als Ministerpräsident einzureichen. Doch ebenso demonstrativ nahm der Monarch dieses Entlassungsgesuch nicht an.

Die Erhebung in den Freiherrnstand und die Ernennng zum Kammerherrn sollten für Woodcocks Karriere und höfische Stellung jetzt den offiziellen i-Punkt bedeuten auf das längst faktisch Gegebene und Ausgeübte. Denn schon seit langem lief ja alles, was den König betraf, durch die Hände Woodcocks: sämtliche ein- und ausgehende Korrespondenz von Ministern, Militärs, Hofbeamten, Fürsten, Verwandten u.a., selbst an den König persönlich gerichtete Briefe gingen seit Jahren über Woodcocks Schreibtisch zur Kenntnisnahme. Woodcock hatte in alles Einblick, war umfassend informiert und unterrichtet über alle Landes- und Reichsangelegenheiten, ebenso über alle Verhältnisse des Königshauses sowie in verwandten Häusern oder Familien. In Woodcocks Person liefen alle Fäden, die irgendwie Haus und Land Württemberg betrafen, zusammen: Wie ein Marionettenspieler dirigierte er das gesamte Leben und Handeln des Königs. Mit anderen Worten:

„Tully“, der König, war seinem *„von ganzer Seele geliebten Charles“* ganz einfach hörig.

Was sich hinter den Kulissen des Stuttgarter Hofes abspielte, war inzwischen von jeder tradierten, Ende des 19. Jahrhunderts üblichen und tolerierbaren Norm abgewichen. Man konnte das als menschliche Tragödie sehen, als abnormes und hilfloses, eigentlich strafbares Verhalten einer unselbstständigen und haltlosen Persönlichkeit auf dem Thron, man konnte es verurteilen als skrupellose Ausnutzung und Ausbeutung eines schwachen Monarchen durch zwielichtige Abenteurerexistenzen, man konnte es als *„Selbstaufgabe der Monarchie“*, als eine der *„Verwesung verfallene Dynastie“* werten oder als Vergewaltigung legitimer Macht durch korrupte Kreise und ausländische Verführer und Kräfte brandmarken, man konnte es sehen, als was immer man mochte – fest stand: Wenn das, was sich hier am Stuttgarter Hof abspielte, nach draußen in die Öffentlichkeit gelangen sollte, so würde es so viel skandalträchtigen politischen Zündstoff enthalten, dass die monarchische Verfassung in Württemberg – jedenfalls mit diesem Monarchen – ernsthaft in Gefahr geraten musste. Die Lage wäre noch schlimmer gewesen, wenn nicht der Neffe und Thronfolger, Prinz Wilhelm, schon immer wieder repräsentative Pflichten übernommen hätte, die König Karl verweigerte und versäumte.

Ein hergelaufener Amerikaner als Baron, der als *„Maitre“* des Königs über wesentliche, ja höchste Bereiche der Politik entschied, ein *„perverser“*, *„abartiger“* Monarch, der sich zum Narren machte und alle Parteiungen am Hof vor den Kopf stieß, ein monarchisches Prinzip, das dabei war, sich selber quasi abzuschaffen und seine Überflüssigkeit, ja Schädlichkeit geradezu demonstrierte – diese Realität und Wahrheit wäre dem Volk, das ohnehin von diesem König nur noch abschätzig als von *„Karl, dem Auswärtigen“* sprach, nur schwer zu vermitteln gewesen. Es konnte nur eine Frage der Zeit sein, wann und in welcher Form sich der Eklat ereignen würde.

Am 19. Oktober 1887 schon hatte sich Mittnacht als private Aufzeichnung resumeeartig vermerkt: *„Der König ist vermöge der Ihn erfüllenden Leidenschaft gänzlich in den Händen des Günstlings* *und dessen Gesellschaft.*" Und aus diesem Faktum hatte der Ministerpräsident schon damals politische Konsequenzen und Handlungsanweisungen gezogen: *„1. Drohender Verlust des Privatvermögens des Königs, 2. Gefahr von Übergriffen auf staatliche Angelegenheiten, 3. Angst vor der Presse, 4. die Pflicht und Aufgabe, die Kollegen, d.h. sämtliche Regierungsmitglieder darüber zu informieren.*"

So standen die Dinge in Württemberg im Herbst 1888, als am 23. Oktober in den *„Münchner Neuesten Nachrichten*" der Artikel mit dem Titel *„Unliebsame Erörterungen*" erschien.

Wie eine Bombe schlug der Artikel in Stuttgart ein und ließ trotz des nach Urteil von Eingeweihten *„insgesamt maßvollen Tons*" das, was schon lange schwelte, plötzlich hell aufflammen. Gerade drei Tage zuvor war der König zu seinem ungeduldig herbeigesehnten erneuten Winteraufenthalt an die Riviera nach Nizza aufgebrochen, mit 18-köpfigem *„kleinen*" Hofstaat, mit dem Kabinettschef Griesinger, dem Leibarzt und natürlich wieder mit sämtlichen Amerikanern im Gefolge, und hatte dort das *„Splendid Hotel*" am Boulevard Viktor Hugo zu einem Mietpreis von 60.000 frs. bezogen.

Sofort nach Erscheinen des Artikels, tags darauf, am 24. Oktober, trat in Stuttgart ein Ministerrat unter Vorsitz des Prinzen Wilhelm zusammen: Man sah sich, obwohl einige das für falsch hielten, gezwungen, sofort strafrechtlich gegen diesen Artikel vorzugehen, man sah sich aber auch gezwungen, gegen die hier aufgezeigten und angeprangerten Missstände am Hof schnellstens Gegenmaßnahmen zu beschließen und zu ergreifen. Zwar wurde die dadurch verursachte Beunruhigung in der Bevölkerung noch gering angesehen, von einigen sogar verneint, Ministerpräsident Mittnacht jedoch sah jetzt seine Stunde gekommen und wies unmissverständlich darauf hin, dass hier das Ansehen der Krone im Land leide, ja in Gefahr sei, dass hier unverzüglich gehandelt werden müsse, und Prinz Wilhelm teilte vehement diese Ansicht. Man einigte sich schließlich auf die strafrechtliche Verfolgung des Artikels, aber zugleich auch auf ein *„Anbringen an den König*", das nichts anderes beinhaltete, als dass der Ministerrat Seiner Majestät nahelegte, sich sofort von Woodcock und seinem Anhang zu trennen. Weite Kreise im Land seien durch den Münchener Artikel beunruhigt worden, das Staatswohl stehe auf dem Spiel und gehe vor, so der Tenor des unmittelbar nach Nizza entsandten Schreibens.

In Nizza nahm der König dieses *„Anbringen"* äußerst ungnädig zur Kenntnis, ja er reagierte mit unverhohlener Empörung. Gegenüber dem anwesenden Kabinettschef Griesinger erklärte er ungehalten: Er lasse sich in seinen Privatangelegenheiten keine Vorschriften machen. Und im Übrigen solle das Land Württemberg wissen, wie viel Dank er seinem Freund, dem Baron Savage, schulde, der sein Lebensretter sei. Nie, nie werde er sich von ihm trennen!

Eine andere Reaktion konnte im Ministerrat in Stuttgart kaum einer erwartet haben, doch auch etwas anderes zeigte sich: Es war ganz offensichtlich Woodcocks Taktik, die jetzige Regierung und den König zu trennen, beziehungsweise die augenblickliche Regierungszusammensetzung so umzumodeln, dass sie sich nicht mehr gegen seine, Woodcocks, Herrschaft über den König stemmte. Und das hieß den Ministerpräsidenten Mittnacht durch einen anderen, Woodcock genehmen und gegen ihn und die Amerikaner am Hof wohlwollend gesinnten Mann zu ersetzen. Woodcock schwebte eine Regierungsumbildung in diesem Sinn vor. Längst hatte er eine personalpolitisch so ausgerichtete Hofintrige, in die offenbar auch die Königin einbezogen wurde, eingefädelt, und der richtige Mann auf dem Stuhl des Ministerpräsidenten sollte für ihn der jetzige Innenminister Schmid sein, den Woodcock schon als Nachfolger Mittnachts sah und dessen Ambitionen in dieselbe Richtung gingen. Mittnacht wusste das seit langem, und es wurde ihm beim Ministerrat am 24. Oktober noch einmal sehr deutlich vor Augen geführt: Schmid war dort der Einzige, der für Woodcock Partei ergriff und der eine Beunruhigung im Volk über die skandalträchtigen Zustände am Hof vehement abstritt. Das Ganze schien, von Woodcock gewollt und bewusst inszeniert, erkennbar auf eine Regierungskrise und dann einen Regierungswechsel in Württemberg zuzulaufen, und Mittnacht war entschlossen, so etwas mit allen Mitteln und Kräften zu verhindern.

Angeheizt wurde die Krisenstimmung durch die europaweit ausufernde Pressekampagne, die durch den Münchener Artikel in Gang gesetzt worden war. Das, was man bisher mit allen Mitteln zu verhindern gesucht hatte, war nicht mehr aufzuhalten. Alle größeren Zeitungen nahmen das Thema auf, und schon am 28. Oktober erschien im Pariser *„Figaro"* ein Artikel, der bei weitem nicht mehr so maßvoll, schonend und zurückhaltend war: In einem reißerischen und gehässigen Tonfall wurden hier auch schmutzigste Details an das Licht der Öffentlichkeit gezerrt. In Stuttgart und Nizza war man geradezu gezwungen, unmittelbar zu handeln. Nichts ließ sich mehr vertuschen, hinhalten oder aufschieben.

Zur gleichen Zeit in diesen Oktobertagen des Jahres 1888 war der württembergische Ministerpräsident zu den Einweihungsfeierlichkeiten für den neuen Zollhafen nach Hamburg geladen, und nicht zufällig besuchte er bei dieser Gelegenheit den Fürsten Bismarck im nahegelegenen Friedrichsruhe: Er suchte so für sein weiteres innenpolitisches Vorgehen Rückendeckung im Reich und beim Kanzler, den er auf seiner Seite glaubte. *„Ihr Baron Savage macht Ihnen wenig Freude"*, so empfing ihn der Fürst und sprach dann sehr abfällig über Schmid, von dessen Bemühungen er gehört hatte, und auch über andere *„verdächtige Gesellen"* in der württembergischen Regierung. Dieser König sei *„nicht normal"*, man müsse über seine Abdankung nachdenken. Doch das alles sei eine interne Sache Württembergs, er, Bismarck, könne nur versichern, weiterhin ganz auf Seiten der Mittnachtschen Politik zu stehen. So gestärkt, gleichsam mit der Ermächtigung des Deutschen Reiches im Rücken, den unheilvollen Einfluss Woodcocks zu unterbinden, trat Mittnacht die Rückreise an, auf der ihn bei einem Zwischenaufenthalt in Berlin ein Telegramm König Karls erreichte, das ihn überraschend zu einer Besprechung nach Nizza rief. Dort hatte der Kabinettschef Griesinger inzwischen beim immer noch empörten, wegen der geforderten Trennung vom

Geliebten aber auch sichtlich verstörten König eine Gesprächsbereitschaft erwirkt. Wie es in König Karl wirklich aussah, offenbarte und vertraute er nur seinen Ärzten an. *„Man sei"*, erklärte er seinem Leibarzt Fetzer in größter Erregung und zeitweise mit den Tränen kämpfend, *„zu niedrig gesinnt, um die ganze Idealität seines Wesens und seiner Freundschaft zum Baron Savage zu begreifen."* Er liebe zwar seine Frau, wie sie ihn liebe, aber einen Freund könne sie ihm nicht ersetzen, und diesen Freund habe er eben in Woodcock gefunden. Und seinem nicht in Nizza anwesenden, *„consulierenden Leibarzt"*, Professor Liebermeister, schrieb der König am 1. November in einem Brief nach Tübingen: Noch hoffe er, die *„Gutgesinnten"* am Hof würden ihm zur Seite stehen und Verständnis für seine *„idealische"* innige Freundschaft haben. Beide Ärzte versuchten zwar mündlich wie schriftlich, ihrem Monarchen den Ernst der Situation – die bedauerliche Pressekampagne, die Missstimmung im Volk, die darum notwendige Trennung von Woodcock – klarzumachen, blieben aber äußerst schonend und zurückhaltend in ihren Äußerungen gegenüber dem hohen Patienten. Während dieser weiterhin teils hartnäckig, teils jammervoll auf seiner Weigerung bestand, hörte oder las Woodcock jedoch um so aufmerksamer ihre Ausführungen und Argumentationen.

Bevor er schließlich nach Nizza abreiste, holte sich der Ministerpräsident Mittnacht noch einmal Rückendeckung, und zwar beim Ministerrat in Stuttgart. Und dem König schrieb er am 3. November, vorbereitend für die entscheidende Besprechung in Nizza, einen seine Position klar absteckenden Brief. Darin äußerte er zuerst seine Ablehnung einer strafrechtlichen Verfolgung des auslösenden Zeitungsartikels in den *„Münchner Neuesten Nachrichten"*: Nur Woodcock selbst, nicht er oder die württembergische Regierung oder der König könne Beleidigungen darin einklagen, ohne den Eindruck zu erwecken, man stehe hinter Woodcock. Dann umriss er sehr bestimmt und präzise, wenn auch behutsam formuliert, seine Vorwürfe gegen den Monarchen und sein Verhalten: nicht die private Freundschaft zu einem Amerikaner sei der Grund für sein Vorgehen als Ministerpräsident, sondern die vom König vollzogene Umwandlung dieser Privatbeziehung in *„eine öffentlich hervortretende Stellung"*. Das stelle ein Politikum dar. Dazu komme die ungewöhnlich hohe finanzielle Unterstützung dieses Freundes – nach Erkundigungen, die Mittnacht vorher eingezogen hatte, waren es inzwischen 700.000 Mark, die Woodcock den König *„gekostet"* oder die er *„einkassiert"* hatte. Dadurch, so Mittnacht weiter, sei die *„Umgebung des genannten Herrn, der, wie bekannt geworden, einer einfachen bürgerlichen Familie angehört"*, zu einer Lebensführung ausgestattet worden, *„die über seine Lebenslage und Verhältnisse hinausgeht"*. Und die darüber hinaus erfolgte Erhebung in den Adelsstand und Ernennung zum Kammerherrn sei geradezu *„eine Herausforderung der öffentlichen Meinung"*. Denn mögen die Motive dafür noch so edel gewesen sein, schrieb Mittnacht, *„die Menge sieht nicht auf die Absicht, sondern Erfolg"* und wird schwerlich von der *„Uneigennützigkeit Woodcocks"* zu überzeugen sein. Schließlich schloss er den Brief mit der Hoffnung, dass sich *„aus diesen Wirrnissen"* bald *„ein möglichst schonender Ausweg"* finden würde.

Als der Ministerpräsident dann am Abend des 6. November 1888 in Nizza eintraf, war zu seiner Überraschung Woodcock nicht mehr dort anwesend und angeblich abgereist. Mittnacht hielt das allerdings noch für ein bloßes Komödienspiel oder Täuschungsmanöver, er, wie auch der König, rechnete fest mit dem baldigen Wiederauftauchen des Intimfreundes.

In den folgenden Tagen spielten sich im Splendid Hotel stürmische und heftige Auseinandersetzungen ab. Der Ministerpräsident bestand gegenüber König Karl auf seiner Forderung nach einer endgültigen Trennung von Woodcock, der Monarch lehnte das immer wieder ab: Er sei allenfalls zu der Konzession bereit, dass Woodcock ein Jahr lang nicht nach Stuttgart komme, aber in Nizza müsse der Freund bei ihm bleiben. Darauf konnte sich Mittnacht natürlich unmöglich einlassen, es kam darüber und unter anderem über den Wert oder Unwert der angeblich vornehmen Abkunft des Freiherrn von Savage zu erregten Wortwechseln, in deren Verlauf Mittnacht nicht nur seinen Rücktritt erklärte, sondern auch die Rücknahme seines eigenen Freiherrntitels anbot.

Dann platzte plötzlich ein Brief Woodcocks in die Verhandlungen: Sein Entschluss sei endgültig, er werde nicht mehr zum König zurückkehren. Er werde gezwungenermaßen weichen, ein hohes Opfer bringen und für immer verzichten, erklärte unmissverständlich der umstrittene Freund.

„Nun Heulen und Verzweiflung und Sendung Griesingers an mich, ich solle nicht auch gehen", so schilderte Mittnacht selbst in einem Privatbrief die Reaktion des Königs auf diese niederschmetternde Botschaft. Plötzlich aber bereute der Verlassene das kurz vorher Gesagte und Geschehene wieder. *„Ich zog meine Erklärung zurück, wurde noch abends empfangen"*, so Mittnacht weiter. Der König sei ihm dann *„weinend entgegengetreten"* und habe ihn *„weinend beschworen"*. Mittnachts Rücktritt vom Rücktritt wurde daraufhin dankbar akzeptiert, auch die Strafanzeige gegen die *„Münchner Neuesten Nachrichten"* zurückgezogen. Einigermaßen erleichtert und beruhigt reiste der Ministerpräsident am nächsten Tag wieder nach Stuttgart zurück. Die Krise schien vorerst beigelegt.

Mit dem Entschluss, sich freiwillig dem massiven politischen Druck zu beugen oder zu entziehen und Nizza und den König zumindest für eine Zeit zu verlassen, verfolgte Woodcock, als er sah, dass er mit seiner Strategie einer Personalpolitik gegen die jetzige Stuttgarter Regierung nicht weiterkam, offenbar nun eine andere, im Gegensatz zum Verhalten, das sein Freund, der Monarch, an den Tag legte, wohlüberlegte Taktik: Als erzwungener Verzicht wurde sein Abgang zu einem würdigen Abgang, den der König und Gönner unmöglich ihm, dem geliebten Freund, anlasten konnte. Zwar zog er den Kopf geschickt aus der Schlinge der politischen Verwirrungen, die er angerichtet hatte, Woodcock verlor aber so keineswegs die königliche Gunst, im Gegenteil, sie musste ihm geradezu bleiben und konnte sich nur steigern, was sich – so zweifellos Woodcocks grundlegendes Kalkül und seine richtungsweisende Überlegung – auch in Zukunft in bar auszahlen würde. Er sah die Dinge weniger *„idealisch"*, sondern ganz real.

Als Mittel, notfalls als Druckmittel für weitere Bereicherungen hatte er zudem zahlreiche Briefe und Dokumente mitgenommen oder mitgehen lassen, die mit Sicherheit dazu dienen konnten und sollten, noch andere Gelder oder *„Entschädigungen"* einzufordern – oder auch zu erpressen. Woodcock glaubte so, für sich und seinen Anhang das Schäfchen ins Trockene gebracht zu haben.

Anders sah es für den König aus. Er war emotional tief getroffen. Brieflich sprach er von seinem *„schweren Herzensleid"* und tröstete er sich damit, dass ihn der geliebte Baron Savage *„aus edelsten Motiven"* verlassen habe, in nach wie vor *„treuer Anhänglichkeit"*. Dann jedoch äußerte er sich auch wieder höchst gereizt darüber, dass *„die Herren in Stuttgart"* ja nun erreicht hätten, was sie wollten. Er war zerrissen vor Liebeskummer, gebärdete sich zeitweise wie ein völlig Verwirrter oder Besessener, trank oft Wein im Übermaß. Vernünftigen Argumenten und Vorstellungen seiner Umgebung war er nur schwer zugänglich: Umgehend wollte er seinem Freund in der Fremde – Beweis dafür, wie wenig sich Woodcock offenbar verrechnete – einen Betrag von 200.000 Mark zukommen lassen über dessen noch in Nizza verbliebene Haushälterin. Die zuständigen Hofbeamten aber waren alarmiert und reagierten darauf mit einer Verzögerungs- und Verschleppungstaktik, so dass der Geldtransfer unterblieb, bis das Ganze wieder vergessen war. Der König sah inzwischen nur noch Feinde um sich, auch in seiner engsten Umgebung. Heftige Vorwürfe machte er brieflich der Königin in Stuttgart, weil sie sich nicht für ihn und seine Freundschaft zu Woodcock ausgesprochen hatte, sondern nur missbilligend über den Freund und dessen Verhalten. Zeitweilig verfiel der König in tiefste Depressionen. *„Ich habe mein eigenes Todesurteil unterschrieben"*, äußerte er pathetisch gegenüber dem Leibarzt. *„Man hat es ja so gewollt ... Wehe denen, die es so weit gebracht haben."* Dann wieder setzte er weiterhin alle Hoffnungen auf den Innenminister Schmid und eine mögliche Umbesetzung der Regierung, um so doch noch die leidige Affäre in seinem Sinn und zu seinen und Woodcocks Gunsten ordnen und bereinigen zu können.

Schmid seinerseits horchte in Stuttgart eifrig auf solche Signale, er unterhielt während der ganzen Zeit eine rege Korrespondenz mit Nizza und wartete geradezu auf diesbezügliche Anordnungen oder gar die Order, dorthin zu kommen. Als sich das in Stuttgarter Regierungskreisen herumsprach, sah sich Prinz Wilhelm neuerlich zum Eingreifen gezwungen und drohte im Fall eines Ministerpräsidentenwechsels, also bei einem Sturz Mittnachts, seine bisherige Stellvertretung des Königs niederzulegen. Ernsthaft zeichnete sich eine württembergische Regierungskrise und deren Zuspitzung ab. Da endlich schaltete sich von außen Bismarck ein und erklärte, ein Ministerpräsident Schmid sei für die Interessen des Reiches wie der württembergischen Krone gleich schädlich, er, als Reichskanzler, stehe voll hinter Mittnacht. Gleiches versicherte nun auch Prinz Wilhelm seinem Onkel, dem König, und so unterblieben Ruf und Reise Schmids nach Nizza, und der Sturm legte sich. Je mehr sich dann, da Woodcock verschwunden war und blieb, die Erregung auf allen Seiten verlor, desto gestärkter ging schließlich der amtierende Ministerpräsident Mittnacht aus dem Ganzen hervor: Das Übel Woodcock hatte er beseitigt, eine drohende Regierungskrise, ein Sturz oder Wechsel der Regierung, auch die vom König selbst immer wieder angedrohte Abdankung waren geschickt und glücklich abgewendet worden, allmählich kam alles wieder ins alte Gleis.

Nur der König litt noch immer unter Liebeskummer. Er wütete gegen alles und jedes und gab sich sinnlosen Träumereien hin. Er machte sich noch weiter völlig unrealistische Vorstellungen über eine gemeinsame Zukunft mit Woodcock und hoffte, dass eine neue Regierung dessen Rückkehr an seine Seite im nächsten Jahr befürworten und zulassen werde, spätestens nach seinem bevorstehenden 25-jährigen Thronjubiläum. Notfalls wolle er am Abend dieses Tages die Krone niederlegen und sich ganz ins Private zurückziehen zu einem gemeinsamen Leben allein mit dem geliebten Freund. Solche Stimmungen wechselten jedoch: An manchen Tagen schien Woodcock völlig vergessen, an anderen wurden wieder nur wütende Drohungen in Richtung Stuttgart ausgestoßen, weil man dort die unverwindbare Trennung ersonnen und erzwungen hatte.

Am Beginn des neuen Jahres 1889 jedoch schien die Affäre Woodcock endlich verheilt. Sie hatte allenthalben Narben hinterlassen. Die Königin fühlte sich in vielem übergangen, und das besonders von Mittnacht. Sie war zwar auch für die Entfernung von Woodcock und hieß diese auch gut, doch unter einem Ministerpräsidenten Schmid, das ließ sie wissen und immer wieder durchblicken, wäre ihr das erheblich lieber gewesen. Außerdem kränkte es die Zarentochter, dass hier, in Württemberg, *„das monarchische Prinzip"* in der ganzen Angelegenheit so wenig *„geschont"* worden war. Der König blieb gereizt, floh weiterhin in Krankheiten und war, wenn das Verlangen nach dem Freund doch wieder durchbrach, für seine Umgebung oft tagelang unausstehlich. Doch eigentlich jeder im Land, der von dem Ganzen wusste oder etwas gehört hatte, war befriedigt darüber, dass er sich endlich von dem unheilvollen Freund mit Anhang getrennt hatte, nur konnte keiner die Freude darüber auch offen äußern. Über so etwas sprach man nicht, schon gar nicht öffentlich oder im Detail, man ging besser darüber hinweg. Die Trennung sei einfach unerlässlich gewesen, so befand schließlich auch kein Geringerer als der neue junge Kaiser Wilhelm II., der die leidige, nun glücklich ausgestandene Sache aufmerksam verfolgt hatte, von Berlin aus, aber über alles genau informiert. Er hatte zeitweise das Ansehen des deutschen Fürstenstandes gefährlich korrumpiert gesehen, so dass er versucht war, die Absetzung König Karls zu erwägen, wollte aber letztendlich alles als eine nur innerwürttembergische Angelegenheit gewertet wissen. Er war nun erleichtert wie alle anderen, nur einige in der engsten Umgebung König Karls, die sich auskannten und Einblick hatten, hegten Zweifel am glücklichen Ausgang und hatten Angst vor einem Rückfall, das heißt: der Rückkehr Woodcocks.

Aber Woodcock kam nicht zurück. Obwohl der König mit ihm noch in brieflicher und telegraphischer Verbindung blieb und in dieser Korrespondenz auch immer wieder von der Hoffnung auf ein erneutes Zusammentreffen die Rede war und obwohl einige Zeitungen im Reich, die Kölnische Zeitung und einzelne norddeutsche Blätter, eine angebliche Rückkehr Woodcocks schon gemeldet hatten, blieb die Trennung endgültig.

Im Februar 1889 besiegelte Mittnacht nach längeren Verhandlungen mit Woodcock gleichsam die Scheidung der Freunde auch vertraglich. Dabei folgte der Ministerpräsident im Auftrag des Hofes unübersehbar dem alten Muster, wie man sich schon immer fürstlicher Mätressen entledigt hatte. Wie viele Favoritinnen anderer Monarchen vor ihm und neben ihm wurde auch dieser männliche Geliebte großzügig und endgültig abgefunden: nicht weniger als mit einem neuerlichen Betrag von 300.000 Mark. Das ganze Liebesabenteuer hatte den württembergischen König also alles in allem über eine Million gekostet! Nach heutiger Währung und an der damaligen Kaufkraft gemessen, war es ein vielfaches Millionenvermögen, das Woodcock ausgegeben hatte oder mitnahm. Dafür musste er sich vertraglich dazu bereit erklären, alle in seinem Besitz befindlichen und mitgenommenen Briefe und Dokumente zurückzugeben, eigene wie auch sonstige, die über seinen Schreibtisch gegangen waren oder die ihm König Karl zur Einsicht überlassen hatte, darunter allein 22 dienstliche, sehr vertrauliche Schreiben des Ministerpräsidenten. Auf allen Immobilienbesitz in Württemberg – die Villa Taubenheim in Friedrichshafen am Bodensee hatte ihm der großzügige Freund inzwischen auch als Geschenk vermacht – musste er ebenso verzichten. Und dann das Wichtigste: Charles Woodcock oder Freiherr von Savage musste erklären und schriftlich versprechen, niemals wieder an den württembergischen Hof zurückzukommen.

Schon vorher, noch im alten Jahr, am 14.11.1888 hatte der Staatsanzeiger für Württemberg offiziell einen endgültigen Schlussstrich unter die Affäre gezogen – mit einer allerdings etwas seltsam perspektivierten, eher einem Nachruf ähnlichen Verlautbarung, die wohl bewusst vom eigentlichen Skandalon ablenken sollte: *„Eine in letzter Zeit vielgenannte Persönlichkeit, der Freiherr von Woodcock-Savage, hat, wie wir zuverlässig verneh-*

men, aus eigener Entschließung mit seinem Begleiter aus der Umgebung Seiner Majestät des Königs sich zurückgezogen.

Der König, Höchstwelcher sich ihm insbesondere aus der Zeit seiner Erkrankung im Herbst 1884 zum Dank verpflichtet fühlt, wird ihm ein gnädiges Andenken bewahren. Zugleich wollen Seine Majestät ausgesprochen wissen, daß der genannte Herr an spiritistischen Experimenten niemals sich beteiligt habe."

Der König fuhr auch im Jahr 1889 wieder wie gewöhnlich in den Winterurlaub in den Süden an die Riviera. Woodcock-Savage reiste mit Anhang von Genf, wo die Abfindungsverhandlungen mit Mittnacht stattgefunden hatten, weiter nach Paris. Im Seebad Trouville blieb seine Haushälterin Fanny Schmidt-Zoller zurück, dann begab er sich mit seinem unverzichtbaren Sach- und Vermögensverwalter Donald Hendry auf eine Reise nach Amerika. In Württemberg rüsteten sich Volk und Öffentlichkeit für das im Juni stattfinden sollende 25-jährige Regierungsjubiläum des Monarchen.

König Karl überstand die Strapazen dieser Jubiläumsfeierlichkeiten gesundheitlich erstaunlich gut. Seine Umgebung, selbst die Königin Olga, war zudem überrascht, wie tadellos und nach allen Seiten äußerst liebenswürdig er die zahlreichen Aufmerksamkeiten, die ihm zuteil wurden, hinnahm und erwiderte. Die Affäre und auch Woodcock schienen vergessen.

Und sie waren es in der Tat: Der König hatte nämlich inzwischen eine neue freundschaftliche Verbindung geknüpft, und zwar zu einem Stuttgarter Hoftheatermaschinisten namens Wilhelm Georges. Der hatte im Sommer in Friedrichshafen in der Villa Taubenheim angeblich eine elektrische Leitung zu reparieren und dann auch in Bebenhausen, wo im August, noch im Zug der Jubiläumsfeierlichkeiten, ein großes Fest stattfinden sollte. Als der König anlässlich seines Regierungsjubiläums auch noch überraschend erklärte, er wolle den nächsten Winter keineswegs im Süden, sondern in der Heimat, in Stuttgart, verbringen, jubelte das Volk ihm zu, und

Eingeweihte am Hof blickten einander nur an. Am 3. August, in Bebenhausen auf einem Fest für die Universität Tübingen, trat der neue Intim-Freund dann auch erstmals in Erscheinung: Ihm wurde eine luxuriöse Unterkunft im Schloss eingerichtet, und täglich unternahm der König mit ihm ausgedehnte Spaziergänge durch die umgebenden Wälder.

König Karl hatte Woodcock augenscheinlich abgeschrieben. Er überwand die Trennung vom einst so Geliebten offenbar dadurch leichter, dass er diesem doch noch Untreue und Verrat vorwarf und sich selber als den Verratenen sah. Gegenüber dem Leibarzt verglich er sein Verhältnis zu Woodcock jetzt mit dem von Jesus zu Judas Ischariot. Der Arzt konnte nur den Kopf schütteln über diese *„bedauerliche Verkennung der eigenen Person“*, wie er in sein Tagebuch notierte. Jedenfalls redete der König sich selbst in eine Enttäuschung über Woodcock und dessen Verhalten hinein. Nur einmal noch, bei einem Diner der Königin nach dem Jubiläumsfest, sprach er positiv über ihn und erinnerte sich auch wieder an frühere Hoffnungen auf eine neue Gemeinsamkeit: *„Diese Festtage sind nun vorbei und jetzt will ich meinen Freund wieder haben. Diesen Winter werde Ich ihn im Auslande sehen, dann im Sommer in Friedrichshafen und ihn nach Stuttgart mitbringen.“* Doch vielleicht geschah auch diese Äußerung jetzt nur, um von dem neuen Freund abzulenken.

Ministerpräsident Mittnacht beobachtete in diesen Monaten das Verhalten des Monarchen und die Entwicklung seines Verhältnisses zu Woodcock aufmerksam und genau, denn innenpolitisch gesehen stellte Woodcock noch immer eine ernstzunehmende Bedrohung dar. Am 9. Juli schrieb Mittnacht in einem Privatbrief an seinen Schwiegersohn: *„Woodcocks Aktien sind im Sinken“*, am 23. Juli dann: *„Der Gedanke Woodcock nach Württemberg zurückzubringen ist aufgegeben ... Woodcock scheint dem König nicht mehr zu antworten.“* Am 20. September: *„Die Entfremdung dem Amerikaner gegenüber hat große Fortschritte gemacht“*, und kurz zuvor, am 17. September, hieß es schon: *„Der König ist fest entschlossen, den Winter in Stuttgart zu bleiben; er fürchtet im Ausland ein Zusammentreffen mit Woodcock, der auf der*

Rückreise nach Europa ist.“ Als Woodcock seinen Adelsbrief anforderte und auch weitere finanzielle Forderungen stellte und auch durchzusetzen versuchte, ging der König nicht mehr darauf ein. Höflinge, die Woodcock weiterhin anhingen, mit ihm sympathisierten oder sich für ihn aussprachen, bekamen die Ungnade der Majestät zu spüren.

Auch der Ministerpräsident wusste natürlich, wo die wahren Gründe für die Erkaltung der Gefühle lagen. Längst beobachtete auch er – zugleich beruhigt wie misstrauisch – das neue Glück des Königs und dessen neue Flamme. Doch wenn der König vielleicht nur wenig aus der Affäre Woodcock gelernt hatte, der neue Freund hatte es offenbar umso mehr. Auch wenn er bildungsmäßig wohl weit unter einem Mann wie Woodcock stand, verhielt er sich doch sehr viel klüger und war auch ein ganz anderer Charakter. Das frühere Protektionswesen und die private Bereicherungspolitik kamen am württembergischen Hof mit ihm nicht wieder auf. Georges war damit zufrieden, dass der hohe Freund ihm seine früheren Schulden bezahlte und ihm ein sorgenfreies Leben bescherte. Allenfalls in Besetzungsfragen beim Hoftheater versuchte er sich einzumischen, sonst nirgends. Zu einem alles bestimmenden *„Maitre“* über König, Hof und Regierung schwang er sich nicht auf, er versuchte es gar nicht.

Die neue Freundschaft des Königs drang trotzdem rasch an die Öffentlichkeit. Die *„sonderbaren Neigungen“* des Monarchen erregten erneutes Aufsehen, für viele wurde das Ansehen des Königs und der Monarchie wiederum schwer beschädigt. Aber offenbar hatten auch Teile der Öffentlichkeit etwas gelernt oder waren toleranter geworden oder gaben sich so: *„Der Beobachter“*, immerhin ein führendes Presseorgan der demokratischen Linken, nahm den König jetzt im Fall Georges sogar in Schutz. *„In Privatsachen hat jeder Bürger das Recht“*, konnte man hier lesen, *„sich das Dreinreden Dritter zu verbieten, und der König soll nicht rechtloser sein als ein anderer Staatsangehöriger.“* Eine politische Affäre oder Krise um diese neue, bescheidenere, im Hintergrund bleibende und darum ungefährlichere, männliche Mätresse am Stuttgarter Hof gab es nicht mehr.

Das Skandalon wurde abgedrängt in die Niederungen von Bier- und Stammtischgesprächen, Herrenwitzen und des privaten Getuschels. Und nur dort tauchte auch der dem aktuellen Blickfeld der Öffentlichkeit schnell entschwundene Freiherr Woodcock-Savage noch einmal auf: Einem Hofrat Pfeiffer waren eines Tages wohl durch Beziehungen zum Schwager des Königs, Prinz Hermann von Sachsen-Weimar, intime königliche Briefe recht peinlichen Inhalts in die Hände gespielt worden, und zur allgemeinen Belustigung trug der Hofrat diese in einer größeren Herrenrunde vor. Beteuerungen *„Tullys“* an seinen Geliebten Charles wie *„Gott möge uns gegenseitig einander lange erhalten und Du an meiner Seite noch lange leben bleiben“* erregten in diesem Kreis verklemmt-verstohlenes Grinsen oder auch wieherndes Gelächter. Das wurde publik, und noch einmal war Woodcock, der Freiherr von Savage, das Stuttgarter Stadtgespräch – eine Taktlosigkeit das Ganze, wie man am Hof befand. Dann war die Affäre Woodcock endgültig vergangen, verdrängt und vergessen.

Die Macht der Liebe und die Liebe der Macht

Begriff und Status der Mätresse in der höfischen Gesellschaft

Schlägt man in Zedlers im Jahr 1739 erschienenen Universal-Lexikon nach, so findet man folgende zeitgenössische Definition: *„Maitresse heisset ... im specialen ein Weibs-Bild, mit der man ausser der Ehe in genauer Liebes-Verständniß lebet ... Hauptsächlich hat die letzte Bedeutung nur unter grossen Herren und Standes-Personen statt."*

Zwei Sachverhalte gaben somit einer Frau des 18. Jahrhunderts in der feudalen Ständegesellschaft den Status einer Mätresse: eine außereheliche, aber genau so wie eine Ehe gelebte Liebesbeziehung und der gesellschaftliche Rang und Stand ihres Partners. Wie aber wurde damals eine Frau auf Dauer die Geliebte eines *„grossen Herren"*, einer höfischen Standesperson?

Zuerst einmal musste sie ihn überhaupt kennen lernen, was in der exklusiven Welt des Hofes weder leicht noch selbstverständlich war. Eine Frau musste ja dem in der Regel mit einer Ebenbürtigen schon verheirateten *„grossen Herrn"* zuerst einmal räumlich nahekommen, sie musste sozusagen in seinen Intimbereich gelangen, auf seine Lagerstatt, in sein Schlafzimmer. Das konnte, wenn sie nicht selber zur Hofwelt zählte, nur außerhalb des Hofes geschehen, auf einer Reise zum Beispiel. Aber auch für ein weibliches Mitglied, das der Hofgesellschaft angehörte, gab es Barrieren. Wenn diese nun ganz plötzlich überwunden waren und fielen, so erregte das Aufsehen in diesem immer überschaubaren Kreis: Es wurde bemerkt und beredet. Der *„grosse Herr"* musste sich zu seiner Beischläferin am Hof dann auch tagsüber bekennen und auch später noch. Denn eine einmalige und die heimliche Hingabe und Begegnung mit dem *„grossen Herrn"*, die es auch gab, brachte noch nicht den Status einer Mätresse, erst die dauerhafte und vor anderen gelebte eheähnliche Beziehung.

Wie diese Beziehung begann, ob von ihm gewünscht, verlangt oder gar erzwungen oder von ihr provoziert, spielte keine Rolle, auch nicht, woher die Frau kam, aus welchem Stand sie war und welchen Familienstand sie hatte. Wichtig war allein die von ihm gewünsche Wiederholung und damit die Dauer der Beziehung. Und entscheidend war dabei sein allerhöchster Wunsch: Eine nur von ihr gewünschte Wiederholung und Dauer hätte nie zum Status einer Mätresse geführt. Ihre Macht, die Macht der Frau, lag allein darin, ihn, den *„grossen Herrn"*, zu diesem Wunsch zu bringen. Wenn sein Wunsch Dauer oder gar unwiderstehlicher Zwang wurde, hatte sie, und zwar sie durch ihn, vorerst gewonnen, dann war sie die *„Herrin"* seiner Wünsche, also seine Mätresse.

Der Status einer Mätresse begann und basierte so einerseits immer auf seinem Wunsch oder auf ihrer von ihr, der Frau, zu diesem Zweck eingesetzten Attraktivität und andererseits auf der hierarchischen Position, in der beide Beteiligten zueinander standen: er immer in einem höheren Rang und Stand, dem sie sich durch ihn nur annähern konnte. Dabei waren Bett und Sexualität wohl die häufigsten, aber keineswegs die alleinigen Herrschaftsinstrumente und strategischen Mittel von Mätressen: Es konnten daneben und darüber hinaus – oder auch ausschließlich – noch ganz andere weibliche Fähigkeiten, Eigenschaften, Kenntnisse und Talente eine Rolle spielen wie Künstlertum (in Musik, Dichtung, Schauspiel, Tanz), intellektuelles Vermögen, Kommunikationsfähigkeit und -freude, Gefühlstiefe, selbst Frömmigkeit, Tugendhaftigkeit und ausgeübte Caritas, sogar Keuschheit und Enthaltsamkeit. Alles, was den Partner in irgendeiner Weise unwiderstehlich anzog und in Abhängigkeit brachte, konnte zum Herrschaftsinstrument einer Mätresse werden, wenn der übergeordnete männliche Part das wünschte und zuließ. Die eigene Attraktivität zum Zweck seines Wünschens und seiner Liebe einzusetzen, darin lag die Kunst und die Macht einer Mätresse, das war das Mittel, eine eigene Stellung auf seiner Rangstufe zu erobern, ja eventuell diese als seine Herrin, wenn auch nicht de iure, so de facto, noch zu überschreiten.

Alles, was sie dabei war und tat, wurde a priori ausgerichtet auf ihn, den *„grossen Herrn"*. Und alles, was sie erreichte, war und blieb doch abhängig von ihm.

Warum wurde eine Frau eine Mätresse?

Zunächst einmal: Der Mann, auf den sie so ihr Leben ausrichtete, war der höchste Mann am Hof und auch des Staates, der mächtigste und reichste im Land. Als seine Mätresse kam die Frau in den innersten Kreis der Macht eines Feudalstaates, dorthin, wo Gelder und Privilegien verteilt wurden.

Doch das allein wird selten das erste Motiv gewesen sein, sicher spielte in den meisten Fällen durchaus die Liebe die Hauptrolle. Diese jedoch war von vornherein immer auch die Liebe zum *„grossen Herrn"*, der Standesperson. Das heißt: Eine Mätresse liebte niemals nur die Person des Geliebten, das sozusagen nackte Individuum auf seiner Bettstatt, sondern diese Bettstatt stand auf der Achse eines Schlosses, war ausgerichtet auf das und Teil dessen, was er, der Geliebte, immer und überall repräsentierte und auch war: eine Herrschafts- und Standesperson, Spitze einer hierarchischen Gesellschaftsordnung, die wieder Teil der überirdischen göttlichen Weltordnung war. Der Partner einer Mätresse war niemals nur Teil einer individuellen Partnerschaft, er war immer auch Repräsentant von anderem, Höherem, immer auch für sie, ob sie es wollte oder nicht, König, Herzog, Markgraf u.ä. *„von Gottes Gnaden"*. Das bedeutete: Der Geliebte war durch Geburt und Abkunft immer auch lebenslanger Rollenträger einer übergeordneten Macht, und diese traditionell vorgeprägte Rolle hatte er täglich und stündlich durch Zeremoniell, Etikette und andere höfische Rituale zu erfüllen. In dieser Welt und Ordnung, die ihr Geliebter ständig repräsentierte – das bekam jede Mätresse sehr bald zu spüren – war für sie, die Mätresse, eigentlich kein Platz vorgesehen, mehr noch: Sie war etwas, was diese Ordnung und Rolle als Illegitimes störte, ja was diese geradezu ausschloss, weil es sie gefährdete und bedrohte. Die Rolle der Mätresse war in der traditionellen Ordnung des Hofes nicht vorgegeben, sie musste, wenn sie gespielt werden sollte und wollte, in jedem Fall ganz neu gefunden werden. Und wurde sie gefunden, blieb sie doch immer eine asymmetrische, störende und eigentlich unordentliche Liebesbeziehung.

Warum tat sich eine Frau das an? Was bewog eine *„ehrbare"* Frau oder ein *„ehrsames"* Mädchen, Mätresse zu werden, ein Leben zu führen, ausgerichtet auf einen Mann, mit dem keine Liebe als bloße Ich-Du-Beziehung möglich war, der nie nur ihr Mann war und wurde, sondern immer auch eine Ordnung repräsentierte, die sie als deren Negation ausschloss? Es mag in einigen Fällen blinde, rücksichtslose Liebe ohne Gedanken an Konsequenzen gewesen sein, meistens aber wohl die Blendung durch Pracht, Macht und Exklusivität. Denn Repräsentation und Macht im Feudalstaat waren immer gekleidet in Prunk und Pracht, und der Hof als das Zentrum von Repräsentation und Macht war normalerweise allem Nicht-Höfischen und jedem Unstandesgemäßen verschlossen. In seinen innersten Kreis einzudringen bedeutete also Teilhabe an Glanz, Prestige und Nähe zur Macht. Das verlockte gerade diejenige, die das, weil aus niederem Stand, nur als Sage und Märchen kannte.

Mätresse zu werden, bedeutete den Eintritt in die exklusive Welt der Höflinge, Teilhabe an der Hofkultur der „galanten" Welt. Diese Teilhabe musste erlernt und gekonnt werden, psychologische und kommunikative Kompetenzen waren darum Voraussetzungen für eine Mätresse, um am Hof zu reüssieren. Das fand seinen Ausdruck in Formgewandtheit von Rede und Gebaren, im Esprit der Unterhaltung und Sicherheit im Urteil, in der gekonnten modischen Ausstattung, guten Tischmanieren und Umgangsformen, Grazie beim Tanz, Fertigkeit in den gängigen höfischen Glücks- und Gesellschaftsspielen, überhaupt in der Kenntnis und Beobachtung aller am Hofe geltenden Spielregeln. Das reizte, und manche Frau traute sich das zu. Wurden diese Regeln der neuen gesellschaftlichen Position erlernt, beachtet und beherrscht, winkte zudem die Befriedigung jedweden Ehrgeizes, winkte die Befriedigung aller Bedürfnisse. Auch das lockte viele.

Es verlockte auch dann noch, wenn der Eintritt in diese Welt mit Verachtung bezahlt werden musste gegen den eigentlich nicht Zugehörigen. Denn diese Welt des Hofes war hierarchisch geordnet nach Rangfolge der Geburt. Aber der plötzliche Aufstieg als Mätresse von außerhalb oder von der Peripherie in den höchsten, innersten Kreis vergalt und entschädigte gleichzeitig für die Verachtung mit dem gezollten Neid und der erzwungenen Achtung der übrigen Höflinge und bedeutete in jedem Fall eine Platzierung im Spiel an allererster Stelle, bedeutete ein plötzliches Herausgehobensein aus dem Dunkel der Bedeutungslosigkeit. Das entschädigte und steigerte die Verlockung.

Sie wurde nochmals dadurch erhöht, dass das Zentrum der Macht zugleich auch das der Verteilung und Austeilung von Reichtum war, konkret durch die Vergabe von Titeln, Privilegien, Grundbesitz und Pensionen. Einer Mätresse eröffnete sich so die einmalige Chance, schnell und dauerhaft reich zu werden, in einen höheren Stand aufzusteigen und darin zu bleiben. Das war vielleicht die größte Verlockung, jedenfalls die am meisten genutzte und nur selten verschmähte. Weniger verlockte die Teilhabe an Politik, die sich ebenfalls bot und möglich schien, wenn das Zentrum der Macht einmal erobert war. Doch Politik, Entscheidungen über Krieg und Frieden, über Bündnisse oder Reformen – das war im 18. Jahrhundert nicht jeder Frau's Sache.

Rational betrachtet – und Zweckrationalität zumindest in der Liebe war ja eine der Grundvoraussetzungen für jedes Mätressenleben – konnte der Status der Mätresse nur Vorteile bringen, jedenfalls materiell. Man wusste und sah es: Keine Frau war als Mätresse ärmer geworden, als sie vorher war. Mätresse zu werden, eröffnete ungeheure Aussichten, die größten, schönsten und höchsten, die der feudale Ständestaat zu bieten hatte. Sie erfüllten sich auch, zumindestens anfangs, meistens sehr schnell.

Wie lebte eine Frau als Mätresse?

Es war ein Leben voller Risiko. Seine Dauer war wie alles, was dazu gehörte, abhängig vom *„grossen Herrn"*, das heißt das Leben als Mätresse war täglich kündbar – von ihm. Es war ein Leben auf Widerruf, aber allein auf Widerruf des anderen. Es war ein Bündnis auf Zeit, ein Zweckbündnis ungleicher Partner mit ungleichen Zwecken und Rechten, eine Tauschverbindung zum Austausch gegenseitiger Gaben und Geschenke: Liebesbeweise und -bezeugungen, strahlendes Lächeln, Liebreiz und gute Laune gegen Brillanten, Colliers, jede Art von Schmuck und schönen Kleidern. Es galt das Prinzip von Angebot und Nachfrage: Schönheit gegen Wohlleben und Privilegien, erotische Erfüllung gegen Anerkennung und Aufstieg in der Gesellschaft, geistvoll-aufregende Unterhaltung gegen Aufenthalt in den Räumen des Hofes. Das Verhältnis bestand jedoch immer nur so lange, wie auf beiden Seiten diese Ausgangsbedingungen von Angebot und Nachfrage gleich und erhalten blieben. Schwand die Schönheit, so schwand auch das Angebot an Privilegien, schwand die Nachfrage nach Erotik und Unterhaltung oder wurde beides anderswo besser befriedigt, begann der gesellschaftliche Abstieg bis zum Ausschluss aus den Räumen des Hofes. Eine Absicherung dagegen gab es für die Mätresse prinzipiell nicht oder war der Ausnahmefall. Er, der *„grosse Herr"*, war zwar der Beherrschte, blieb aber der Ernährer, sie die Abhängige, sein Anhängsel.

Deshalb galt für jede Mätresse, ihre Interessen zu wahren, ihre Zwecke rücksichtslos zu verfolgen. Mätressenleben war ein extrem zweckgerichtetes und zielstrebiges: Alles, vor allem jedes eigene Gefühl, musste Zwecken untergeordnet und auf diese ausgerichtet werden. Sinnlichkeit, Lust und Schönheit sowie Intellekt, jede Fähigkeit und Eigenschaft musste instrumentalisiert werden und war Werkzeug zur Erreichung des einzigen vorgesetzten Zieles: die Beherrschung des Herrn, die Herrschaft über seine Wünsche. Nur das zahlte sich aus, nur das gewährte die eigene Sicherheit, nur darum drehte sich alles.

Es war ein Leben in ständiger Selbstdisziplin, vor allem die Disziplinierung der eigenen Gefühlswelt war nötig. Es gab keine Minute des Sich-Gehenlassens gegenüber dem Geliebten, nur die dauernde Selbstbeherrschung sicherte die Herrschaft über ihn. Alles, was ihm an ihr missfallen konnte, war zu unterdrücken – zumindest in seiner Gegenwart. Ein undisziplinierter Augenblick und Affekt konnte die schlimmsten

Folgen haben: den Verlust von Gunst und Zuneigung, von der allein man lebte, die es zu erhalten und immer neu zu erobern galt.

Darum die ständige Angst besonders vor dem Alter, dem Verlust von jugendlicher Schönheit und Attraktivtät. Darum der tägliche und stete Kampf gegen den körperlichen Verfall, ja nur die kleinste physische Veränderung oder Falte durch immer neue künstliche Mittel. Darum die Anfälligkeit für Quacksalber, Kurpfuscher, Schönheitsmittel, Verjüngungskuren und deren Versprechungen. Die jeden Menschen betreffende Vanitas war für die Mätresse eine dauernde Bedrohung ihrer Existenz, ihr Status als Mätresse konnte täglich davon abhängen. Darum auch die immer neue Suche nach neuer, erhöhter Attraktivität. Ständig galt es Kritiker und Neider sowie die Konkurrenz auszustechen.

Denn zum Leben der Mätresse gehörte auch, dass sie immer in der Kritik stand, gehörte die täglich spürbare Verachtung und Erniedrigung. Das musste ausgehalten und ertragen werden, dagegen musste man sich wappnen und immer gewappnet sein. In einer noch weitgehend christlich geprägten Gesellschaftsordnung, *„von Gottes Gnaden"* legitimiert, verkörperte die Mätresse etwas Urböses. Für die Kirchen und gläubige Christen stellte sie etwas wie die Schlange im Paradies dar, die Verkörperung der Sexualität und des Sein-Wollens wie Gott, eine Form des Teufels. Ihr Status beruhte auf Ehebruch. Mätressen waren Inkarnationen ungefesselter und ungezügelter sexueller Lust, die deren mühsame und gottgewollte Zähmung in der christlichen Ehe durchbrachen, öffentlich zerstörten und schamlos nicht achteten. Sie stellten das dar, was mit Recht verachtet, geächtet, verfolgt und eigentlich bestraft gehörte: Sie waren Ärgernis und Skandal, Provokation und Affront, Leben in Sünde und Unzucht. Mätresse zu sein, bedeutete so immer in irgendeiner Weise auch die Akzeptanz der eigenen Unmoral.

Nun wird zwar kaum eine Mätresse mit Sympathien in kirchlichen Kreisen gerechnet haben, aber auch in mehr weltlich gesinnten begegnete man ihr mit Naserümpfen, Verachtung, Nachrede, Abscheu oder Beschimpfung. Sie stand immer, was sie auch tat, in einem schlechten Ruf. Das musste ohne Selbstverachtung und mit gleichsam dickem Fell ertragen und ausgehalten werden, und am leichtesten fiel das, wenn und solange man Erfolge dagegen setzen konnte: Erfolge in der Gunst des mächtigen Herrschers oder im Materiellen durch so erworbenen Reichtum, selbst Rache gegen Ankläger und Verleumder war süß, und provozierter Neid tat gut.

Was allerdings blieb, war ein ständiger Kampf gegen Neider, auch Kampf gegen die Konkurrenz. Jede Mätresse war eine extrem auf sich gestellte Existenz, extrem allein und einsam an der Seite ihres hohen Geliebten, angewiesen auf dessen alleinige Beherrschung. Solidarität mit anderen Frauen gab es da nicht, sie waren meist potentielle Konkurrentinnen. Bestenfalls war eine Mätresse Teil einer Günstlingspartei, in der Befreundete gleiche Ziele verfolgten wie sie. Mätressen mussten starke, in sich gefestigte und von anderen unabhängige Frauen sein, jede Anlehnung an andere, jede Hilfsbedürftigkeit, jede gefühlsmäßige oder unkontrollierte mitmenschliche Regung gegen andere am Hof konnte Status und Existenz in Gefahr bringen. Vertrauen durfte eine Mätresse niemandem, nur sich selbst. Sie lebte immer in einer Welt von Feinden, Sicherheit war nirgends.

Das betraf selbst engste Familienbande. Fast immer gab es noch die Ehefrau des Geliebten, selten zwar noch emotional gebunden und oft längst anderweitig orieniert, immer aber eine legitime und formale Bindung und Fessel. Und oft gab es auch noch den eigenen Ehemann, den betrogenen und dem Geliebten unterlegenen: auch hier Schwierigkeiten und Hemmnisse aller Art, zumal dann, wenn gemeinsame Kinder im Spiel waren. Die eigenen Eltern und sonstige nahe Verwandte wendeten sich ab oder stellten unerfüllbare Forderungen. Gemeinsamen Kindern mit dem Geliebten blieb, selbst bei ihrer Anerkennung durch den Vater, lebenslang der Makel der Illegitimität, und schuld daran war sie, die Mätresse, als deren Mutter.

Ein Kind band zwar den *„grossen Herrn“* an seine Mätresse über den Tag hinaus – und darum war es oft sehr willkommen –, es sicherte nicht selten auch der Mutter Zuwendung und den lebenslangen Kontakt zum Vater sowie eventuelle Unterstützung. Kinder waren nicht wie die Mätresse selber jederzeit kündbar, auch wenn sie niemals die dynastische Erbfolge und selten überhaupt ein Erbe vom Vater erwarten und antreten konnten. Kinder waren, wie überall in der Bevölkerung des 18. Jahrhunderts, die beste Garantie für eine Alterssicherung und -versorgung. Und das galt besonders für eine Mätresse am Ende eines ganz auf jugendliche Schönheit, Attraktivität und Erhalt durch einen Ernährer aufgebauten Lebens. Nichts musste sie so sehr fürchten wie ihr Alter.

Wovon lebte eine Mätresse im Alter, im „Leben danach“?

Ihre Existenz beruhte im Wesentlichen auf Schenkungen ihres geliebten und von ihr beherrschten *„grossen Herrn“.* Fiel mit der Ungnade und Kündigung oder mit dessen Tod dieser Ernährer aus, stand die Mätresse plötzlich ohne Einkommen und Versorgung da, es sei denn, sie hatte selber Vermögen, egal woher. Der Verlust des Geliebten war aber meist auch der Verlust der bisherigen materiellen Lebensgrundlage. Darum musste eine kluge Mätresse vorsorgen. Eine Vorsorge konnte es sein, die Mutter anerkannter, legitimierter Kinder zu werden. Eine andere war die Annahme, ja das fordernde An-sich-Raffen großzügiger Geschenke und vertraglicher Zusicherungen, die beste Vorsorge im 18. Jahrhundert war Grundbesitz, ein ertragreiches Gut mit daran geknüpftem Adelstitel und weiteren Privilegien. Es sicherte und ersetzte annähernd den verlorenen Sozialstatus am Hof.

Alles, was legitim und verbrieft war, jede Form einer Legitimierung bedeutete in dieser Hinsicht Sicherheit, selbst eine Trauung zur *„linken Hand“*, auch wenn sie immer nur eine Versicherung von zweifelhaftem Wert blieb, denn rechtliche Konsequenzen aus einer solchen Ehe entstanden, besonders was das Güterrecht angeht, nicht. Allenfalls ein Brautgeschenk war üblich, je nach dem größer oder kleiner, eine *„Morgengabe“*, daher auch die Bezeichnung *„morganatische Ehe“*. Schon die

Form der Trauung wich von der normalen ab, die Frau behielt ihren eigenen Namen, Kinder wurden allein der Familie der Mutter zugerechnet. Mehr Rechtssicherheit bot dagegen die eheliche Verbindung mit einem anderen Angehörigen der Hofgesellschaft, auch wenn alle wussten, dass er nur *„den Mantel machte"*, das heißt: dass eine bloße Scheinheirat vorlag. Sie aber konnte im Fall von Ungnade, Krankheit oder Alter durchaus eine rechtlich verbindliche Versorgung darstellen. Eine offizielle, legitime Heirat anzustreben, blieb sinnlos und nutzlos, ihr stand nicht nur meist die legitime Gattin des Geliebten im Weg und entgegen, sondern noch mehr: Nicht selten beruhte ein Teil der Herrschaft und Macht des Geliebten eben auf dieser aus Staatsraison geschlossenen dynastischen Heirat. Und selbst bei Scheidung, die nur eingeschränkt möglich war, oder beim Tod der legitimen Gattin blieb deren Platz für die Mätresse in der Regel uneinnehmbar wegen der Ungleichheit des Standes.

Verlor die Mätresse ihren Status, das heißt verlor der Geliebte das Interesse an ihr, so war in der Regel für sie auch kein Platz mehr am Hof, sie wurde wieder quasi Privatperson und fiel zurück in den Stand ihrer Herkunft beziehungsweise in den, den sie inzwischen legitim errungen hatte. Es sei denn, sie bekam bei Hof oder in dessen Umkreis eine andere neue Funktion: als Erzieherin zum Beispiel oder Gesellschafterin. Nicht selten geschah es dann, dass sie im weiteren Leben des Geliebten nd gegenüber ihrer Nachfolgerin die Rolle der betrogenen Gattin einnahm oder dass sie versuchte, ihre eigene Stellung am Hof und ihre Unentbehrlichkeit dadurch zu erhalten, dass sie weiterhin für das Wohlleben des *„grossen Herrn"* sorgte: beispielsweise durch die Zuführung jeweils neuer, junger Mätressen.

Der schlimste Fall aber war der plötzliche und unvermutete Todesfall des Geliebten, da dieser meistens auch höhere militärische Positionen innehatte und ausübte, kein ganz seltener Fall. Die Hinterbliebene war dann weder Witwe noch erbberechtigt. Der plötzliche Tod ohne vertragliche Sicherung von Geschenken und Versprechungen konnte für die Mätresse die

Vernichtung der gesamten Existenz bedeuten. Ein paar Brillanten oder der Gegenwert dafür waren schnell verzehrt. Im 18. Jahrhundert, bei fehlender Berufsausbildung und Arbeitsmöglichkeit der Frau, blieb manchmal nur das Kloster oder der Abstieg ins Asoziale, in die Prostitution. Für beides gibt es Beispiele.

Was bis zum Ende blieb, war die Verachtung. Lebte eine ehemalige Mätresse gesichert auf ihrem als Geschenk erworbenen Altenteil, so hieß es, sie verzehre ihren Liebeslohn, den Lohn der Sünde. Verarmte sie, traf die sozial Deklassierte kaum Mitleid: Dann war das für ihr Leben in Sünde und Überhebung nur die gerechte Strafe. Die Nachwelt errichtete Mätressen keine Denkmäler; was von ihnen blieb, wenn man sich ihrer noch erinnerte, war zuerst und immer nur ihr schlechter Ruf.

Quellen- und Literaturverzeichnis

Zu Kapitel 1: Sybille von Neitschütz.

Archiv für sächsische Geschichte, Bd. 8, Leipzig 1870, S. 213 ff. (Neitschützprozeß).

Lujo Bassermann, Die ungekrönte Geliebte. Wien/Düsseldorf 1967.

Walter Fellmann, Mätressen. Leipzig 1994.

Frank-Lothar Kroll, Die Herrscher Sachsens: Markgrafen, Kurfüsten, Könige 1089–1918. München 2007.

Johannes Jüling, Die Liebeszaubereien der Gräfin von Rochlitz nach den Handschriften des Johann Friedrich Klotzsch. Stuttgart 1914.

Carl Ludwig von Pöllnitz, Das galante Sachsen. Neudruck München 1992.

Zu Kapitel 2: Christina Wilhelmina von Grävenitz.

Sybille Oswald-Bargende, Die Mätresse, der Fürst und die Macht. Christina Wilhelmina von Grävenitz und die höfische Gesellschaft. Frankfurt a.M. 2000.

Paul Sauer, Musen, Machtspiel und Mätressen. Eberhard Ludwig – württembergischer Herzog und Gründer Ludwigsburgs. Tübingen 2008.

Zu Kapitel 3: Lady Elizabeth Craven.

Elizabeth Craven, Memoirs of the Margravine of Anspach, written by herself. London 1826. 2 Bde. Deutsch: Denkwürdigkeiten der Markgräfin von Anspach. Stuttgart/Tübingen 1826.

Briefe der Lady Elizabeth Craven über eine Reise durch die Krim nach Konstantinopel. Leipzig 1789.

Susanne Franke, Die Reisen der Lady Craven durch Europa und die Türkei 1785–86. Text, Kontext und Ideologien, Trier 1995.

Arno Störkel, Karl Alexander. Der letzte Markgraf von Ansbach-Bayreuth. Ansbach 1995.

Zu Kapitel 4: Wilhelmine Encke.
Apologie der Gräfin Lichtenau gegen die Beschuldigungen mehrerer Schriftsteller. Von ihr selbst entworfen, nebst einer Auswahl von Briefen an sie. 2 Bde. Leipzig/Gera 1808.
Carl Atzenbeck, Die deutsche Pompadour. Leipzig 1925.
Horst Berend, Der Vielgeliebte. Friedrich Wilhelm II. In: Preußens Könige. München/Gütersloh 1972.
Alfred Hagemann, Wilhelmine von Lichtenau (1753–1820). Von der Mätresse zur Mäzenin. Köln 2007.
Berthold Haase-Faulenorth, Gräfin Lichtenau. Ein Schicksal zwischen den Zeiten. Berlin 1934.
Luise von Preußen, Fürstin Anton Radziwill. Fünfundzwanzig Jahre aus meinem Leben (1770–1815). Braunschweig 1912.
Sonja Schnitzler (Hrsg.), Die Mätresse Wilhelmine. Spottschriften wider die schöne Gräfin Lichtenau. Berlin 1989.

Zu Kapitel 5: Caroline Jagemann.
Eduard von Bamberg, Die Erinnerungen der Karoline Jagemann. Dresden 1926.
Caroline Jagemann, Selbstinszenierungen im klassischen Weimar. Herausgegeben und untersucht von Ruth B. Ende, kommentiert in Zusammenarbeit mit Achim von Heygendorff, 2. Bde. Göttingen 2004.
König Ludwig I. von Bayern und Caroline von Heigendorff in ihren Briefen 1830–48, hrsg. von Hans Tümmler. Köln 1981.
Hans Tümmler, Carl August von Weimar, Goethes Freund. Stuttgart 1978.

Zu Kapitel 6: Pauline Wiesel.
Carl Atzenbeck, Pauline Wiesel. Leipzig 1925.
Eckhart Kleßmann, Prinz Louis Ferdinand von Preußen. Soldat – Musiker – Idol. München 1972.

Herbert Scurla, Rahel Varnhagen, die große Frauengestalt der deutschen Romantik. Frankfurt a.M. 1980.
Karl August Varnhagen von Ense. Briefwechsel mit seiner Frau Rahel. Hrsg. von Ludmilla Assing 1874.
Rahel Varnhagen, Briefwechsel mit Pauline Wiesel. Hrsg. von Barbara Hahn. München 1999.
Rahel Varnhagen, Gesammelte Werke. 10 Bde. Hrsg. von Konrad Feilchenfeldt, Uwe Schweikert und Rahel E. Steiner. München 1983.
Pauline Wiesels Liebesgeschichten. Briefwechsel mit Karl Gustav von Brinckmann, Prinz Louis Ferdinand von Preußen, Friedrich Gentz u.a. Hrsg. von Barbara Hahn, Birgit Bosold und Ursula Isselstein. München 1998.

Zu Kapitel 7: Die Woodcock-Affäre.

Ludwig Gammerdinger, Der Fall Woodcock. Als Handschrift gedruckt Vaihingen an der Enz 1944. (Hauptstaatsarchiv Stuttgart G 313 Bü 19.)
Sophie Dorothee Podewils (Hrsg.), Traum der Jugend goldner Stern. Aus den Aufzeichnungen der Königin Olga von Württemberg. Pfullingen 1955.
Paul Sauer, Regent mit mildem Szepter. König Karl von Württemberg. Stuttgart 1999.

Verzeichnis der Abbildungen

1 Sybille von Neitschütz (1675 – 1694)
Sächsische Landesbibliothk, Staats- und Universitätsbibliothek Dresden, deutsche Fotothek, Dresden
Foto: Hans Koos
Bildnachweis von P. Schenck 1645 – 1715
Kupferstich Kabinett Dresden

Kurfürst Johann Georg IV. von Sachsen
Inv. Nr. 9949. Gemäldegalerie Alte Meister,
Staatliche Kunstsammlung Dresden

2 Christina Wilhelmina von Grävenitz (1686 – 1744)
Landesmuseum Württemberg
Fotos: P. Frankenstein, H. Zwietasch

Herzog Eberhard Ludwig von Württemberg
Landesmuseum Württemberg
Fotos: P. Frankenstein, H. Zwietasch

3 Lady Elizabeth Craven (1750 – 1828)
Spätere Markgräfin von Ansbach Bayreuth
National Gallery London
Gemälde von O. Humphry

Markgraf Alexander von Ansbach-Bayreuth

4 Wilhelmine Encke (1752 – 1828)
Bildarchiv Preußischer Kulturbesitz, Berlin (2009)

König Friedrich Wilhelm II. von Preußen
Gemälde von Anton Graff

5 Caroline Jagemann (1777 – 1848)
Gemälde von Ferdinand Jagemann

Großherzog Karl August von Sachsen-Weimar-Eisenach
Urheber unbekannt

6 Pauline Wiesel (1779 – 1848)
Unbekannter Maler

Prinz Louis Ferdinand
Bildarchiv Preußischer Kulturbesitz, Berlin (2009)

7 König Karl von Württemberg
Landesmuseum Württemberg
Fotos: P. Frankenstein, H. Zwietasch

Anhang Abbildungen

Sybille von Neitschütz (1675 – 1694)

Kurfürst Johann Georg IV. von Sachsen

Christina Wilhelmina von Grävenitz (1686 – 1744)

Herzog Eberhard Ludwig von Württemberg

Lady Elizabeth Craven (1750 – 1828)

Markgraf Alexander von Ansbach-Bayreuth

Wilhelmine Encke (1752 – 1828)

König Friedrich Wilhelm II. von Preußen

Caroline Jagemann (1777 – 1848)

Großherzog Karl August von Sachsen-Weimar-Eisenach

Pauline Wiesel (1779 – 1848)

Prinz Louis Ferdinand

König Karl von Württemberg